国家社科基金丛书
GUOJIA SHEKE JIJIN CONGSHU

新媒体环境下档案公共服务机理与策略研究

A Study of Mechanisms and Strategies of
Archives Public Service in the New Media Era

李颖 著

人民出版社

责任编辑：刘海静
封面设计：石笑梦
版式设计：胡欣欣
责任校对：张红霞

图书在版编目（CIP）数据

新媒体环境下档案公共服务机理与策略研究/李颖 著. —北京：人民出版社，
　2021.11
ISBN 978 - 7 - 01 - 023890 - 6

Ⅰ.①新… Ⅱ.①李… Ⅲ.①档案工作-社会服务-研究-中国
　Ⅳ.①G279.2

中国版本图书馆 CIP 数据核字（2021）第 238947 号

新媒体环境下档案公共服务机理与策略研究
XINMEITI HUANJINGXIA DANG'AN GONGGONG FUWU JILI YU CELÜE YANJIU

李　颖　著

人民出版社 出版发行
（100706　北京市东城区隆福寺街 99 号）

天津文林印务有限公司印刷　新华书店经销

2021 年 11 月第 1 版　2021 年 11 月北京第 1 次印刷
开本：710 毫米×1000 毫米 1/16　印张：18.25
字数：285 千字

ISBN 978 - 7 - 01 - 023890 - 6　定价：85.00 元

邮购地址 100706　北京市东城区隆福寺街 99 号
人民东方图书销售中心　电话 （010）65250042　65289539

序

人类已经进入信息社会。置身于信息化的大潮中，既深刻地感受到信息化所带来的效率与便利，也深刻地感受到信息化所带来的困难与烦恼。如今，信息垃圾、信息爆炸、信息安全、网络犯罪等使每一个人都深受影响，躲无处躲、避无处避。

21世纪第二个十年开始之后，国家相继实施了网络强国战略、大数据战略，推动"互联网+"行动计划，迅速地从互联网时代走向"互联网+"时代，万物互联，一切仿佛都互联网化了。媒体、金融、医疗、教育等迅速与互联网结合，产生了许多新观念、新技术、新模式、新业态。短短的几年时间，"互联网+"就深度地嵌入了我国政治经济和社会民生的方方面面，我们进入了一个从未有过的时代。

档案部门有幸成为这个时代的弄潮儿，越来越多地尝试着把档案与互联网结合起来，把档案和档案业务搬到互联网上。全国绝大部分地市以上的档案馆在互联网上建立了网站，副省级市以上的综合档案馆全部建立了微信公众号，10个省级档案馆、6个副省级市档案馆开通了微博。这些新媒体不但宣传档案和档案工作，而且也承担了档案公共服务的功能。一些档案馆将档案及其目录放到网上，供人们自由查阅；一些档案馆建立了联盟，实现了区域间的跨馆查档、资源共享；还有一些地方开发了档案APP，部分档案可以在掌上完成利用。新媒体在档案公共服务领域的普及、推广,极大地改变了档案利用传统,"一次也不跑"的远程档案利用越来越多地成为现实,不久之前还被认为是创新的书信、电话、电邮等查档方式,很快就"OUT"了。有乐观者预计,用不了多长时间,来馆查询档案、利用档案的方式可能会被视为奇葩。

信息化带来了美好,也带来了烦恼。人们目前面对的许多困难是信息化带来的,一些原本不大的困难也正在被信息化放大而更加突出。信息鸿沟越来越大,信息垃圾越来越多,版权保护问题越来越凸显,用户数据安全和个人隐私保护形势越来越严峻,全球网络空间犯罪越来越突出,这些都成了今天不得不面对的问题。此外,新媒体的便捷、高效又进一步地刺激了人们的需求,吊高了人们的胃口,许多老问题还没有完全解决却又不得不面对许多新的问题。在传统的档案公共服务中,理论体系与思维模式已经固化,保管方式与服务流程已经成型,这些体系模式与方式方法能不能适应新媒体环境下档案公共服务的要求?新媒体环境下档案公共服务不同于传统的档案公共服务,它的规律、机理和范式是什么?新媒体环境下的档案公共服务是一种便捷、迅速、精细的服务,现有的工作基础和条件能不能适应这种要求?新媒体环境下的档案公共服务也是精准化、个性化的服务,档案公共服务的准确性、针对性如何提高?拥抱了新媒体之后,档案部门享受着信息化的便利,也不得不在信息化的各种诱惑和选择中进行平衡。这考验着档案部门的学习力、判断力,也同样考量着档案部门的抗压力、行动力。新媒体对档案公共服务的影响是深刻的、长远的,不管你愿意不愿意、承认不承认,这种影响犹如一股潮流已经奔涌而至。除了要认清现实、改变现实,更要认清自己、调整自己。唯有如此,才能顺应时代的潮流,跟上时代的节奏,承担起新时代档案工作者的责任和担当。

正是在这样的背景下,新媒体环境下的档案公共服务问题日益引起档案学理论与实践工作者的关注。李颖博士就是众多关注者中的一员。她以"新媒体环境下档案公共服务机理与策略研究"为题申报了国家社科基金项目,并以"优秀"等级通过了同行专家的评审鉴定。在对该成果进行进一步充实和完善的基础上,她完成了这本书,对新媒体环境下档案公共服务理论进行了梳理,对档案公共服务中的问题进行了分析,对档案公共服务实现的途径提出了建议。该书具有以下特点。

一是厚植理论。作者从主体、客体、目标、内容和方式等多个角度对新媒体环境下档案公共服务的内涵进行了深入阐释,总结归纳出新媒体环境下档案公共服务的主体多元化、客体立体化、目标多维化、服务内容和方式丰富化的特点,并基于对档案价值"聚—散"元驱动、"三镜效应"交替推动以及复杂系统理论融入牵动的研究,揭示了新媒体环境下档案公共服务的实现机理,丰富和发展了档案价值实现理论。同时,作者对档案公共服务中的相关问题进行了分析和研究,提出了在新媒体环境下实现档案公共服务的战略、模式和思维,构建并形成了新媒体环境下档案公共服务实现的科学范式。这些研究为推动新媒体环境下档案公共服务的实现奠定了理论基础。

二是立足现实。作者通过对新中国成立以来档案公共服务发展历程的分析,概括了不同阶段档案公共服务的特点。以此为基础,对新媒体环境下制约档案公共服务发展的问题进行研究,设计了档案公共服务"储能—赋能—释能"的实现路径,并对储能体系建设、赋能策略实施、释能形态实现提出了一系列具有可操作性的方法和建议。为了在新媒体环境下提供高质量的档案公共服务,作者对全国档案公共服务平台建设现状进行了调研,对存在的问题进行了分析,提出了国家一体化档案公共服务平台建设的基本原则,并设计了平台框架。为了突破制约新媒体环境下档案公共服务实现的瓶颈,作者对影响档案公共服务实现的相关问题进行了深入的分析和研究,并对其中一些问题提出了完整的解决方案,对于实现新媒体环境下档案公共服务、提高新媒体环境下档案公共服务水平,提供了具有可操作性的解决方案。

三是着眼未来。无论是新媒体环境下档案公共服务理论的构建,还是对新媒体环境下档案公共服务现实问题的解决,作者都非常注重对新时代档案公共服务长远发展的探讨,力求进行具有前瞻性的研究。比如循着"储能—赋能—释能"的思路,作者对档案资源建设、档案开放、档案解密、资源开发方式以及一体化平台建设等问题进行深入研究,提出了建设开放、多元的数字档案资源储能体系,论证了以档案叙事、知识融合和先进技术赋能档案公共服务的策略,提出了档案知识库、档案游戏、社交媒体应用矩阵建设等现代释能形态。这种思路对于推动新媒体环境下档案公共服务的未来发展具有一定的指导意义。

李颖博士的研究成果反映了当代档案学术研究者对解决影响中国档案事业发展中的现实问题和发展方向的关注、关心。该成果构建了新媒体环境下档案公共服务实现的理论,对制约档案公共服务实现的现实问题进行研究,并提出解决方案,对于人们认识新媒体环境下的档案公共服务工作、提高档案公共服务工作水平具有指导意义。从这个角度来说,这是一部难得的高质量的研究著作。当然,其中也存在一些不足。比如,档案公共服务的数字转型是档案事业数字转型的重要内容,档案公共服务的数字转型应该怎么转?在数字转型过程中,档案工作者的思想观念、服务理念应该作出怎样的改变?再比如,借助新媒体开展档案公共服务的前提是有大量的档案资源能够上网,网上档案信息资源不够丰富的问题如何解决?借助于新媒体开展档案公共服务,自然会使大量的档案信息和用户信息云上传播,云上信息安全问题以及版权、隐私权保护问题如何解决?这些问题还需要作进一步的研究和深入的思考。

付　华

2021 年 4 月

目　　录

绪　　论

　　档案公共服务是一个老课题,也是一个常做常新、值得持续深入研究的新课题。社会的进步,时代的发展,使档案公共服务不断面临新形势。新媒体时代的到来,为档案公共服务的发展带来了新的机遇和挑战,新媒体环境下如何更好地实现档案公共服务,值得深入思考和探讨。

一、研究背景与意义

(一)研究背景

　　档案公共服务的实现是一个复杂的过程,受社会环境、档案事业发展以及自身条件等多种因素影响。当今社会,新媒体的出现和迅猛发展,深刻影响和改变着社会的各个领域及各行各业,对档案公共服务的影响也不断加深。数字时代的到来,更加日趋广泛地影响着人类的社会实践,档案及档案管理活动不断呈现出新特点和新趋势,档案事业发展转型进入新阶段,档案公共服务的发展也正步入一个新阶段。档案公共服务在长期的实践探索中,既积累了一系列的成果,也存在一定的不足,面对新时代的新要求,机遇与挑战并存。

1. 宏观层面:新媒体环境正在对档案公共服务产生愈来愈大的影响

　　新媒体是新技术的产物,伴随着网络、数字化、多媒体、人工智能、物联网等技术的不断发展与创新,新媒体也迅速发展。新媒体以传播媒介和传播方式的改变与进步,引发了个人行为方式、组织管理活动的改变,以及国家社会治理的创新与整个社会的变迁。新媒体具有即时性、自主性、开放性、互动性、融合性等特点,它既作为工具、手段、方式影响着人类社会的信息传播,又作为思想、理念影响着人类社会的生产生活。伴随着新媒体影响的日趋广泛和不断深入,新媒体环境已悄然形成。在新媒体环境下,社会结构更具复杂性、社会互动性不断增强、社会价值观渐趋多元、信息生态系统更加复杂,环境的变化使人们不得不重新审视并发展创新传统档案公共服务。新媒体环境带给档案公共服务的是机遇,也是挑战。新媒体的广泛应用为档案公共服务的实现提供了更广阔的空间、更多样的平台,如何将档案公共服务的实现与新媒体有机融合,值得关注和深思;新媒体的自主、开放、互动等特点,不仅体现在工具、手段层面,也成为一种重要的理念和思维方式,影响着个人、组织和社会,档案公共服务如何与之契合以顺应时代发展,值得探讨和研究;档案是真实的原始记录,具有独特的优秀品质,在新媒体环境下,如何通过服务更好地实现档案价值,应对和消减新媒体给国家和社会带来的消极影响,也是档案公共服务面临的新课题。新媒体在不断发展,新媒体环境对个人、组织和整个社会的影响持续加深,对档案公共服务的影响也愈来愈大,值得思考和研究的内容也不断增多,档案公共服务必须融入新环境,完善与发展原有理论,探索档案公共服务实现机理与范式,解决档案公共服务中的新老问题,推动新媒体环境下档案公共服务的顺利实现。

2. 中观层面:我国档案事业发展进入转型发展新阶段

数字时代的到来,正在日益深刻地影响着社会的各个领域。人类的记录形式、组织的管理活动、社会的运转方式,都在与"数字"融为一体,数字记录、数字经济、数字社会已经成为人们面临的新形势,作为与之相伴而生的档案及其管理活动,更是深深地置于数字大潮之中,管理对象数字化、管理过程数字化、管理方式数字化等,使人们不得不重新审视档案的收、管、存、用如何适应数字化转型,思考如何顺应现代经济社会发展的大潮,这其中,既有积极主动的应对,也有"外围"倒逼和推动。数字转型已成为档案事业转型发展的重要内容,也是档案事业高质量发展的必然要求。2020年,新冠肺炎疫情的突如其来,给全球政治、经济、文化等方方面面的发展带来了巨大的影响,因为不能在场而要在线,"数字"也因此更加繁荣,数字记录激增,数字记录的归档、保管及其价值的实现等,成为亟待解决的问题。档案公共服务,作为档案活动的重要内容,与档案管理活动的各个环节相互关联、相互影响,也必须在与时俱进的探索中才能健康发展。

此外,本轮机构改革后,我国各地档案机构设置发生了很大变化,多数地方由"局馆合一"改为"局馆分设"。局馆分设后档案局和档案馆的职责定位更加清晰,档案局专门负责档案行政管理,档案馆专门负责档案保管利用,这是政事分开原则的体现,也是依法治国和依法行政的需要。在这种形势下,档案馆局在档案公共服务中所扮演的角色、承担的职责、工作内容、工作方式等较之传统环境下都发生了一些变化。与此同时,不同地方的档案部门在职能划转、机构设置、人员配备等方面情况不一,必须要认真思考,如何立足于当前的实际形势,更好地发挥各自在档案公共服务中的作用和优势,如何通过相互协调更好地推动档案公共服务的发展等一系列问题,探求推动档案公共服务深入发展和创新的原理、路径和方法。

3. 微观层面:档案公共服务自身存在着极大的提升空间

中国特色社会主义进入新时代,我国社会主要矛盾已经转化为人民日益增长的美好生活需要和不平衡不充分的发展之间的矛盾。人民美好生活的需要,不仅对物质文化生活提出了更高要求,而且在民主、法治、公平、正义、安全、环境等方面的要求日益增长。档案工作是一项基础性、支撑性工作,档案公共服务对于推动我国社会主要矛盾的解决具有重要意义。当前,面向新时代的发展、面对国家和人民的期望,我国档案公共服务仍有极大的提升空间,比如服务资源建设、档案开放等顽固问题尚未得到根本解决;在从主要为党政机关、为政治工作服务向为社会各方面服务的转变中,仍需强化和深入;在服务经济社会发展、服务群众生产生活等领域,仍有不断完善和拓展的空间;在新媒体这样一个平台时代,档案公共服务平台的建设亟待创新;等等。伴随着以人民为中心的发展思想的不断深入,我国政务服务、公共文化服务、信息服务等服务体系建设不断推进、服务能力不断增强。这既有助于推动档案公共服务的发展,也对档案公共服务的实现提出了更高的要求。档案的产生和形成过程赋予了档案多元多维的价值,在新时代、新媒体环境下,档案公共服务更要通过对档案价值的全面彰显和释放来服务社会和公众,档案公共服务既要树立科学的目标,规划好为谁服务、为何服务、如何服务的长期发展方向,形成完整、健全的服务体系,又要补齐当下发展的短板,改变和解决当前自身服务结构欠合理、服务内容不平衡、服务方式不丰富等问题。

（二）研究意义

通过对新媒体环境的分析以及对档案公共服务的探讨,研究如何在新媒体环境下更好地推动档案公共服务的实现,以充分释放档案的价值,满足社会和公众对档案的需求,并维护其相关权益。这具有重要的理论和现实意义。

第一,理论意义。探索并发现新媒体环境下档案公共服务实现的机理与范式,使档案公共服务在复杂的新媒体环境中有纲可依、有理可遵、有道可循,从根本上指导档案公共服务的实现。现象总是复杂多样的,而且是不断变化的,透过现象看本质,把握事物发展的基本原理和规律,才能有助于实现事物的长远可持续发展,才能确保事物发展方向的正确性以及发展路径的科学性。新媒体环境对档案公共服务的影响表现在方方面面,既有已经表现出来的、已知的;也有潜在的,以及伴随着新媒体的发展而新产生的、未知的甚至不可预测的。因此,探寻档案公共服务的实现机理与范式,寻根究本,从档案公共服务的本源出发,通过研究把握档案公共服务实现的基本原理和规律、运行机制与规则等,确保新媒体环境下档案公共服务的顺利实现,具有重大的理论意义。

第二,现实意义。立足于当前档案公共服务的实际,结合理论研究,从服务块、实现路径、保障体系、服务平台构建等方面进行探索,为新媒体环境下档案公共服务的实现构建完整的框架、形成具有可操作性的思路以及具有适用性的方法;通过探索如何充分利用新媒体环境的机遇,应对新媒体环境的挑战,既注重分析解决当前问题,也着眼于档案公共服务的目标和理性发展,对于推动新媒体环境下档案公共服务的健康发展具有重大的现实意义;同时论证和构建了国家一体化档案公共服务平台,对于提升当前和未来我国档案公共服务能力,践行时代赋予档案公共服务的历史使命也有重要的实践价值。

二、国内外研究综述

(一)国内研究综述

本书以 CNKI 中国知网、万方数据知识服务平台、读秀学术搜索等作为检索平台,分别以"档案公共服务""新媒体+档案公共服务""社交媒体+档案公共服务"等为检索词,对文献、期刊、博士硕士论文、图书、会议、报纸等数据库进行检索;在此基础上,为保证结果的全面性,结合研究内容,扩大检索范围,以"微博""微信""APP"等与"档案公共服务"为检索词进行再次检索,之后对检索结果进行筛选,选择与检索主题相关的成果进行系统的梳理和分析。

1.关于档案公共服务的研究

进入 21 世纪以来,关于档案公共服务的研究开始受到关注,尤其是自 2005 年以来,研究成果不断增多(见图 0-1)。

在近 20 年的研究中,关于档案公共服务的研究成果涉及面广、内容丰富,主要集中在以下四个方面。

(1)关于档案公共服务内涵的研究

档案公共服务的内涵是档案公共服务研究中的基本问题之一。纵观关于

（单位：篇）

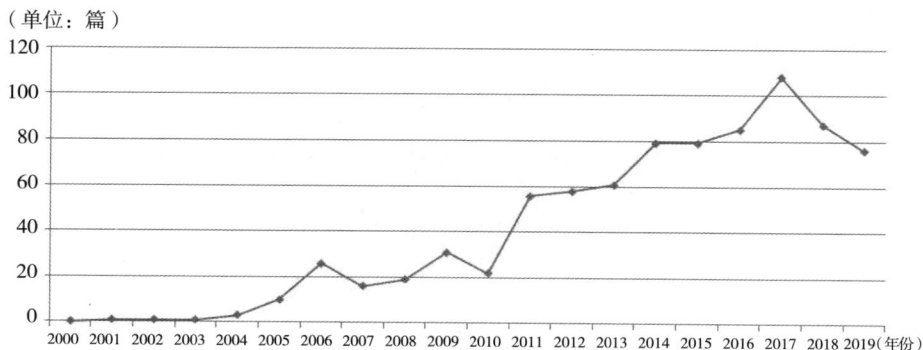

图 0-1　档案公共服务研究领域论文数量走势图

档案公共服务的研究成果,对其内涵的研究和探讨一直备受关注。不同时期,不同学者对档案公共服务内涵的认识既有相通之处,也有各自的视角和侧重。戴志强(2004)认为,所谓档案公共服务,是指档案部门为满足公众需求所提供的各种形式的文化产品(档案工作者脑力劳动和体力劳动的结晶),其内涵包括主体、客体(对象)、形式手段,体现"主动、开放、全方位"服务理念。[①] 李扬新(2010)认为档案公共服务是在深刻理解"档案服务"的"公共性"基础上提出的,是指公共领域的档案服务活动,它以档案信息的公共物品属性为起点,更加强调服务主体——档案部门的公益性和公共责任,更加重视服务受体的公众性和"公民个体"的权利实现。[②] 王天泉(2012)认为档案公共服务是政府公共服务的重要组成部分,是社会性公共服务的一项内容,是档案部门为满足公众凭证需求、信息需求、研究需求、文化需求所提供的各种形式的档案公共信息服务,是档案专业系统控制并运用档案资源,服务社会各项建设事业,参与社会管理,最大限度实现档案价值的职能与职责。[③]

　　伴随着公共服务在我国的不断深入发展,学者们对档案公共服务内涵的

---

①　戴志强:《档案公共服务的含义、理念与信息资源整合》,《新上海档案》2004 年第 11 期。

②　李扬新:《档案公共服务政策研究》,世界图书出版公司 2011 年版,第 20 页。

③　王天泉:《永恒的主题　崭新的课题——天津市档案局局长荣华谈档案公共服务》,《中国档案》2012 年第 9 期。

认识也不断深入。何振等（2015）认为所谓档案公共服务，主要是指以党和政府为主导，以国家权力介入或公共资源投入为手段，为满足公众的社会发展活动的直接需要所提供的均等的档案服务和档案公共产品。① 陈辉（2015）结合我国社会转型进入新的发展阶段提出档案公共服务指的是专门的档案机构，包括各级各类档案行政管理机构，承担档案事务管理职责的档案业务部门，以及具有独立法人资格以提供档案事务处理服务为基本业务的档案社会中介组织，面向社会各类组织以及公民个人、家庭所提供的档案事务服务与档案信息服务。② 陈泳欣等（2019）认为档案公共服务围绕的是档案，由多个服务主体满足利用者需求的过程。③

　　档案公共服务自提出到不断发展完善，其内涵也是一个动态丰富的过程，诸多档案公共服务的研究都涉及了其内涵的分析和讨论，从不同角度解释了档案公共服务的含义，为档案公共服务相关问题的讨论打下了坚实的基础。

　　（2）关于档案公共服务视角与理念的研究

　　以何种视角切入来观察、把握并探讨档案公共服务的相关问题，以何种理念来指导档案公共服务的实践，很受学者关注。在已有研究成果中，学者论述了档案公共服务不同的研究视角，有助于从理论上全面认识档案公共服务，并在实践中推动档案公共服务创新。胡洪彬（2013）从社会资本理论的视角出发，指出档案馆"在特定场域内的发展也必须具备一定的社会资本存量"，并提出通过"充分调动政府、档案馆和广大民众三方的积极性，通过体制完善、教育宣传、服务方式转变和社会组织培育等多重途径才能切实提升档案馆的社会资本存量，并由此带来档案公共服务能力和水平提升的最终目标"。④ 张

---

①　何振、易臣何、杨文：《档案公共服务的理念创新与功能拓展》，《档案学研究》2015 年第 3 期。

②　陈辉：《改革新阶段档案公共服务转型策略探析》，《档案学研究》2015 年第 2 期。

③　陈泳欣、聂二辉：《社会治理视角下档案公共服务体系：概念和关系分析》，《档案管理》2019 年第 1 期。

④　胡洪彬：《档案馆社会资本：档案公共服务的新视角》，《档案学研究》2013 年第 1 期。

东华等(2013)从用户体验的视角对档案公共服务进行研究,提出"在档案公共服务中,用户体验表现为通过档案信息产品或服务提供给用户的理性价值和感性体验""档案部门要转变原有的档案公共服务理念,以用户体验为出发点,围绕用户对服务的主动获取和积极接受开展公共资源服务"。[①] 何振等(2015)认为,在档案公共服务中,要树立"以人为本"的公众服务理念、"共建共享"的资源整合观念和"注重效率"的公共服务追求等理念,才能促进档案公共服务由封闭、静态和被动向开放、动态和主动的转变,也才能真正提高档案服务的质量和水平。[②] 李颖(2017)认为社交媒体日益广泛的应用,为档案公共服务提供了一个平台与空间,提出档案公共服务应渗透并融入这一空间,通过实现与社交媒体的"融为一体、合而为一",提升服务能力、提高服务质量,为社会和公众创造更大的价值。[③]

档案事业发展与国家治理体系和治理能力现代化关系密切,自党的十九大报告提出"必须坚持和完善中国特色社会主义制度,不断推进国家治理体系和治理能力现代化"以来,国家治理视角下的档案公共服务研究不断增多。赵浩华、倪丽娟(2017)认为,在档案公共服务中,主动服务是国家治理的内在要求,多元主体是国家治理的现实需要,技术优化是国家治理的效率需求。[④] 聂二辉、陈泳欣(2019)从社会治理的视角对档案公共服务进行分析,认为社会治理与档案公共服务体系具有内在一致性,二者应相互融合。[⑤] 王向女等(2020)提出档案公共服务需要重塑传统的服务方式,从"管理本位"向"治理

---

① 张东华、黄晓勤:《用户体验视野下档案公共服务探析》,《档案学通讯》2013年第3期。
② 何振、易臣何、杨文:《档案公共服务的理念创新与功能拓展》,《档案学研究》2015年第3期。
③ 李颖:《档案公共服务与社交媒体的深度融合研究》,《山西档案》2017年第2期。
④ 赵浩华、倪丽娟:《国家治理视角下的档案公共服务探究》,《北京档案》2017年第12期。
⑤ 聂二辉、陈泳欣:《社会治理视角下档案公共服务体系:实践与不足》,《档案管理》2019年第2期。

本位"转变,融入社会治理的新理念、新模式,实现创新发展。①

(3)关于档案资源建设与档案公共服务的研究

档案资源是档案公共服务的重要保障,在档案公共服务的研究中,档案资源建设也一直被学者所关注,并形成了一系列研究成果。安小米等提出"数字档案资源是国家数字信息资源的核心资源,具有凭证、记忆、身份认同、社区能力构建等多元价值属性,数字转型使国家数字档案资源管理突破了物理空间、存在形式等多方面的局限,从而使得数字档案资源整合与服务的方式可以是多种多样的"②,并通过对国外相关项目,如 Living Archives 项目③等的分析发现对提升我国档案公共服务的启示,同时通过大量调研,采用资源整合与服务协同创新视角,形成了一系列有助于提升档案公共服务的研究成果。安小米等还结合大数据时代背景,分析了数字档案资源整合与服务在新思维、新方式、新资源、新基础设施、新能力和新权力六个维度面临的机遇、挑战,并提出了未来发展构想。④

孙俐丽、吴建华(2016)针对当前我国档案资源数字化建设过程中缺少从国家层面顶层规划的现状,提出应构建国家数字档案资源整合与服务机制的顶层设计方案,并应在该顶层设计方案理念的指导下,建立由国家数字档案资源调查方案、整合模式、服务机制、保障体系所组成的、具有普适性的国家数字档案资源整合与服务的框架。⑤ 周耀林等(2017)提出了面向公众需求的数字

---

① 王向女、姚婧:《社会治理视角下档案公共服务创新路径探析》,《北京档案》2020 年第 2 期。

② 安小米、白文琳、钟文睿、孙舒扬:《数字转型背景下的我国数字档案资源整合与服务研究框架》,《图书情报工作》2013 年第 24 期。

③ 刘磊、安小米、钟文睿:《Living Archives 项目及其对数字档案资源整合与服务的启示》,《浙江档案》2014 年第 8 期。

④ 安小米、宋懿、马广惠、陈慧:《大数据时代数字档案资源整合与服务的机遇与挑战》,《档案学通讯》2017 年第 6 期。

⑤ 孙俐丽、吴建华:《关于国家数字档案资源整合与服务机制顶层设计的初步思考》,《档案学研究》2016 年第 1 期。

档案资源建设与服务联动模型,以"公众"为中心,建立动态联动机制,强调注重公众参与对数字档案资源建设以及档案服务工作的"联动性"影响。[1] 梁孟华(2019)基于对用户兴趣图谱的数字档案资源交互推送服务的研究,提出数字档案资源交互推送服务的拓展有助于实现数字档案馆馆藏资源、私人档案资源、关联档案资源和社会分散档案资源的集成,实现多元档案资源的一站式推送,帮助用户提高对数字档案资源和相关资源的认知,提升推送服务的质量。[2]

(4)关于档案开放利用问题的研究

档案的开放直接影响着档案公共服务实现的深度和广度,历来受到高度关注。陈永生(2007)认为"档案开放与提供利用是档案部门为社会各项事业发展服务的核心任务,是档案收集保管的终极目标"[3],并从政务公开制度反思档案开放,提出档案开放规定的合理性、档案开放时间设置的合理性日益受到现实需要和时代发展的多重冲击。[4] 杨霞(2009)在对我国综合档案馆档案开放与利用情况综述中指出,改革开放以来,我国综合档案馆档案利用服务的对象更加广泛,档案利用与开放的内容不断扩展,数量不断增长,方式也更加多样,但也存在开放率偏低等问题。[5] 何振(2009)提出政府信息公开环境凸显了档案开放的诸多不足,如缺乏让人满意的档案开放主体、开放客体以及完善的档案开放环境等,并认为应该从激发档案开放权利人开放需求、优化档案开放政策环境、深化档案开放管理体制、健全档案开放传导机制等方面加以解

---

① 周耀林、赵跃:《面向公众需求的数字档案资源建设与服务研究》,《中国档案》2017 年第 9 期。

② 梁孟华:《基于用户兴趣图谱的数字档案资源交互推送服务研究》,《档案学研究》2019 年第 2 期。

③ 陈永生:《从政务公开制度反思档案开放——档案开放若干问题研究之三》,《浙江档案》2007 年第 8 期。

④ 陈永生:《从政务公开制度反思档案开放——档案开放若干问题研究之三》,《浙江档案》2007 年第 8 期。

⑤ 杨霞:《我国综合档案馆档案开放与利用情况综述》,《北京档案》2009 年第 2 期。

决。李扬新（2010）认为档案服务政策对档案开放的影响不容忽视，认为现实问题的解决不仅仅在于开放意识的倡导和宣传，还需要政策设计的配合与创新。喻玲（2016）结合开放政府的背景，提出新时期档案开放需要秉承开放、参与、合作（协助）的工作理念，档案开放的内容不应仅仅局限于档案信息的开放，还应涵盖与档案信息开放密切相关的档案机构、档案管理者、档案职能、档案管理机制等要素，从档案开放的主体（档案信息）、形式、执行力（职能）、实施者（组织机构与人）、载体（档案馆）等维度，全面、深入理解认识档案开放，探寻档案开放的新途径。①

2. 新媒体环境下档案公共服务相关问题的研究

新媒体的出现与普及，引发了社会各个领域和行业的广泛关注。档案实践部门和档案研究领域对新媒体尤为关注，近十年来，形成了丰富的研究成果，不仅数量多（见图 0-2），而且内容丰富。

（单位：篇）

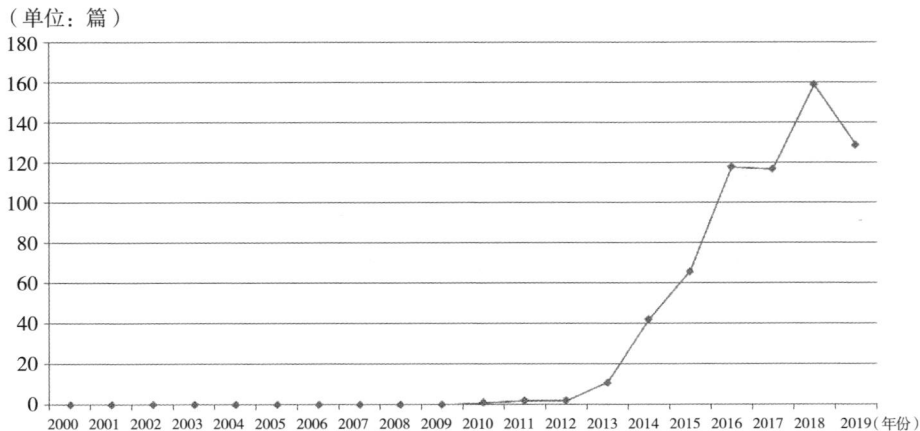

图 0-2　新媒体环境下档案公共服务相关问题研究成果数量图

（1）关于新媒体环境下档案公共服务理念转变的研究

新媒体时代的到来给社会各个领域带来了深刻的影响，传统的管理方式、

① 喻玲：《开放政府背景下的档案开放》，《档案与建设》2016 年第 5 期。

管理理念等都受到一定的冲击,档案公共服务也面临同样的问题,新媒体环境下档案公共服务理念转变的研究引起了学者的广泛关注。何振等(2015)提出在社会发展的新形势、新动态下,档案公共服务需要树立以人为本、共建共享、注重效率的基本理念,实现档案公共服务的历史记忆、资政襄政、文化教育、服务民生和公共消遣等功能,并指出"尤其是新媒体发展的今天,如何使档案公共服务与新媒体技术(如微信平台)相结合,也是一个值得探讨的问题"。[①] 伴随着互联网的飞速发展和新媒体的广泛应用,新媒体对档案服务产生了重要影响。李明彦(2017)通过对传统档案服务思维局限性的思考,研究了新媒体环境下档案服务思维的创新以及实践方式的创新,并提出档案工作者要正确应对和把握新媒体时代给档案事业所带来的挑战和影响。[②] 孙沁(2020)提出"互联网+"时代的到来,使人们的信息意识、信息获取能力和途径、档案本身以及档案工作所处的环境发生了变化,"要依托新媒体让档案走进大众日常生活,在安全、保密的基础上实现最大限度的开放和共享"。[③] 赵师校(2017)认为新媒体环境给档案利用功能和方式带来了挑战,要通过树立新媒体思维方式、提高档案人员综合素质、加快档案数字化、提供主动服务、创新服务手段的方式改善档案信息服务模式。[④] 张小飞、曹航(2018)受全新价值观念的影响,认为用户对档案信息的需求同样也发生了巨大变化,即由静态的平面线性信息需求转变为对动态的立体信息的需求,由大众化的信息需求转变为对个性化的信息需求,由单向被动的信息需求转变为对双向互动信息的需求,为了满足用户对更加多样化、个性化的档案的信息需求,档案部门应

---

① 何振、易臣何、杨文:《档案公共服务的理念创新与功能拓展》,《档案学研究》2015 年第 3 期。

② 李明彦:《新媒体环境下档案工作服务思维与方式探究》,《兰台世界》2017 年第 22 期。

③ 孙沁:《"互联网+"时代档案利用服务工作变革的几点思考》,《北京档案》2020 年第 2 期。

④ 赵师校:《浅析新媒体环境下档案利用服务模式的创新》,《陕西档案》2017 年第 3 期。

迎合新媒体所引导的全新价值观念,加快档案信息资源开发的理念创新。①

（2）关于新媒体环境下档案公共服务策略的研究

策略直接影响着档案公共服务的实现,关于新媒体环境下档案公共服务策略的研究取得了较丰富的成果。陈菲、李灵风（2011）提出建立在数字技术与互联网基础上的新媒体创新了信息传播方式,扩大了受众规模,丰富了受众信息需求,并从利用方式创新、利用主体扩大、利用目的拓展等方面,探索了应用新媒体推动档案利用从一种小众化的活动发展为大众化的行为的方式方法。② 王兰成、刘晓亮、黄永勤（2014）在结合新媒体档案信息资源建设的来源构成与特点的基础上,分析探讨了新媒体网上档案信息资源开发建设中的信息采集、信息处理和信息服务等相关方法、技术,为档案信息化建设中应用新媒体数据资源与相关服务提供了借鉴与指导。③ 吴青霞（2015）从将传统档案部门观转变为新媒体的社会观,将传统档案数字化升级为新媒体数据化,将传统档案资料收集拓展到新媒体的资料挖掘,将传统档案信息共享延伸到新媒体的信息价值共享等方面,探讨了如何实现传统档案与新媒体的融合。④ 周耀林等（2014）阐述了社交媒体对档案服务的影响,并从用户需求的刺激、服务平台的建立、国外经验的借鉴等方面分析了基于社交媒体开展档案服务的可行性。⑤ 朱兰兰、王梦思（2016）认为利用新媒体的即时性与交互性,不仅能第一时间发布档案文化信息、政府公开信息,还可随时了解公众对档案工作的意见和建议,从而提供个性化服务、改善服务质量。特别是利用多媒体与超文

① 张小飞、曹航:《新媒体视角下的档案信息资源开发理念创新》,《北京档案》2018 年第9 期。

② 陈菲、李灵风:《大众化:新媒体环境下档案利用的发展路向》,《山西档案》2011 年第1 期。

③ 王兰成、刘晓亮、黄永勤:《论互联网新媒体档案信息资源的建设与服务》,《档案与建设》2014 年第1 期。

④ 吴青霞:《传统档案管理与"大数据—新媒体"融合途径探索》,《山西档案》2015 年第6 期。

⑤ 周耀林、路江曼:《论社交媒体下档案服务的创新》,《档案学通讯》2014 年第6 期。

本的特点,开发和传播公众更易接受的、集成化的档案文化产品,能塑造档案部门新形象,更好地传播档案文化。① 赵屹、陈晓辉等(2017)认为新媒体环境下,档案信息聚合服务②、档案信息自助服务③是未来发展方向。马仁杰、贾飞(2017)提出海量的信息资源和用户需求之间的矛盾促使个性化服务成为新媒体环境下档案服务的必然要求。④ 卢珊(2017)对档案部门利用新媒体移动终端开展服务的平台进行调研,并分析其当前存在的问题和未来的发展趋势,提出档案部门必须高度重视移动端的发展,将提供在线服务的重心由 PC 逐渐向手机端转移,为用户提供更加方便快捷的服务。⑤ 周耀林等(2018)提出了"网站为主,微信、微博为辅,APP 兼用"的择优方法,形成综合优选的档案信息服务社交媒体应用方法,推动档案信息服务由被动服务向主动服务、由大众化服务向个性化服务转变。⑥ 新媒体环境下档案公共服务策略的研究,既有基于对传统服务策略研究的深化,也有重点针对新媒体环境下创新策略的探讨,两种思路的研究共同推动着策略研究的深化和多样化。

(3)关于不同形式的新媒体在档案公共服务中具体应用的研究

不同形式的新媒体,尤其是微博、微信、APP 等社交媒体在公共服务中应用的研究,引发了学者的广泛关注。刘福利(2014)认为微信有发布档案信息、实现档案咨询、完善档案信息资源开发利用的反馈工作、实现与档案网站

---

① 朱兰兰、王梦思:《论新媒体时代档案文化价值的发掘与传播》,《档案管理》2016 年第 1 期。

② 赵屹、陈晓晖:《刍议新媒体环境下的档案信息聚合服务》,《档案与建设》2017 年第 1 期。

③ 陈晓晖、赵屹:《新媒体环境下档案信息自助服务的内容与实现》,《中国档案》2017 年第 5 期。

④ 马仁杰、贾飞:《论新媒体环境下的个性化档案服务》,《档案时空》2017 年第 10 期。

⑤ 卢珊:《新媒体环境下档案移动终端服务现状与趋势研究》,《档案与建设》2017 年第 8 期。

⑥ 周耀林、姚丽璇、姬荣伟:《基于社交媒体的档案信息服务创新研究》,《中国档案》2018 年第 2 期。

或数据库的对接、实现微信检索档案信息等功能。① 宋雪雁等（2016）认为通过微信平台，公共档案馆拥有了最活跃与最即时的档案资源集约型服务窗口，并从用户感知的角度，构建公共档案馆微信公众平台服务质量评价模型，为公共档案馆微信公众平台技术改进和服务质量的提升提供数据支持和参考。② 周林兴（2017）提出微信公众平台与其他社交媒体应该并行存在；用独特的精品资源吸引不同用户群体的兴趣；用专业快速的反应速度回复社会公众的需求。③ 陈祖芬（2020）认为档案馆微信推文内容生产主要有两种模式：一种是供给主导模式，另一种是需求主导模式，这两种模式有所区别、各有优劣，应进行匹配性调整，在调整时，应选择折中模式。④ 赵雪芹等（2019）按照区域划分，选取 7 个省市级档案微信公众号的推文进行内容分析，总结热门推文的特点，提出充分挖掘馆藏资源、与地方特色文化相融合，发挥管理层在档案微信公众号建设中的作用，加强档案微信公众号运营队伍建设，加大原创推文比例，发挥档案价值时效性，提高推文更新频率等策略，以提高档案微信公众号传播影响力。⑤ 赵彦昌等（2018）指出档案 APP 是档案机构和组织以馆藏档案资源为依托，面向全社会开发的安装于移动终端的提供档案服务的应用开发软件，当前，全国各地的档案 APP 查档有了一定的发展，但在档案资源、服务功能等方面还有一些需要完善的地方。⑥ 此外，还有学者从信息偶遇理论、用户持续使用理论、创新扩散理论等不同理论的应用出发，研究社交媒体在档

---

① 刘福利：《开发利用的新平台：微信档案信息资源》，《北京档案》2014 年第 9 期。

② 宋雪雁、张岩琛、王小东、孟欣欣、邓君：《公共档案馆微信公众平台服务质量评价研究》，《图书情报工作》2016 年第 16 期。

③ 周林兴：《象征、意义与社会服务——档案馆微信平台传播影响力及前景分析》，《档案学研究》2017 年第 3 期。

④ 陈祖芬：《档案馆微信推文内容生产：供给主导还是需求主导》，《浙江档案》2020 年第 1 期。

⑤ 赵雪芹、吴明晏：《基于推文内容的档案微信公众号传播策略研究——以我国省市级档案公众号为例》，《档案管理》2019 年第 4 期。

⑥ 赵彦昌、陈海霞：《档案 APP 查档服务功能探微》，《四川档案》2018 年第 6 期。

案公共服务中的应用。不同的研究成果,有的注重理论研究,有的注重实践探索,都为新媒体在档案公共服务中科学合理的应用提供了支持和指导。

（4）关于新媒体环境下国外档案公共服务的案例研究

在研究过程中,学者不仅面向国内,而且面向国外,对新媒体环境下国外档案公共服务尤其是优秀案例进行研究分析,以期为我国新媒体环境下改进档案公共服务带来启示。陈燕萍（2018）对美国 2017 年《社交媒体战略》与 2010 年《社交媒体战略》进行对比分析,探讨了美国国家档案馆是如何深化社交媒体与档案馆的合作空间、拉近公众与档案馆距离等问题,从宏观的顶层设计、中观的理念塑造和微观的公众参与等方面分析了对我国的启示。[①] 黄霄羽等（2016）研究了美国、加拿大、英国、法国、澳大利亚国家档案馆应用社交媒体创新档案服务的实践特点,指出其应用社交媒体的类型丰富、范围广泛,已初见成效,同时也指出了其所面临的问题及对我国的启示。[②③④] 魏扣等（2018）则在分析澳大利亚、美国、英国、法国四个国家应用社交媒体开展档案公共服务实践基础上,指出我国应该在政策、主体、用户和人文社会等方面加强档案公共服务。[⑤] 袁倩（2019）以 NARA 发布的《社交媒体战略》为线索,总结出以合法性保障为基石、以高水平运营团队为支撑、以高质量服务内容为主线是美国实现档案服务的创新的基本路径。[⑥] 张一帆（2014）以美国国家档案馆的公民档案工作者板块为例,分析了社交媒体为档案馆的公共服务提供了

① 陈燕萍:《美国国家档案馆社交媒体战略研究与启示》,《浙江档案》2018 年第 4 期。

② 王丹、黄霄羽:《NAUK 应用社交媒体创新档案服务》,《中国档案》2016 年第 10 期。

③ 黄霄羽、孔冠男:《应用社交媒体创新档案服务——NASA 应用 Flickr 公布阿波罗计划照片档案》,《中国档案》2016 年第 1 期。

④ 黄霄羽、郭煜晗、王丹、冯磊、杨洁:《国外典型档案馆应用社交媒体创新档案服务的实践特点》,《档案学通讯》2016 年第 3 期。

⑤ 魏扣、李子林、张嘉禾:《国外档案馆应用社交媒体开展公共服务实践及其启示》,《档案学通讯》2018 年第 2 期。

⑥ 袁倩:《关于美国社交媒体战略的人文关怀与档案服务路径创新的思考》,《档案与建设》2019 年第 2 期。

新的契机。① 它山之石可以攻玉,对国外案例的研究有助于丰富研究视野、拓展研究思路,进而推动研究不断深化。

（二）国外研究综述

国外档案公共服务起源于法国 1794 年颁布的《穑月七日档案法令》,此后法国国家档案馆开始逐渐向公众开放。在国外,档案公共服务(archival public service)作为一个包罗万象的术语,它包含两个相互关联的档案职能:一是提供档案参考服务(archival reference services),二是档案外展服务和公共项目活动(archival outreach and public programming)。基于此,笔者选取"archive & service""archive & reference""archive & use"作为检索词,并辅之以"social media"作为"新媒体"的对应词②,组成英文题名检索式:TI = ("archive & service" OR "archive & reference" OR "archive & use") AND TI = "(social media" OR "new media")。笔者选取"Web of Science(SSCI)""ProQuest(Academic Research Library)"" EBSCO&BSP "" EBSCO (Discovery Service)" "ProQuest 博硕士论文全文数据库""Emerald-Management Xtra""Elsevier-Elsevier ScienceDirect"等外文数据库,以上述检索词或检索式进行检索,按照各数据库默认的检索时间区间,经过筛选、去重,对相关研究成果进行梳理和分析。

1.研究类型分析

（1）应用策略型研究

应用策略型研究主要是通过分析当下新型网络环境对档案公共服务的影响和意义,提出其与档案公共服务融合的具体实施策略或应用方法。例如,Yong Kim(2014)通过研究移动 SNS 对信息分发方式的改变,在对现有移动

① 张一帆:《社交媒体实现档案馆公共服务新跨越——以美国国家档案馆公民档案工作者板块为例》,《山西档案》2014 年第 4 期。

② 笔者在预检索过程中发现,相关研究多采用"social media"这个译法。

SNS 站点进行案例分析后,提出一种适用于档案信息服务的移动 SNS 结构,包括用户界面和数据库;①Cheng Ziyu(2012)基于 Web2.0 技术快速、便捷和零成本的优点,论述了 Web2.0 环境下数字档案个性化服务的新发展,提出了 Web2.0 技术在个性化档案服务中的具体应用方法;②Cowdrey 通过探讨社交媒体在英国国家档案馆馆藏建设、档案服务和管理工作中的出现及影响,提出使用 Blogging,Twitter,Flickr 等主流社交媒体软件开展档案业务,以此强化公众参与档案馆工作,从而形成稳定的网络群体组织。

(2)案例分析型研究

案例分析型研究主要是采用定量分析或其他方法对档案机构使用社交媒体开展档案工作的典型案例进行研究,评估社交媒体对于档案服务开展的意义,或在此基础上提出改进建议。例如,Mukw Ev Ho 等(2019)采用定量分析的研究方法,以南非的 10 个公共档案馆为研究样本,研究发现公共档案馆使用社交媒体提供档案服务将吸引 13—34 岁之间的年轻人利用档案;③Katie(2015)同样以定量分析的方法研究了美国图书馆及档案馆机构是如何使用 Tumblr 等社交媒体工具提供信息服务的;④Jung won 等(2016)以韩国国家档案馆和总统档案馆为研究对象,采用定量的方法对其在 2010 年—2016 年 4 月 15 日间的 Twitter 发文进行分析,以此掌握使用社交媒体开展档案服务的基本情况,以及用户对档案服务的态度和兴趣,在此基础上提出使用社交媒体

---

① Yong Kim, Hye Kyung Kang, Ee-gyeong Kim, Geon Kim, "Information Services Based on Social Networking Services in a Mobile Environment:A Case Study of South Korea", *Library Hi Tech*, Vol. 32(2014),pp.50-52.

② Cheng,et al, "The Building of Digital Archives Personalized Service Website based on Web 2.0", *Physics Procedia*, Vol. 25, No. 1(2012),pp. 2096-2102.

③ Mukw Ev Ho, J., and M. Ngoepe, "Taking Archives to the People:The Use of Social Media as a Tool to Promote Public Archives in South Africa", *Library Hi Tech*, Vol. 37, No. 1(2019),pp. 119-132.

④ Katie Elson Anderson, "Libraries and Tumblr:a Quantitative Analysis", *Reference Services Review*, Vol. 43, No. 2(2015), P. 156.

开展公共档案服务的相关建议;①Ji-Hyun and Kim(2015)以英国和美国国家档案馆为例,通过分析他们在 Facebook 和 Twitter 上发布的帖子及用户互动情况,发现用户对馆藏档案资源、网络资源和重大事件等相关内容最为感兴趣,尤其是关于馆藏档案资源的分享最能引发用户的互动。文章指出,以及时的方式提供与公众自身和重大事件相关的信息最能刺激公众参与互动。同时强调,档案机构应该及时挖掘馆藏档案资源并与现有网络资源进行连接,通过各种社交媒体向用户提供服务。② Boyd 以爱国者中心圣博尼发索社会档案馆(SHSB)的档案网站"Au pay de Riel"为研究对象,通过分析其网站设计、页面导航、内容等阐释该网站如何成为提供公共档案服务的重要窗口,认为在该类档案服务网站的建设中,资源是最为重要的,应该尽可能地使更多的历史档案资源在网站上可获得、可使用。Stevenso 采用社交网络分析、推论统计和主题分析等定量方法客观评估了威斯康星州档案馆借助 Facebook 开展工作的实际效果和影响,为未来其他档案机构使用社交媒体提供借鉴。

2.研究内容分析

（1）关于社交媒体使用情况的研究

国外学者从不同的角度,对社交媒体的使用情况进行了分析,主要集中在以下几个视角:在社交媒体的使用动机方面,Esra Kocak,V. Aslihan Nasir 和 Hande B. Turker(2020)从自我表达、记录、社交、娱乐、创造力、窥探六项动机研究人们对使用 Instagram 软件的动机,基于用户动机对用户进行细分,从而更好地设计软件系统,提升用户友好性;③Mehwish Waheed,Jane E. Klobas 和

---

①　Jung won,et al,"A Study on Social Media Usage of Government Archival Services and Users' Interestedness:Focused on 'National Archives of Korea' and 'Presidential Archives'", *Journal of the Korean Society for Information Management*, Vol. 33, No. 2(2016), pp. 135–156.

②　Ji-Hyun,and Kim, "A Study on Interactions between Archives and Users by Using Social Media-Based on the Cases of National Archives of the U.S. and the U.K. ", *Journal of Korean Library and Information Science Society*, Vol. 46, No. 3(2015), pp. 225–253.

③　Kocak,E.,V. A. Nasir,and H. B. Turker, "What Drives Instagram Usage? User Motives and Personality Traits", *Online Information Review*, ahead-of-print(2020).

Noor Ul Ain(2020)发现社交媒体的知识质量会显著影响用户对社交媒体的满意度,从而影响用户对社交媒体的使用情况。①

在社交媒体的使用风险方面,Chern Li Liew、Gillian Oliver 和 Morgan Watkins(2017)探讨了新西兰信息和文化遗产部门使用社交媒体的情况,发现社交网络的增长已大大改变了遗产部门寻求参与的方式,存在的主要问题是声誉管理,大多数机构对问题发生时和对问题作出响应是被动的,而不是主动地进行风险识别和规避。②

在政府使用社交媒体提高政府可信度方面,Lois Evans、Patricia Franks 和 Hsuanwei Michelle Chen(2018)通过对加拿大和美国的 20 个地方政府进行调查研究,发现政府通过管理社交媒体,实施了对账户、访问权限和内容的控制,以建立对其员工和受众的信心并降低风险,主要集中在单向广播和一对一服务交付。这些行为表明,受信信任需要代理(即地方政府)与委托人(即公民)之间的互惠而非单向信任行为。③ Ajree Ducol Malawani,Achmad Nurmandi,Eko Priyo Purnomo 和 Taufiqur Rahman(2020)通过对 Twitter 上用户诉求的收集,利用大数据分析技术对用户信息进行分析,发现政府可利用社交媒体对用户数据进行及时的分析和处理,从而为用户提供个性化的服务需求,提供用户满意度,从而提高用户对政府的可信度。④

(2)关于档案公共服务的研究

关于档案公共服务的研究,国外学者在分析服务现状的基础上,重点分析

---

① Waheed, Mehwish, J. E. Klobas, and N. U. Ain, "Unveiling Knowledge Quality, Researcher Satisfaction, Learning, and Loyalty: A Model of Academic Social Media Success", *Information Technology & People*, ahead-of-print(2020).

② Liew, C. L., G. Oliver, and M. Watkins, "Insight From Social Media Use by Memory Institutions in New Zealand: Participatory vs Curatorial Culture", *Online Information Review*, No. 42(2017), pp.93-106.

③ Lois Evans, et al, "Voices in the Cloud: Social Media and Trust in Canadian and US Local Governments", *Records Management Journal*, Vol. 28, No. 1(2018), pp.18-46.

④ Malawani, A. D., et al, "Social Media in Aid of Post Disaster Management", *Transforming Government People Process and Policy*, ahead-of-print(2020).

了存在的问题,Sarah Horton(2006)通过对 1919—2006 年的一系列文献进行综述,系统分析并研究了英国地方政府议程对提供档案服务的影响,并对社会资本、政府政策和公共价值对于提供档案服务有何启示作出了详细的论述;①Nkholedzeni Sidney Netshakhuma 探讨了南非国家档案馆在记录非洲人国民大会妇女同盟(ANCWL)1960—1990 年南非解放斗争记录的过程中所发挥的作用,研究发现,南非国家档案馆未能充分整合馆藏资源并开发利用,未能提供较好的档案公共服务,使得对南非解放斗争的研究存在空白;Shajitha C.研究发现,南印度档案机构仅在少数数字策展活动中进行了积极参与,对于知识库中档案资源的利用率较低,未能充分利用档案资源提供公共服务。

(3)关于利用社交媒体提供档案公共服务的研究

Jonathan Mukwevho 和 Mpho Ngoepe 研究发现,在南非,由于档案馆是政府艺术和文化部门的附属单位,较少有档案馆使用 Facebook、Twitter 和 LinkedIn 等社交媒体平台来吸引用户,它们主要依靠其母体运营的社交媒体平台,档案馆只能在社交媒体上运行自己的账户;Maureen Henninger 和 Paul Scifleet(2016)通过对 Facebook、GooglePlus 和 Twitter 上的内容进行分析,发现不同社交网络的消息体系结构和元数据具有可比性,并证明了社交事件的不同方面,从而探讨了社交媒体文献如何参与构建文化记忆;②Yong Kim,Hye Kyung Kang,Ee-gyeong Kim 和 Geon Kim(2014)通过研究韩国当前档案信息服务方式,提出了适合韩国的一种移动社交网络服务系统,以便于图书馆和档案馆利用社交媒体提供档案信息服务;③Caroline Hood 和 Peter Reid(2018)研究了小

---

① Tedd, L. A., and S. Horton, "Social Capital, Government Policy and Public Value: Implications for Archive Service Delivery", *Aslib Proceedings*, Vol. 58, No. 6(2006), pp.502-512.

② Maureen Henninger, Paul Scifleet, "How are the New Documents of Social Networks Shaping our Cultural Memory", *Journal of Documentation*, Vol. 72, No. 2(2016), pp.277-298.

③ Yong Kim, Hye Kyung Kang, Ee-gyeong Kim and Geon Kim, "Archival Information Services Based on Social Networking Services in a Mobile Environment: A Case Study of South Korea", *Library Hi Tech*, Vol. 32, No. 1(2014), pp. 28-49.

型的社区历史和遗产组织如何利用社交媒体参与构建当地历史文化,探索了在当地历史背景下,社区拥有强烈的本地认同感,通过对社交媒体上照片档案的充分开发和利用,为当地历史研究和更广泛的文化记忆作出贡献。①

从研究类型和研究内容的分析可以看出,在不同的国家对新媒体在档案公共服务中的探索与应用程度不同,研究切入的角度不同,受本国政治、经济、文化等影响较大,与该国信息技术发展水平直接相关。总体上来看,研究以案例分析、现象描述与解释为主,以"点上的深入"为特点,在宏观层面、理论层面的研究成果相对较少。

三、研究方法与创新

(一)研究方法

在研究过程中,结合课题特点和研究目的,采用规范研究和实证研究相结合、描述性研究和解释性研究相结合的一系列具体方法,力争以科学的研究方法确保研究成果的科学性和先进性、创新性和有用性,提升成果的理论价值和实践价值。

1. 文献研究法

通过不同途径查阅国内外相关数据库,利用多种方式搜集、整理各种文献,对其进行系统梳理,并进行认真研读、深入分析。全面把握相关研究进展、研究内容、研究方法和特点等,吸收借鉴先进研究成果,奠定扎实的基础;同时,分析已有研究中存在的薄弱环节、不足之处,找准研究问题,不断明确研究内容和研究方向。

2. 调查研究法

结合课题性质和研究需要,主要采用实地调研法和网络调研法。第一,实

---

① Caroline Hood, and Peter Reid, "Social Media as a Vehicle for User Engagement with Local History: A Case Study in the North East of Scotland", *Journal of Documentation*, Vol. 74, No. 4(2018), pp.741-762.

地调研法。为了全面深入地了解新媒体环境下档案公共服务的现状,发现真问题,提升研究成果的应用价值,在研究的不同阶段,到多家档案部门及相关机构进行实地调研,获取一手资料。近几年来,新媒体发展迅猛、日新月异,机构改革后档案部门的调整等,对研究影响较大,持续深入的调研确保了研究成果的先进性和有效性。第二,网络调研法。自课题立项以来,网络调研基本处于一种实时进行状态,课题组成员持续关注新媒体在档案公共服务中的发展,以用户身份进行体验、以服务者身份进行思考、以研究者身份进行观察,极大地丰富了研究内容,并确保了研究的科学性。

3. 深度访谈法

课题组结合研究的关键问题和重点内容,对业界的专家学者、实践部门的相关负责人及工作人员、不同领域及不同类型的服务对象等进行深度访谈,访谈过程中被访谈者不仅为研究提供了大量的事实、数据、背景信息的支持,同时极大地拓展了课题组的研究思路、研究视野,深度访谈使课题组对研究中的诸多问题有了更加全面、细致、深入的把握,有效地丰富了研究内容、提升了研究成果的质量。

4. 案例分析法

课题组运用大量国内外案例,对相关问题进行解释和阐述,并结合我国新媒体环境下档案公共服务的实际,分析启示、深入思考,使之有机融入本课题的研究,为研究提供生动的素材,使论述更加有力、内容更加丰富,也确保了研究成果更具实用性。

5. 跨学科研究法

综合利用传播学、公共管理、心理学等相关学科的理论成果与研究方法,在交叉融合中探索解决新媒体环境下档案公共服务实现中所涉及问题的新思路和新方法。档案与档案活动深深地植根于社会发展的各个领域,其关联、影响因素众多,以跨学科的方法进行研究,打破囿于档案谈档案的限制,能够深刻理解问题并发现解决问题的答案,使研究成果具有科学性和创新性。

以上是研究过程中主要应用的研究方法,除此之外,还采用了对比分析法、归纳法与演绎法、系统分析法等多种不同的研究方法,在研究中力争做到方法科学、适用、有效,以确保研究的顺利开展并形成高质量的创新性研究成果。

(二)研究创新

档案公共服务相关问题研究历来受到理论研究与实践领域的关注,一直是热点问题,也是难点问题,前人的研究成果为本研究打下了坚实的基础,课题组在充分吸收借鉴前人研究成果的基础上,对新媒体环境下档案公共服务实现理论及实践探讨的创新与发展、拓展与深化、完善与优化等,主要表现在以下两个方面。

1. 研究思路与视角的创新

当前对档案公共服务相关问题的研究,思路与视角不一,诸如很多采用要素分析的思路与视角,以档案公共服务的构成要素(如主体、客体、服务方式等)为主要思路和线索进行研究,这些要素是档案公共服务实现的重要组成部分,对要素的关注和研究意义重大。但是,新媒体环境下档案公共服务的实现日趋复杂,新媒体环境和档案公共服务自身发展的规律使档案公共服务实现的构成要素以及相互之间的关系不断复杂,不同要素在不同情境下对档案公共服务实现的影响不同,要素之间关系呈现非线性、多关联等特点,以要素为视角的切入难免人为割裂服务实现过程中的有机联系。本书仍然关注要素分析,但是注重的是要素的新特点、要素之间的复杂关系,并将其有机融入整个研究体系,注重档案公共服务的整体实现。

课题研究从抽象到具体,从理论到实践,步步深化、层层细化,从新媒体环境下档案公共服务实现基本原理、一般规律的研究,到服务范式与结构框架的探讨,再到具体的可操作实现路径、保障体系的细化,最后到提出国家一体化档案公共服务平台构建。这一思路拓展了研究空间、丰富了研究内容,同时使研究成果更具前瞻性和创新性,也提升了成果的适用性。

2. 研究内容与观点的创新

(1)揭示了新媒体环境下档案公共服务的实现机理

基于对元驱动、交替推动、融入牵动的探讨,阐明了新媒体环境下档案公共服务实现的基本原理和规律、运行机制与规则等问题,透过现象研究本质、寻根究本,使档案公共服务在复杂的新媒体环境中有纲可依、有理可遵、有道可循。

档案价值是档案公共服务实现的内源动力,显微镜、平面镜、放大镜三镜效应的交替推动揭示了档案公共服务系统的运行方式、服务要素及其内外系统等关系的复杂性,蕴含了档案公共服务系统功能实现的规则;形成了基于档案价值"聚—散"的元驱动、三镜效应的交替推动,以及复杂系统理论的融入牵动的档案公共服务实现机理模型;并从档案价值动态生长、档案价值聚积体、档案全生命周期内价值的聚散原理等方面对档案价值进行了深入研究,丰富和发展了档案价值理论。

(2)论证了新媒体环境下档案公共服务实现的科学范式

结合理论与实践,从服务战略、服务模式、服务思维等影响档案公共服务实现的关键内容出发,构建并形成新媒体环境下档案公共服务实现的科学范式。从共建、共享、共治的视角提出了同频于社会治理现代化的服务战略;从基于职能导向的服务与基于需求导向的服务、稳定服务与敏捷服务等构建了双视角双导向的可供借鉴和参考的服务模式;从以平台聚内容、以平台融技术、以平台聚智慧、以平台提质量等方面提出了开放协同的平台化思维。

(3)提出了档案公共服务"块"概念,并设计了档案公共服务"储能—赋能—释能"的实现路径

提出了档案公共服务"块"概念,从"块"的立体性、独立性、与整体的融合性来研究档案公共服务的实现,以"初始层—表现域—实现空间"为线索,描述并研究了档案知识服务块、档案公共文化服务块、档案民生服务块和档案技能服务块的发展与创新。在实现路径的研究中,结合现状与未来新媒体的发

展,设计了储能—赋能—释能的可行实现路径,并通过建设一个资源储能体系、实施三种赋能策略、实现多种释能形态将路径可操作化、具体化。

(4)构建了新媒体环境下国家一体化档案公共服务平台

国家一体化档案公共服务平台是新媒体环境下具有创新意义的档案公共服务实践探索,也是推动我国档案事业走向开放、走向现代化的重要举措,其面向新时代、新媒体环境对档案公共服务的要求,遵循档案公共服务的基本原理和规律,立足于我国档案公共服务的发展现状和服务平台的建设现状,既注重破解当前关键问题,又注重前瞻性;既关注适用性、可操作性,又关注创新性,提出了平台的特点、建设原则、实现框架,以期推动新媒体环境下我国档案公共服务的创新实现和深入发展。

第一章　新媒体与档案公共服务概述

当今社会,新媒体已经成为一个人们耳熟能详的概念,新媒体给各行各业、各个领域带来了新的机遇和挑战,给人们的生产生活带来了极大的改变。从新媒体出现之日起,理论和实践领域就对其给予了广泛的关注,对其内涵、特征、形式等进行探讨,既形成了一系列共识,也存在一定的分歧;既对其有了更加全面的认识,又存在尚需进一步研究的问题。新媒体处于一个动态发展的过程中,对各个领域充满了吸引,并为各个行业的发展注入新的活力。新媒体环境同样为档案公共服务的发展提供了新的土壤,档案公共服务是档案事业的重要组成部分,是档案学研究一直关注的重点和热点问题。档案公共服务伴随着时代的发展而发展,本章将对新媒体进行基本概括、对新媒体环境进行分析,并在此基础上,结合我国档案公共服务的演化进程,探讨新媒体环境对档案公共服务的影响。

第一节　新媒体概述

新媒体的内涵和内容极为丰富,具有多种特征和多样的表现形式,人们对新媒体的认识是一个渐进的过程。信息技术的发展,不可避免地使新媒体处在一个动态发展的不断变化之中,增加了人们对新媒体全面理解和深入把握的难度。要对新媒体形成全面深入的认识,需系统分析新媒体发展中的变与不变,多维把握其表面现象与深层本质。

一、新媒体内涵解读

(一)新媒体的出现

人类社会发展至今,经历了四次重大的传播革命:第一次是文字的发明和使用,它使人类文明突破时间和空间的限制,将前人的实践经验不被扭曲、重组和丢失地代代相传;第二次是印刷术的发明,它帮助人类打破知识垄断,更广泛地实现信息传播,为世界文明带来了曙光;第三次是电报的发明,帮助人类实现了长距离即时点对点的传播,其后的广播电视等一系列传播技术与媒介的出现,使人类信息传播速度不断加快、范围更加广泛、内容更加丰富、扩散和保存信息的能力进一步增强;第四次是互联网相关技术的推广使用以及由此带来的新媒体蓬勃兴起,它催生了一个新的传播环境,使传播媒介、传播结构、传播模式都发生了一系列变化,同时也带来了整个社会政治、经济、文化等各个方面的变化,将人类文明推向更高级阶段。

"新媒体"一词源于美国哥伦比亚广播公司技术研究所所长 P.戈尔德马克(P.Goldmark)的一份开发电子录像商品计划书(1967),其中将"电子录像"称为"新媒体",在这份报告中,"新媒体"首次作为一个传播概念,用以指代和传统印刷媒介不同的、基于电波和图像传输技术的广播、电视、电影等的媒介样态。随后,时任美国传播政策总统特别委员会主席的 E.罗斯托(E.Rosetow)在向尼克松总统提交的报告(1969)中多次使用了"newmedia","新媒体"一词逐渐在美国流行并很快扩展到全世界。

(二)对新媒体的不同理解

自从"新媒体"一词出现之后,国内外相关研究机构、组织、专家学者从不同角度对新媒体进行界定。较具代表性的有:联合国教科文组织最早提出"新媒体就是网络媒体"。美国《连线》杂志将新媒体定义为"所有人对所有人的传播"。中国传媒大学教授宫承波认为新媒体在内涵上是指"依托数字技术、互联网络技术、移动通信技术等新技术向受众提供信息服务的新兴媒体"①。中国人民大学新闻学院教授匡文波认为新媒体可以界定为:"利用数字技术,通过计算机网络、无线通信网、卫星等渠道,以及电脑、手机、数字电视机等终端,向用户提供信息和服务的传播形态。"②国家广电总局发展研究中心新媒体研究所所长董年初认为,从技术角度来讲,新媒体应该是一种基于数字技术上的界定,所有数字化后的媒介形态都可以称为新媒体,如有线数字电视、直播卫星、地面数字电视等。新媒体在衍生意义上具体包括了 IP 化以及与网络媒体有关的众多媒体形态,如 IP 电视、网络广播、网络和手机电视等。③ 而匡文波在《新媒体概论》一书中提出新媒体是"借助计算机(或具有计算机本质特征的数字设备)传播信息的载体"④。

新媒体自出现以来便日益广泛、深刻、全方位地影响和改变着世界,伴随着技术的发展,新媒体所产生的影响和给世界带来的改变也将更加广泛和深远。当前,对于"新媒体"的界定有从技术、载体、传播等不同角度的讨论,对"新媒体"概念有相对论、数字论、互联网论、传播机构论、规模论、多维论、载体工具论、传播论、排除论等多种角度的阐述。不同视角的探讨各有侧重,以致无论是理论研究领域还是实践领域,对"新媒体"尚未形成统一的界定和表述。

"新"是一个相对概念,且可以从不同的角度进行判断,新媒体是一个伴随着时代发展和技术进步不断丰富的事物,任何一种建立在技术革新、对社会

---

① 宫承波:《新媒体概论》,中国广播影视出版社 2007 年版,第 2 页。
② 匡文波:《"新媒体"概念辨析》,《国际新闻界》2008 年第 6 期。
③ 杨状振:《中国新媒体理论研究发展报告》,《现代视听》2009 年第 5 期。
④ 匡文波:《新媒体概论》,中国人民大学出版社 2015 年版,第 10 页。

产生重大影响的媒体类型,都可能成为新媒体,因而"新媒体"必将是一个动态发展的概念,对新媒体的不同解读不仅不影响人们对新媒体的理解,恰恰有助于全面深入认识新媒体、利用新媒体。

(三)新媒体的特性与表现形式

1.新媒体的特性

虽然目前尚未给出新媒体一个统一的定义,但对新媒体的特性等基本问题已形成共识,数字化、交互性、超时空性、智能化等是公认的新媒体的特性。

第一,数字化。数字化是新媒体的显著技术特征。数字化技术把文字、声音、图形、图像等模拟信息转换成 0 和 1 编码的计算机可读信息,是新媒体技术的基础。它与其他相关技术相结合,改变了数据和信息的生产、获取、处理、传输、存储、开发和利用等,为海量信息传播奠定了基础,拓展了传播手段、接收终端、表达形式,使传播呈现出立体化、全景式的特点。

第二,交互性。交互性是新媒体的传播特征。新媒体打破了传统媒体时代传者和受者的严格界限,传播方式由单向线性发展到双向、多向交流;同时,传受双方地位不断切换,受者不再是被动接收信息的传播对象,而且可以最大限度地参与信息传播,整个过程的改变同时带来了信息控制力的变化;此外,信息传播的个性化也不断增强。

第三,超时空性。超时空性是新媒体的外部效果特征。主要表现在两个方面:一是新媒体在传播上具有快捷性和时间上的自由性,能够实现即时传播;二是新媒体利用全球互联的网络系统和通信卫星技术,突破地理区域的空间局限,实现全域传播。

第四,智能化。智能化是指新媒体在网络、大数据、物联网和人工智能等技术的支持下,所具有的能动地满足人类各种需求的属性。新媒体的智能化主要表现在能够智能化地感知和采集信息、能够成为智能化的信息生产主体、可以进行信息的智能搜索和分发等。伴随着人工智能技术的深入发展,新媒体智能化的特性将更加明显并不断多元化。

2.新媒体的类型和表现形式

按照不同的依据和标准,可将新媒体划分为不同类型和表现形式(见表1-1)。

表1-1　新媒体类型和表现形式表

分类标准	不同类型	表现形态
从传播学角度	网络人际传播	电子邮件,网上聊天,播客、微博与微信等
	网络群体传播和网络组织传播	社交网站、网络社区、组织内部的局域网等
	网络大众传播	网页新闻、网络视频分享、移动媒体内容生产等
从硬件设备终端的角度	以计算机为终端	电脑
	以手机和便携式电子设备为终端	手机、平板、智能可穿戴设备等
	以数字电视为终端	交互式网络电视、移动电视
从软件属性的角度	Web1.0时代	门户网站、搜索引擎等
	Web2.0时代	博客、微博、微信、社交网站、视频网站、门户网站、搜索引擎等
	Web3.0时代	短视频、APP、小程序等,博客、微博、微信、社交网站、视频网站、门户网站、搜索引擎等

(1)从传播学的角度

新媒体是一种全新的传播类型,比照传播学的分类方法,可将其分为网络人际传播、网络群体传播、网络组织传播、网络大众传播等。

网络人际传播,在互联网被广泛应用的今天,网络上的人际传播日趋频繁,主要表现为电子邮件,网上聊天,播客、微博与微信等形式。网络群体传播是临时松散的非正式群体在互联网上的传播活动,主要包括社交网站、网络社区、组织内部的局域网等。网络组织传播是正式组织基于计算机网络的传播活动,主要包括组织内部的局域网等。网络大众传播是以社会上一般大众为对象而进行的大规模的信息生产和传播活动。网络大众传播主要表现为网页新闻、网络视频分享、移动媒体内容生产等。

(2)从硬件设备终端的角度

新媒体形式多样,按照适用的媒体技术和终端来分,可划分为以计算机为显示终端的新媒体、以手机和便携式电子设备为终端的新媒体和以数字电视为终端的新媒体。

以计算机为终端,这是最早出现也是普及程度最广的类型,绝大部分的其他新媒体终端都来源于或借鉴了以计算机为终端的新媒体。[①] 主要包括门户网站、博客、微博、博客等。以手机和便携式电子设备为终端,随着技术的发展,手机在拨打电话、收发短信等功能的基础上,将娱乐、服务、新闻等多种功能集于一体,其已不仅仅是一个通信工具,而是形成了一个功能平台,也形成了一种新的媒体——手机媒体。此外,平板电脑等智能终端都在以不同形式完善人机交互、满足人们多种需求。主要表现形式有微信、各种 APP、移动社交平台等。以数字电视为终端,主要是指无线电视、楼宇电视等传统媒体与多媒体、互联网技术、数字技术等融合,发展成为移动电视、交互网络电视等新的形态,这种新形态改变了传统电视单向信息传播的特点,通过互动提供个性化服务。

(3)从软件属性的角度

Web 自诞生以来,大致经历了三个阶段,即 Web1.0、Web2.0 和 Web3.0 三个阶段,每个阶段都有其不同的特点,因此也产生了不同类型的新媒体。

Web1.0 的本质是聚合、联合、搜索,通过超链接解决信息与信息的连接问题,以信息单向发布和被动消费为特点,以用户静态、单向阅读为主,这一时期新媒体的主要形态有门户网站、搜索引擎等。Web2.0 的本质特征是参与、展示和信息互动,解决人与人的虚拟连接问题,以互动、社会化、协作和分享为

---

① 李良荣:《网络与新媒体概论》,高等教育出版社 2014 年版,第 22 页。

特点,用户可以实现互动参与,是一种以分享为特征的实时网络,这一时期新媒体的主要形态有博客、微博、微信、社交网站、视频网站等。Web3.0 的本质是深度参与、体验以及体现网民参与的价值①,以语义化、智能化和移动化为特点,进一步解决了机器与机器的互联问题,让机器相互之间可理解和推理,实现了知识之间的广泛连接,这一时期新媒体的表现形式如短视频、APP、小程序等。

3. 新媒体在档案领域的主要应用形式

按照上述对新媒体类型的梳理和归结,结合对档案部门的调研,新媒体在档案领域的应用主要表现为以下形式。

(1)档案网站

档案网站在档案领域,尤其是档案公共服务中一直发挥着重要作用,它"是国家各级档案馆在互联网上发布公开档案信息资源的重要窗口和提供在线服务的综合平台"②,在不同的时期,档案网站在档案公共服务中作用的表现也有所不同,在 Web1.0 时代,档案网站在档案公共服务中所发挥的作用主要是发布信息;进入 Web2.0 时代后,档案网站开始注重与用户的交互;进入 Web3.0 时代,语义化、智能化和移动化等特点给档案网站公共服务的提升带来了更大的空间。当前,我国各级综合档案馆都已建立起档案门户网站,但发展水平不一,服务质量、服务效果差异较大。到 2018 年,全国副省级城市以上档案部门共建设有 48 个档案网站,2019 年 12 月,我国网站数量为 497 万个,在未来的档案公共服务中,档案网站仍将发挥其重要作用。

(2)档案微博

微博是指一种基于用户关系,通过关注机制分享简短实时信息社交媒体,微博可分享文字、图片、视频等,可通过电脑、平板、手机等终端接入,具有传播互动、信息即时分享等特点,是互联网新媒体中传播和交流信息的重要平台。

---

① 段寿建、邓有林:《Web 技术发展综述与展望》,《计算机时代》2013 年第 3 期。

② 张宁:《我国省级档案网站测评项目综述》,《档案学通讯》2007 年第 4 期。

微博在档案局(馆)的应用从2009开始,2011年被称为我国"政务微博元年",档案微博也在这一时期增长较快,在随后的近十年中,档案微博基本处于稳步发展状态。

(3)档案微信

2011年1月21日,腾讯公司推出微信(WeChat),作为一款免费应用程序为用户提供即时通信服务,支持发送文字、图片、语音、视频等,具有聊天、公众平台、游戏、阅读、扫一扫等多种功能,目前用户超过十亿,已成为一种生活和工作方式。2017年1月9日,微信小程序上线,用户通过扫一扫或搜一下便可打开应用,不需要下载安装便可便捷应用。微信在档案局(馆)中的应用从2013年开始,当前已经成为备受档案青睐的服务平台。

(4)档案APP

APP主要指安装在智能手机上的软件,以完善原始系统的不足与个性化。随着智能手机的普及,人们在沟通、社交、娱乐等活动中越来越依赖于手机APP软件。档案APP主要是指具有传播档案信息、提供档案服务等与档案相关的各种软件。档案APP应用当前在我国处于起步发展时期,总体数量较少,但其作为提供服务的平台具有独特的优势,在未来具有较大的应用空间。

(5)嵌入多种社交媒体平台的不同应用

档案公共服务既可以有独立的空间平台,也可以融入其他各类平台,且融合发展是新媒体时代的趋势。档案公共服务可充分融入抖音短视频、今日头条、学习强国、QQ游戏、政务服务APP等,借助其流量大、用户多等优势,充分实现档案公共服务的目标。

(6)其他形式

博客、手机报等主要集中在2010年前应用较多,2010年后逐渐减少,但也未完全消失;论坛、各种圈群性质不一、活跃度不同,也拥有不同规模的用户群,但目前在档案部门的应用较为分散。在未来的服务中,应结合公众需求,择其可用之优势,融入档案公共服务。

二、新媒体环境分析

新媒体以数字技术、网络技术、移动通信技术、卫星技术等多种技术,引发了人类行为、组织活动、社会结构的变革。新媒体不仅是新的传播媒介和技术,也是一种思想和价值观。新媒体的普及和广泛应用,形成了新媒体环境,影响着人们的生产和生活。

(一)新媒体环境的形成

迄今为止,新媒体在我国的发展大致经历了酝酿阶段(1995—1997 年)、加速发展阶段(1997—2000 年)、大浪淘沙阶段(1991—2004 年)、用户生成内容阶段(2005—2009 年)、移动互联网阶段(2009 年至今)。[①] 新媒体的发展,引发了新观念的产生、新模式的出现、新思维的塑造、新治理的构建,"生产技术革命的推动,引导了从生产工具到劳动对象,到生产的组织和管理的一系列的变革"[②],新媒体融合一系列先进技术,"对社会生活的强势介入,不仅带来了人们信息沟通方式的改变,而且带来了生活方式乃至社会关系的显著变化,推动了新型社会治理体系的建构进程。"[③]无论是马歇尔·麦克卢汉还是乔舒亚·梅洛维茨,都认为媒介的变化会对整个人类社会造成非常巨大的影响。

人类生存的空间及可以直接或间接影响人类生活和发展的各种自然因素和社会因素共同构成人们通常所说的环境,它囊括了对人发生影响的一切过去、现在和将来的人、事、物等全部社会存在。当某种存在成为影响人类生活和发展的重要因素时,人们通常称之为"某种环境"。新媒体从其产生之时便

---

① 匡文波:《新媒体概论》,中国人民大学出版社 2015 年版,第 83 页。

② [美]阿尔温·托夫勒:《第三次浪潮》,朱志焱等译,生活·读书·新知三联书店 1984 年版,第 550 页。

③ 李阳:《新媒体背景下公众参与社会治理体系的构建》,《福建论坛(人文社会科学版)》2019 年第 5 期。

对人类社会发展产生着种种前所未有的影响,不断引起广泛的关注,引发人们对诸多问题的思考。无论人们是主动选择,还是被动接受,新媒体都在不断与社会各个领域深度融合。新媒体既作为工具、手段、方式影响着人类社会的信息传播,又作为一种思想、理念影响着人类社会的生产生活。伴随着新媒体影响的日趋广泛和不断纵深,新媒体环境已悄然形成。

(二)新媒体环境的特点

1. 社会结构更具复杂性

社会结构是指一个群体或者一个社会中的各要素相互关联的方式。① 互联网的产生标志着人类历史翻开了网络时代的新篇章,互联网的发展促进了新媒体的迅速崛起,新媒体的出现活跃了社会结构,新媒体的数字化、网络化、互动性、超时空性等特性,正在改变着原有社会的结构面貌。从传统的金字塔结构,到具有去中心化、节点传播等特征的扁平化结构,再到网络化社会,网络中的群现象和圈现象的产生和形成,新媒体技术使得"世界从未如此自由,但也从未如此彼此依赖和联系",整个社会结构更具复杂性。比如,虚拟社区不再受地理位置限制,人们以互联网为平台而形成新的群体和社区关系,它是一种打破了空间界限的社会实存;而网络中的"群"和"圈"改变了人与世界的关联方式,打破了现实关系的种种约束,在更为广泛的世界里形成新的关联。

2. 社会互动性不断增强

社会互动泛指个人与个人、个人与群体、群体与群体之间通过信息传播而发生的在心理或行为上相互影响、相互作用的动态过程。② 新媒体的出现,使信息的传播由传统的点对面变为点对点,信息经过从聚集到扩散又从扩散到聚集的循环往复过程,不断推动和深化着个人与个人、个人与群体以及群体间

---

① [美]戴维·波普诺:《社会学》第十一版,李强等译,中国人民大学出版社2007年版,第209页。

② 方玲玲、韦文杰:《新媒体与社会变迁》,复旦大学出版社2014年版,第99页。

的互动。一方面,迅猛发展的技术打开了社会互动的新渠道。数字技术使原来相互独立的各渠道传播的信息能够实现共享,极大地方便了社会互动的开展;而网络技术支撑了信息平台的建设,为社会互动提供了全方位、更便捷的路径。另一方面,多元化的文化氛围扩充了社会互动的内容。社会的发展和进步使人们较以前有了更加独立的思想和判断力,逐步多元化的文化氛围使社会互动的内容更加丰富,新媒体很好地展现了其包容性和平民性的特征,使更多的人能打造自己的平台、表达自己的思想和发出自己的声音,不同的思想被倾听与包容,社会互动的内容进一步扩充。

3. 社会价值观渐趋多元

价值观作为主体对认识、行为、关系和现象之意义的认识,作为社会历史和精神文化领域人的需要、情感、愿望、理想、选择和追求的表达,涉及社会生活的一切方面。① 在新媒体时代,社会价值观不断受到日益开放的媒体环境的影响,不断多元化。与此同时,在新媒体之中,传统的"把关人"和"议程设置"功能被弱化,人人都可以相对容易地表达思想、交流感情、分享信息,各种各样的价值观都能得到表达并传播,人们与相同价值观的人形成圈子,慢慢地形成了不同价值观的群体,积极的价值观得到传播,消极的价值观也在扩大影响,这无形之中推动了社会价值观的多元化。

4. 信息生态系统更加复杂

信息生态系统是信息人与信息生态环境相互联系、相互作用而形成的具有信息流转和信息共享等功能的有机整体。② 信息生态系统包括信息人和信息环境两大部分,信息人可分为信息生产者、信息传递者、信息消费者和信息监管者,信息生态环境主要由信息本体、信息技术、信息时空、信息制度等构成。信息生态系统的功能主要是信息流动、转化和共享,物质循环和能量流动为信息流动、转化和共享服务。在新媒体环境中,一方面,信息人自身的特点

① 方玲玲、韦文杰:《新媒体与社会变迁》,复旦大学出版社 2014 年版,第 99 页。
② 娄策群等:《信息生态系统理论及其应用》,中国社会科学出版社 2014 年版,第 35 页。

更加复杂,相互作用的范围不断扩展、相互作用的纽带和方式不断多样、相互作用程度不断加深,作用效果有所不同;另一方面,信息生态环境因子中的信息本体种类形式不断多样,信息技术突飞猛进,信息时空不断延展,信息制度不断变化。与此同时,信息生态系统的两大部分以及每部分因子之间、两个部分因子之间的关系也呈现出新的变化和特点,信息生态系统功能的实现也将更具复杂性。

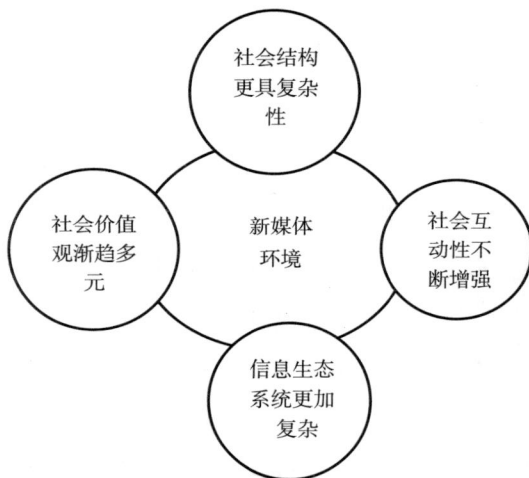

图1-1　新媒体环境特点分析图

第二节　档案公共服务的演化

公共服务的提出及其在我国的发展,直接影响着我国档案公共服务的发展。结合公共服务在我国的发展以及档案事业自身的发展,可将新中国成立后档案公共服务的发展划分为前档案公共服务时代、档案公共服务1.0时代、档案公共服务2.0时代和档案公共服务3.0时代四个阶段,档案公共服务的每一个阶段都不是孤立的,它在前一阶段的基础上发展而来,有传承、有突破、有创新,又为下一阶段的发展奠定基础。对于档案公共服务的理解,要坚持历史的、辩证的、全面的观点,形成科学的认识,才能为未来档案公共服务的实践探索和理论研究奠定坚实的基础。

一、公共服务及其发展

(一)"公共服务"的提出及内涵

最早的"公共服务"概念由法国公法学派代表莱昂·狄骥于 1921 年提出来,①其对于公共服务内涵的界定偏重于法治的核心作用;20 世纪五六十年代,政策科学运动的兴起,促使公共服务逐渐成为政治学行政学研究的主题;20 世纪 70 年代末 80 年代初,西方国家掀起的新公共管理运动使得公共服务概念不断完善,公共服务日渐成为公共行政与公共管理领域研究和实践的重要概念,"在百余年的发展历程中,西方公共部门尤其是政府管理研究领域经历了多次'范式'的变化——从传统的公共行政学到'新公共行政学'与政策科学,再到'新公共管理'以及公共治理的转换"②。其中,新公共服务理论是以美国公共学家罗伯特·B.登哈特为代表的一批公共行政学者基于对新公共管理理论的反思而逐步建立的,所谓"新公共服务"指的是关于公共行政在以公民为中心的治理系统中所扮演的角色的一套理念③,"主张用一种基于公民权、民主和为公共利益服务的新公共服务模式来替代当前的那些基于经济理论和自我利益的主导模式"④。"公共"是相对"私人"而言的,"表示国家、政府及其他公共组织的职能、活动范围;与多数人利益相关,有较多的社会公众参与;表示一个众人的事务领域"⑤。

公共服务涉及多个领域、取决于多种因素,其内涵具有阶段性、层次性、区

---

① 陈振明:《公共服务导论》,北京大学出版社 2011 年版,第 10 页。
② 陈振明:《公共管理学》第 2 版,中国人民大学出版社 2016 年版,第 7 页。
③ [美]罗伯特·B.登哈特、[美]珍妮特·V.登哈特:《新公共服务》,中国人民大学出版社 2010 年版,第 5 页。
④ 傅才武:《中国公共文化服务的理论范式与政策逻辑》,《人民论坛》2019 年第 32 期。
⑤ 陈振明:《公共管理学》第 2 版,中国人民大学出版社 2016 年版,第 5 页。

域性等动态变迁的特征。① 目前,关于"公共服务"概念及其内涵的解释,存在着物品解释法、利益解释法、主体解释法、价值解释法、内容解释法和职能解释法等不同的方法②(见表1-2)。

表1-2 关于"公共服务"概念的解释方法及其内涵

解释方法	内涵
物品解释法	通过解释公共物品推演和解释公共服务,认为公共服务主要是公法人授权的政府和非政府组织以及有关工商企业,在纯粹公共物品、混合性(型)公共物品以及私人物品的生产和提供中所承担的职责
利益解释法	认为公共利益才是判断公共服务的内在依据,凡是促成民主发展、培养公共精神以及维护社会公正和公共利益的官员行动或政府行为都是公共服务
主体解释法	按照登哈特的理解,公共官员日益重要的角色就是公共服务,亦即要帮助公民表达并满足他们共同的利益需要,而不是试图通过控制或者"掌舵"使社会朝着新的方向发展,并为公共利益承担起应有的责任
价值解释法	认为公共服务是指政府为满足社会公众需要而提供的产品与服务的总称
内容解释法	认为公共服务就是使用了公共权力或公共资源的社会生产过程,是为了满足公共需要,由公共部门或私营部门组织提供活劳动产品的活动
职能解释法	认为公共服务就是促进社会公平的所有工作,是政府的一项基本职能或者国家公务人员的职责和工作属性,从广义上看,包含政府所从事的所有公共性活动

1.物品解释法

物品解释法认为公共服务就是提供公共物品,由于公共物品具有非竞争性和非排他性,因而通过解释公共物品来推演和解释公共服务的概念,如马庆

① 淮建军、刘新梅:《公共服务研究:文献综述》,《中国行政管理》2007年第7期。
② 陈振明:《公共服务导论》,北京大学出版社2011年版,第11页。

钰(2005)认为,"公共服务主要是指公法人授权的政府和非政府组织以及有关工商企业,在纯粹公共物品、混合性(型)公共物品以及私人物品的生产和提供中所承担职责"①。

2. 利益解释法

利益解释法认为公共利益才是判断公共服务的内在依据,新公共行政学派代表佛雷德里克森等认为,凡是促成民主发展、培养公共精神以及维护社会公正和公共利益的官员行动或政府行为都是公共服务。

3. 主体解释法

按照登哈特的理解,公共官员日益重要的角色就是公共服务,亦即要帮助公民表达并满足他们共同的利益需要,而不是试图通过控制或者"掌舵"使社会朝着新的方向发展,并为公共利益承担起应有的责任。有的学者将由国家直接提供的公共服务称为"纯公共服务",如国防、能源、安全等;而由政府、社会和市场联合提供的公共服务称为"混合型公共服务",混合型公共服务又可分为"免费型公共服务"(如社区娱乐场)和"(部分)成本支付型公共服务"(如医疗、教育、社会保险)。②

4. 价值解释法

价值解释法认为公共服务是指政府为满足社会公众需要而提供的产品与服务的总称。它是政府运用公共资源,根据权利、正义等公共价值,积极回应社会公共需要,其目标是"平等地解决社会成员的基本生存、生活问题,平等地改善公民的生活状况、提高公民的生活质量、造就身心健康且有能力的公民"③。

5. 内容解释法

内容解释法认为公共服务就是使用了公共权力或公共资源的社会生产

---

① 马庆钰:《关于"公共服务"的解读》,《中国行政管理》2005 年第 2 期。
② 陈振明:《公共服务导论》,北京大学出版社 2011 年版,第 12 页。
③ 李军鹏:《公共服务型政府建设指南》,中共党史出版社 2006 年版,第 19 页。

过程,是"为了满足公共需要,由公共部门或私营部门组织提供活劳动产品的活动"①。

6.职能解释法

这属于一种随意性解释,或者简单的行动内容陈述。② 其认为公共服务就是促进社会公平的所有工作,是政府的一项基本职能或者国家公务人员的职责和工作属性,从广义上来看,包含政府所从事的所有公共性活动。

(二)公共服务在我国的发展

公共服务理念的推崇引发了全球创建服务型政府的高潮。公共行政大师罗伯特·达尔在《公共行政学的三个问题》中曾谈到,"从某一个国家的行政环境归纳出来的概论,不能立刻予以普遍化,或应用到另一个不同的行政管理上去,一个理论是否适用于另一个不同的场合,必须先把那个特殊场合加以研究之后才可以判定"。因此,面对不同的公共服务理论,需立足于中国国情,以开放的思想对待国际的经验,通过比较、适用性研究,有选择地吸收和借鉴,探索有中国特色的公共服务理论和实践。

在我国,1998 年,《国务院机构改革方案》首次把"公共服务"确立为政府的基本职能;2002 年,党的十六大报告中提出"完善政府的经济调节、市场监管、社会管理和公共服务的职能";2004 年,温家宝首次提出了"建立服务型政府"的目标,并提出了相应的措施;2005 年,《政府工作报告》正式将"建设服务型政府"确定为政府的目标,并提出了相应的举措;党的十六大和十七大后,中国政府进一步明确了服务型政府的基本内容和相应的公共政策体系;党的十八大提出了"加快健全基本公共服务体系"的要求;党的十九大再次强调坚持人人尽责、人人享有,坚守底线、突出重点、完善制度、引导预期,完善公共服务体系,保障群众基本生活,不断满足人民日益增长的美好生活需要,不断

---

① 王语哲:《公共服务》,中国人事出版社 2006 年版,第 1 页。
② 陈振明:《公共服务导论》,北京大学出版社 2011 年版,第 13 页。

促进社会公平正义。① 伴随着社会的发展和人类文明的进步,人民群众对公共服务的需求越来越多,对切身利益的关注越来越高,这是一种普遍化趋势,"公众希望看到政府改善和提高为民服务的方法和质量,即希望政府能够提供更优质的服务,确实有效地扩展服务的领域和范围"②。档案公共服务也正是在我国公共服务发展的过程中不断发展前进的。

二、新中国档案公共服务的发展

回顾我国档案服务的发展,从新中国成立之初为国家机关单位提供利用的"封闭性""政治性"服务,到 20 世纪 80 年代"为党和国家各项工作"提供信息的"开放性""社会性"服务,再到 20 世纪 90 年代"为社会主义现代化建设"开展的"开发型""效益型"服务,③我国档案服务工作顺应社会和时代发展变化,在曲折中前进,不断丰富和发展着档案服务的内涵与内容,阐释着档案事业的服务本质。自进入 21 世纪以来,面对服务型政府行政体制改革以及公共服务理念的深入发展,我国档案事业积极探索健康发展之路,以不断提升档案公共服务,满足社会和公众的档案需求,保障和维护公民权益,实现档案工作目标;而国家治理体系和治理能力现代化的发展,更是为档案事业的发展提供了新的机遇和挑战,推动着档案公共服务不断向纵深发展。结合外部环境和档案事业自身发展,可以发现,档案公共服务大致经历了以下几个时期。

(一)萌芽期:前档案公共服务时代

前档案公共服务时代主要指从新中国成立到 20 世纪末,这一阶段是我国

---

① 俞可平:《中国的治理变迁》,社会科学文献出版 2018 年版,第 16 页。
② [美]丹尼斯·A.荣迪内利:《为人民服务的政府:民主治理中公共行政角色的转变》,贾亚娟译,《经济社会体制比较》2008 年第 2 期。
③ 李扬新:《档案公共服务政策研究》,世界图书出版公司 2011 年版,第 2 页。

档案公共服务的萌芽期,受当时社会环境的影响,档案事业发展在服务方面开始了初步的探索,但又并非真正意义上的档案公共服务,可以从以下两个方面认识和理解这一阶段我国的档案服务。

第一,此阶段的档案服务并非真正意义上的档案公共服务。"只要有档案工作就要有档案服务,但档案服务也要受到所处社会环境的制约"①。从新中国成立到20世纪末,我国的档案服务工作经历了从主要为机关、政治工作服务转向为社会各方面服务的转变,这一时期档案部门的服务对象多局限于党政机关及各种学术研究机构,为社会各界和公众服务意识不强,档案和档案机构被公众视为神秘的、难以接近的。因此,此阶段档案服务并非真正意义上的档案公共服务,可称为"前档案公共服务时代"。

第二,自新中国成立以后,国家就开始关注档案的利用和服务。从1956年《国务院关于加强国家档案工作的决定》明确"档案工作的任务就是要在统一管理国家档案的原则下建立国家档案制度,科学地管理这些档案,以便于国家机关工作和科学研究工作的利用",到1980年国家档案局发布《关于开放历史档案的几点意见》作出开放历史档案的决定,再到1987年通过《中华人民共和国档案法》,利用档案作为公民的一项权利受到法律保护,以及此后档案馆不断加强自身建设,积极为社会各方面服务,这一时期的种种探索和努力,打破了旧有档案利用的桎梏,开始实现档案服务面向社会的转变,虽然受当时社会环境和观念的影响,对"服务"的理解存在一定的局限,但开启了对档案服务进行探索的新局面(见表1-3)。

---

① 丁志民:《论档案服务的实现》,《档案学通讯》1986年第5期。

表 1-3　前档案公共服务时代发展进程梳理

	时间	关键推动	主要表现
前档案公共服务时代发展进程	1956 年 4 月	《国务院关于加强国家档案工作的决定》	明确"档案工作的任务就是要在统一管理国家档案的原则下建立国家档案制度,科学地管理这些档案,以便于国家机关工作和科学研究工作的利用"
	1958 年 4 月	全国档案工作会议(简称"四月会议")	提出"以多快好省地开展对档案资料的利用工作为纲,充分发挥档案资料在社会主义建设中的积极作用"
	1959 年 6 月	全国档案资料工作先进经验交流会工作会议(简称"六月会议")	及时修正了"以利用为纲"的方针,制订了"进一步提高档案工作水平,积极开展档案资料的利用工作,为社会主义事业服务"的新方针
	1980 年 3 月	《关于开放历史档案的几点意见》	作出开放历史档案的决定:1949 年以前的历史档案,拟向全国史学界和有关部门开放;1949 年前的革命历史档案,除某些特定部分须限制利用外,拟向党史研究的部门开放
	1983 年 4 月	《档案馆工作通则》	规定"档案馆应积极主动地开展工作,并根据党和国家有关规定开放历史档案",档案馆应"为各方面广泛利用档案和资料提供方便条件"
	1986 年 11 月	《全国档案事业发展"七五"计划》	提出"积极开展档案的利用工作,进一步开放档案馆的档案,多形式、多渠道地开发档案信息资源,增强档案馆、档案室的活力,为社会主义的物质文明和精神文明建设服务"
	1987 年 9 月	《中华人民共和国档案法》	规定"国家档案馆保管的档案,一般应当自形成之日起满三十年向社会开放"等
	1990 年 10 月	《中华人民共和国档案法实施办法》	提出"采取各种形式开发档案资源,为社会利用档案资源提供"
	1992 年 3 月	《全国档案馆设置原则和布局方案》	规定档案馆要"提供利用档案资料,为社会各方面服务"
	1996 年 3 月	《全国档案事业发展"九五"计划》	提出"努力建设一个与我国国民经济和社会发展相适应的,符合档案工作发展规律的,门类齐全、结构合理、管理科学、有效服务的有中国特色的社会主义档案体系"

（二）筑基期：档案公共服务1.0时代

档案公共服务1.0时代（2000—2010年前后）是我国档案公共服务的筑基期。在这一时期，随着公共服务理论的发展，我国各级政府相继进行改革，转变政府职能的目标被确立，公共服务理念向各行业扩散。外部环境的变化，也带来了我国档案工作的变化，档案部门在顺应时代发展的大势中，探索实现档案公共服务的新思路、新方法，为之后我国档案公共服务的顺利发展奠定了基础。在这一阶段档案公共服务发展的进程中，国家层面的宏观引导（见表1-4）起到了极大的推动作用，主要表现在以下三个方面。

首先，两个"五年"规划的战略引导。《全国档案事业发展"十五"计划》将"坚持为维护最广大人民的根本利益服务的方向"写入指导思想，指出"为广大人民群众服务"与"为党和国家各项工作服务"同等重要。档案事业发展"十一五"规划提出各级国家档案馆进一步完善档案开放制度，简化利用手续，丰富利用形式，扩展服务范围，提高服务水平的具体要求和目标。

其次，重要政策文件的直接推动作用。2007年12月，国家档案局发布《关于加强民生档案工作的意见》，就推动民生档案工作深入开展，推动建立覆盖人民群众的档案资源体系和服务人民群众的档案利用体系，提出指导意见。该《意见》既从档案资源建设的源头保障了档案公共服务长期可持续的发展，又直接推动了档案公共服务快速、深入的发展。各级档案馆主动融入民生领域，自觉服务民生；强化服务理念，拓展服务方式；服务民生取得显著成效。北京市档案馆"十一五"期间注重服务民生，在网站上开设民生档案和政务公开服务专栏，开放民生档案目录26.5万余条；江苏省在全省档案馆建立首问负责制、服务承诺制等服务机制，以提升服务的规范化；①其他多地也进行了各自的探索并取得了显著成绩。

---

① 国家档案局：《杨冬权在全国民生档案工作经验交流会上的讲话》，2012年10月8日，见 http://www.saac.gov.cn/daj/yaow/201210/d28506b72c264fd487d48a480c5d0bee.shtml。

　　再次,一系列会议的召开,不仅为档案公共服务的开展统一了思想,也为其顺利实现提供了支持。2002 年,国家档案局召开全国档案工作服务机制创新座谈会,时任国家档案局局长毛福民在讲话中谈道,"档案部门作为党和国家的重要文化事业机构,为社会各界和人民群众服务,最大限度地满足社会不断增长的档案利用需求,是我们的重要任务和主要职责";2006 年,全国档案馆拓展社会服务功能座谈会召开,毛福民在讲话中指出,"从改革开放初期的封闭、半封闭,到目前的档案安全保管基地、爱国主义教育基地、已公开现行文件集中向社会提供利用的中心和档案信息服务中心'四位一体'功能的确立,我国档案馆的服务功能建设取得了长足进展,形成了贴近群众的服务理念,创造了务实有效的服务方式,收到了社会欢迎的服务效果"①,可见当时我国档案公共服务已取得了一定的成果。

　　综观这一时期,档案公共服务理念真正确立并不断强化,档案部门开始注重走进公众视野、满足公众需求,并结合政府信息公开探索档案公共服务的新思路,档案公共服务形式不断多样化,内容更加丰富。同时,自进入 21 世纪以来,网络技术飞速发展并被广泛应用,这一时期的档案公共服务及时关注网络技术、远程服务等在档案公共服务中的应用,档案服务方式开始更加多样化。

表 1-4　档案公共服务 1.0 时代发展进程梳理

	时间	关键推动	主要表现
档案公共服务 1.0 时代发展进程	2000 年 12 月	《全国档案事业发展"十五"规划》	将"坚持为维护最广大人民的根本利益服务的方向"写入指导思想,"为广大人民群众"服务与"为党和国家各项工作服务"同等重要;提出"大力开发档案信息资源。加快档案开放步伐,规范开放档案目录的公布形式。开展深层次档案编研工作。建设能满足社会教育功能的展厅,举办各种形式的档案展览或陈列,发挥档案馆在文化建设中的作用"

---

　　①　刘守华:《拓展档案馆社会服务的广阔空间——"全国档案馆拓展社会服务功能座谈会"综述》,《中国档案》2006 年第 5 期。

续表

	时间	关键推动	主要表现
档案公共服务1.0时代发展进程	2002年7月	全国档案工作服务机制创新座谈会	提出"档案部门要及时转变观念,顺应社会发展趋势,采取多种形式,开辟多种渠道,做好为广大人民群众服务的工作,满足人民群众日益增长的档案利用需要"
	2005年1月	《国家档案局中央档案馆关于加强档案信息资源开发利用工作的意见》	提出"不断充实档案信息服务的内容,充分利用网络提供利用服务,构建政府内部档案信息共享平台,加强利用场所和设施建设等,最大限度地为公众获取政府公开信息提供便利条件"
	2006年12月	全国档案馆拓展社会服务功能座谈会	强调"把拓展档案馆社会服务功能作为档案工作为全面建设小康社会服务的重要任务,要把拓展档案馆社会服务功能作为促进档案馆工作的重要途径,促进档案馆工作水平的全面提升"
	2006年12月	《全国档案事业发展"十一五"规划》	提出"各级国家档案馆进一步完善档案开放制度,简化利用手续,丰富利用形式,扩展服务范围,提高服务水平的具体要求和目标"
	2007年12月	《关于加强民生档案工作的意见》	提出要"努力建立覆盖人民群众的档案资源体系,确保民生档案齐全完整,着力建立服务人民群众的档案利用体系,确保民生档案造福民生"
	2009年12月	全国档案局长馆长会议	提出"在新形势下,我们要把满足各方面日益增长的档案服务需求作为档案工作的出发点,实施服务先行战略",并提出进一步推动档案服务公共化、均等化

（三）发展期:档案公共服务2.0时代

档案公共服务2.0时代(2010—2017年)是我国档案公共服务全面发展的时期。进入21世纪以来,我国档案公共服务在十年间的探索发展,有经验也有教训,为我国档案公共服务的进一步发展奠定了基础。进入2.0时代,国家对档案公共服务持续关注引导,并提出深层的具体要求,推动档案公共服务的全面发展;各地档案部门结合自身情况,积极探索推动档案公共服务的特色之路;这一时期,也是新媒体在我国蓬勃发展的时期,为档案公共服务的实现注入了新的血液,有力地推动了档案公共服务的全面发展(见表1-5)。

表1-5　档案公共服务2.0时代发展进程梳理

	时间	关键推动	主要表现
档案公共服务2.0时代发展进程	2011年1月	《全国档案事业发展"十二五"规划纲要》	提出"拓展档案利用服务范围,改善服务条件,提高服务水平,做好政府公开信息查阅工作和已公开现行文件利用工作;通过网络平台和媒体发布档案信息,档案利用工作向基层延伸,逐步开展远程共享服务"
	2014年5月	《关于加强和改进新形势下档案工作的意见》	提出"创新服务形式,强化服务功能。各级党委和政府要把提供档案信息服务作为公共服务的一部分,更好为维护人民群众合法权益提供支持。促进资源共享,使档案公共服务惠及广大人民群众"
	2015年11月	栗战书在中国第一历史档案馆成立90周年纪念会上的讲话	提出要"进一步挖掘档案利用潜能,建立健全档案资源体系、档案利用体系,更好地为党和国家大局服务,为经济社会发展服务,为广大人民群众服务,更好地发挥留史、资政、育人的作用"
	2016年4月	《全国档案事业发展"十三五"规划纲要》	明确"档案事业发展的基本原则之一为坚持以人为本、服务为先,把以人为本作为档案工作的核心,利用现代化技术手段,简化利用方式。推进电子健康档案和居民健康档案的建立和完善;提高流动人员人事档案基本公共服务能力"
	2017年5月	档案公共服务能力建设学术研讨会	提出"推进档案公共服务是档案部门践行以人民为中心的发展思想的重要举措,是新时期给档案馆出的新课题。高度重视、积极投身档案公共服务建设,始终是档案建设的题中之意,也是提升政府治理水平、完善政府公共职能的重要举措"

第一,国家对档案公共服务更加重视,顶层规划与设计不断完善。2011年,《全国档案事业发展"十二五"规划纲要》发布,要求拓展档案利用服务范围,改善服务条件,提高服务水平,使"死档案"变成"活资料",努力把"档案馆"建成具有特色的"思想库",并提出要通过网络平台和媒体发布档案信息,开展远程共享服务,为档案公共服务的发展指明了方向。2014年,中共中央办公厅和国务院办公厅印发的《关于加强和改进新形势下档案工作的意见》中指出,各级国家综合档案馆应切实提高档案公共服务能力;创新服务形式,强化服务功能,如在服务对象上,既为有关部门和单位服务,又为广大人民群众服务;促进资源共享,真正建立起方便人民群众的档案利用体系,使档案公共服务惠及广大人民群众,有力地推动了档案公共服务向纵深发展。2016年,《全国档案事业发展"十三五"规划纲要》明确档案事业发展的基本原则之一为"坚持以人为本、服务为先。把以人为本作为档案工作的核心,努力满足社会各方面对档案信息的利用需求,更好地为党和国家各项事业发展服务"。

第二,各地进一步深入探索档案公共服务的创新实现,档案公共服务的内容更加丰富、形式更加多样。比如,这一时期,四川省遂宁市档案局馆针对当地外出务工人员多,留守儿童多的情况,开展留守儿童建档工作、拍摄儿童成长档案制作教学片、建立成长档案体验区,此外,还率先展开了对慈善档案管理工作的探索性实践,"无论是成长档案的建立,还是对慈善档案管理工作的探索,只要是老百姓需要的,那就是我们要努力的方向"①。江苏省张家港市档案馆不断改善服务方式②,通过"查档之星"评比活动(按照比业务能力、比工作作风、比服务态度、比工作质量、比群众满意程度"五比"原则进行服务对照),不断提升服务质量和公众满意度。天津市档案部门将2012年定为档案

---

① 中国档案资讯网:《把档案意识植入孩子们的心田——四川省遂宁市档案局馆探索创建学生成长档案工作见闻》,2014年4月10日,见 http://www.zgdazxw.com.cn/news/2014-04/10/content_39869.htm。

② 中国档案资讯网:《江苏张家港市档案馆评"查档之星"群众满意度持续保持100%》,2014年4月10日,见 http://www.zgdazxw.com.cn/news/2014-04/11/content_40443.htm。

公共服务建设年,提出"今年开展的主题年,就是要进一步改善公共服务和加强档案公共服务"①。这一时期各地的实践探索,将档案公共服务的精神、理念落到实处,推动着档案公共服务全面发展。

第三,关注新媒体对档案公共服务的影响,并探索有效应用的实现形式。"推进档案公共服务是档案部门践行以人民为中心的发展思想的重要举措,是新时期给档案馆出的新课题。"②这一时期的档案公共服务尤其关注信息技术的应用,以新媒体与档案公共服务的融合不断创新服务方式,两微一端在档案部门的应用日趋广泛,新媒体环境为档案公共服务提供了广阔的发展空间(见表1-6)。从表中可以看出,从2011年之后,我国移动新媒体应用数量逐年增长,且增长速度较快。其中,微博在档案局馆的应用从2009开始,2011年(中国政务微博元年)起增长迅猛;微信在档案局馆中的应用从2013年开始,2015年形成一个高潮,一定程度上反映出微信成为当时档案局馆应用移动新媒体的重要选择;移动APP在当时档案局馆中的应用虽数量较少但已初露头角。此外,据国家档案局统计,截至2017年,全国在47个副省级市以上档案馆中,有19个档案馆建设了微信、微博、手机应用等移动服务平台。

表1-6　2010—2015年我国档案部门移动新媒体使用数量统计

时间	2010 年	2011 年	2012 年	2013 年	2014 年	2015 年
博客	1	6	6	20	24	19
QQ	16	32	46	64	53	58
微信	0	0	0	1	12	102
微博	0	12	32	73	85	40

---

① 王天泉:《永恒的主题　崭新的课题——天津市档案局局长荣华谈档案公共服务》,《中国档案》2012年第9期。

② 中国档案资讯网:《档案公共服务能力建设学术研讨会在杭州召开》,2017年5月9日,见 http://www.zgdazxw.com.cn/news/2017-05/09/content_185404.htm。

续表

时间	2010 年	2011 年	2012 年	2013 年	2014 年	2015 年
APP	0	0	0	3	1	1
合计	17	51	85	161	175	220

注:在统计中,博客、微博数量从新浪手机客户端所统计的档案局馆认证以及非认证博客、微博账号第
   一条内容更新的年份开始统计;QQ 数量按照手机 QQ 联系人添加"找群"方式搜索档案局馆创建
   QQ 群的年份开始统计;微信数量统计包括服务号和订阅号;APP 数量按照苹果、安卓两大应用市
   场所显示的最初版本年份开始统计。

(四)纵深期:档案公共服务 3.0 时代

档案公共服务 3.0 时代是指从 2018 年至今的时期,是我国档案公共服务
的纵深发展期。在中国共产党第十九次全国代表大会上,习近平指出,经过长
期努力,中国特色社会主义进入了新时代,这是我国发展新的历史方位。新时
代的到来给档案事业的发展注入了生机和活力,同时也给其带来了严峻的考
验,档案公共服务也迎来 3.0 的新时代,主要表现在如下几个方面。

第一,新时代对档案公共服务提出了新要求。中国特色社会主义进入新
时代,我国社会主要矛盾已经转化为人民日益增长的美好生活需要和不平衡
不充分的发展之间的矛盾。"随着档案资源体系、档案利用体系以及档案安
全体系的构建,我国档案服务能力建设工作取得了较大突破,但与社会上日益
增长的档案利用需求相比,档案部门的服务还没有很好地跟上,无论是服务质
量、服务效率,还是服务的广度和深度,都存在较大改进空间。"[1]党的十九届
四中全会提出的坚持和完善统筹城乡的民生保障制度,满足人民日益增长的
美好生活需要,坚持和完善共建共治共享的社会治理制度等。新时代的到来,
要求 3.0 时代的档案公共服务必须在原有基础上,找准新方向,探索新思路,
推动档案公共服务的深化、优化和创新。

---

[1]　李明华:《在全国档案局长馆长会议上的工作报告》,2018 年 1 月 24 日,见 http://www.
zgdazxw.com.cn/news/2018-01/24/content_219267.htm。

　　第二,机构改革形成了档案公共服务的新格局。党的十九届三中全会后,我国自上而下进行了党和国家机构改革。改革后,各地档案机构设置有了很大变化,多数地方由"局馆合一"改为"局馆分设","局馆分设后局和馆的职责定位更加清晰,局专门负责档案行政管理,馆专门负责档案保管利用,这是政事分开原则的体现,也是依法治国和依法行政的需要"①,也将形成未来档案公共服务的新格局。

　　第三,信息技术推动了档案公共服务的新发展。这一时期大数据、云计算、物联网、人工智能更加广泛的应用,以及新媒体与各个领域的深度融合,都为档案公共服务的突破性发展提供了强有力的支持。同时,随着数字经济时代的到来和数字政府建设的发展,3.0时代的档案公共服务也将进入一个数字常态时代。档案公共服务将在服务主体多元化、服务客体复杂化、服务手段多维化、服务内容丰富化的过程中实现纵深发展。

　　第四,新修订的档案法提供了档案公共服务的新空间。新修订的《档案法》自2021年1月1日起施行,这是我国档案法治建设进程中一个新的里程碑,也将对新时代中国特色社会主义档案事业高质量发展产生重大而深远的影响,其相关规定为档案公共服务提供了更广阔的新空间。第三十四条规定:"国家鼓励档案馆开发利用馆藏档案,通过开展专题展览、公益讲座、媒体宣传等活动,进行爱国主义、集体主义、中国特色社会主义教育,传承发展中华优秀传统文化,继承革命文化,发展社会主义先进文化,增强文化自信,弘扬社会主义核心价值观。"第四十一条规定:"国家推进档案信息资源共享服务平台建设,推动档案数字资源跨区域、跨部门共享利用。"

　　纵观我国档案公共服务的发展历程,档案公共服务随着社会变迁而发展,每个时代的档案公共服务都是在前一时代基础上延续而来,每个时代都是下一时代的起点,但同时,每个时代较前一个时代,既有传承又有扬弃,既

---

　　①　融安特:《李明华局长在全国档案工作暨表彰先进会议上的讲话》,2020年1月15日,见 http://www.bjroit.com/news/306-cn.html。

有从 0 到 1 的突破,又有从 1 到 N 的丰富。从前档案公共服务时代,历经 1.0 时代、2.0 时代,到当下的 3.0 时代,"版本"的升级蕴含着档案公共服务思想理念、价值观、手段方式等的发展和创新,也是对档案公共服务前进历程的勾勒和写照。未来,档案公共服务发展会以 N.0 时代阐释档案公共服务的进步和发展。

三、新媒体环境下的档案公共服务

上述对公共服务的理解,以及对我国档案公共服务发展历程的梳理,为全面理解档案公共服务的内涵奠定了基础。对于档案公共服务的界定,既要吸收对于公共服务解释的精华,又要结合档案事物自身的特性,遵循档案活动的客观规律。档案是过去和现在的机关、团体、企业事业单位和其他组织以及个人从事政治、军事、经济、科学、技术、文化、宗教等活动中形成的对国家、社会有保存价值的各种文字、图表、声像等不同形式的记录。档案对于个人、组织、国家和社会的发展具有不可替代的价值和作用。档案的价值和作用只有通过服务才能更好地实现和释放。档案公共服务是一个随着社会发展而不断发展的概念,宏观层面国家政治经济的发展状况、中观层面社会组织的发展与变革、微观层面公众个体的意识行为等,都影响着档案公共服务的内涵、内容和方式等。"概念从来就不是固定不变的,而是一种灵活的客体。它既与时俱进地得以形塑,又针对当前的问题开展回应。"①在现阶段,档案公共服务是指以科学的理念为指导,档案部门及相关主体采用一定的方式方法,通过提供档案资源或与之关联的产品与服务(有形的和无形的),激活和释放档案价值,满足国家、社会和公众的需求,以及维护其利益的过程。全面理解档案公共服务(见表1-7),可着眼于以下几个方面。

---

① [英]尼古拉斯·盖恩、戴维·比尔:《新媒体时代的政府公共传播》,刘君、周竞男译,复旦大学出版社 2015 年版,第 2 页。

表1-7　档案公共服务内涵分析表

总括1	以科学的理念为指导,档案部门及相关主体采用一定的方式方法,通过提供档案资源或与之关联的产品与服务(有形的和无形的),激活和释放档案价值,满足国家、社会和公众的需求,以及维护其利益的过程		
全面理解	要点	表象	特点
	服务主体"由谁"	档案部门及相关主体	多元化
	服务客体"为谁"	面向国家、社会和公众,辐射整体和个体,涵盖不同层次	立体化
	服务目标"为何"	既要包括满足不同维度的客体需求,又要从多个维度维护客体权益	多维化
	服务内容与服务形式"如何"	为社会和公众提供"档案资源或与之关联的产品与服务"	丰富化
		线上服务、线下服务和线上线下融合服务	
总括2	不同历史时期,档案公共服务主体、客体、服务目标、服务内容与方式等的具体内涵和外在表现有所不同,档案公共服务的概念也是一个在动态发展过程中不断优化完善的		

(一)档案公共服务的主体

档案公共服务的主体是指档案公共服务的施动者,包括档案部门及相关主体。在传统档案公共服务中,对档案公共服务主体的研究和讨论通常指档案部门,在新媒体环境下,档案部门仍然是档案公共服务最重要、最核心的主体;与此同时,相关主体也成为不可忽视的力量,主要涉及档案的形成者,以及凡能够为更好地挖掘档案价值、发挥档案作用而贡献力量的参与者等,可以是组织机构、社会团体,也可以是个人,服务主体多元化是新媒体环境下档案公共服务主体的重要特点。不同的主体,有不同的特点和优势,共同推动着新媒体环境下档案公共服务的实现。

1.档案部门

这里的档案部门主要包括档案主管部门、各级各类档案馆。对于主管部门,档案法有明确规定,国家档案主管部门主管全国的档案工作,负责全国档案事业的统筹规划和组织协调,建立统一制度,实行监督和指导。在推动档案公共服务实现的过程中,一方面,应该从顶层设计上,引导并规划档案公共服务的发展,为档案公共服务的发展指明方向,提供政策制度支持,帮助其形成有利于发展的内外部环境,档案公共服务能否真正实现、能在何种程度上实现,往往与顶层设计有密切关系;另一方面,档案主管部门在其职能履行中,应该强化寓管理于服务的意识。服务强调"产品输出"功能,强调对社会和公众的给予,在新媒体环境下,社会公众与档案有关的需求不断多样化,不仅仅是对档案资源的需求,更涉及多方面的与其利益、权益、自身发展相关的事项,档案主管部门应始终坚持以人为本、为民服务的理念,在履行其职责中更好地推动档案公共服务的实现,同时确保档案事业的健康发展,确保档案治理现代化的实现。

中央和县级以上地方各级各类档案馆是集中管理档案的文化事业机构,其所掌握的丰富独特的档案资源是人类文明发展优秀成果的积淀,是属于全体社会成员的公共资源,是维护公众利益的有力工具,具有不可替代的价值和作用。尤其在新媒体环境下,在信息生态日趋复杂的形势下,充分挖掘并释放档案资源的价值,使档案资源更深更广地为社会和公众所享所用是各级各类档案馆的重要职责。

本轮机构改革的局馆分设,使二者的职责分工更加明确。新媒体环境正在为二者履行公共服务的职责带来新的机遇和挑战,档案主管部门和档案馆应该结合自身的特点和职能,不断强化服务观,以科学的理念和方式承担起各自的服务职责。

2.相关主体

相关主体主要包括档案的形成者,以及能够为更好地挖掘档案价值、发挥档案作用而贡献力量的参与者。在新媒体环境下,相关主体成为档案公共服务主体不可忽视、不容小视的组成部分,其通过自身的优势,在推动档案公共服务的纵深实现中发挥着越来越重要的作用。第一,档案的形成者了解档案形成的来龙去脉,必要的情况下应该与档案部门共同实现对公众的服务。一方面,档案的开放鉴定是当前制约档案公共服务纵深发展的根源之一,而大量档案的开放鉴定,离不开档案形成者的支持与配合;另一方面,档案形成者对档案的内容、形成背景等有更为清晰全面的把握,档案形成者参与档案公共服务有助于为公众提供更加精准的服务。第二,社会公众参与在新媒体环境下将表现得更加鲜明。现代社会公众的参与意识不断增强,新媒体环境不仅强化了这一意识,同时也为公众参与档案公共服务提供了直接的支持。公众参与档案公共服务既是实现其档案权利的重要表现,也是实现其自身价值的重要途径。当前公众参与在国内外档案公共服务中的理论研究和实践探索持续深入,正在为推动档案公共服务的实现注入新的生机和活力,并逐步形成了一系列可供参考和借鉴的优秀成果。第三,其他各种组织机构、社会团体等因其为档案公共服务的贡献,或因其与档案的关系而为公众提供服务等,成为档案公共服务不可或缺的部分,比如档案学会、各种协会等团体。

(二)档案公共服务的客体

档案公共服务面向国家、社会和公众,辐射整体和个体,涵盖不同层次。档案公共服务的客体指向"为谁"服务。在现代社会,档案公共服务的客体,可分为三个层次,一是个体层,即以个人为单位,面向具体的某人;二是组织、群体层,即以组织、群体为单位,面向有共同需求的某个或某些群体、组织;三是社会层,即以整个社会为单位,面向作为整体的国家和社会。伴随着新媒体的深入发展和广泛应用,档案公共服务客体覆盖范围越来越广,触达层面越来越多,这是社会发展对档案公共服务的诉求,也是档案公共服务自身发展和完善的要求,服务客体立体化是新媒体环境下档案公共服务客体的重要特点。

新媒体环境下档案公共服务的实现,要对客体有一个全面正确的把握。首先,在个体层面,全体社会成员都应该是服务的对象,公民个人权益的维护、对知识文化的需求、对档案专业技能的需求、自身的发展等都会使之产生对档案的需求,在档案公共服务中,个体的合理需求都应该被平等对待,并尽可能得到满足。其次,在组织、群体层面,过去的很长时间里,传统档案服务客体集中表现为以某些或特定机关、群体为对象,比如党政机关、研究群体等;新媒体环境下,社会结构更加复杂,档案公共服务应该以开放的姿态,面向不同的群体、组织,比如小微企业、社会弱势群体,新媒体环境圈群效应下的特定群体等,都应该在客体覆盖的范畴之内。再次,在社会层面,不强调特定的、具体的个人、团体和组织机构,而是以维护国家利益、推动社会发展为目的,面向全社会提供服务,表现出一定的泛指性。

(三)档案公共服务的目标

档案公共服务的目标既是档案公共服务的出发点和落脚点,也是档案公共服务的导向。不同时期、不同国家档案公共服务的目标各不相同。新媒体环境下,档案公共服务的目标,既要包括满足不同维度的客体需求,又要从多个维度维护客体权益,服务目标多元化、多维化是新媒体环境下档案公共服务的特点。

1. 满足客体多元需求

客体需求是公众对档案价值的渴望、对档案有用性需要的表现,满足客体需求是档案公共服务目标最直接的体现。在新媒体环境下,档案具有凭证价值、信息价值、文化价值等多元价值,在满足公众社会生活和工作中求证、求解、求知的需求中,意义更加凸显。求证多为对档案凭证价值的需求,查询、档案证明等是公众求证需求的重要表现。求解、求知多为对档案信息价值、文化价值的需求,公众渴望从档案中寻找解决问题的经验、答案,渴望获取知识、提升自身人文素养等,查阅、研究、体验等是公众利用档案求知、求解的具体表现。此外,公众还会有办理其他档案事务的需求,比如公民、法人或者组织设立档案服务机构过程中的审批,也是公众对档案公共服务诉求的一种表现,需要档案部门增强服务意识,通过提升服务效率、服务质量,满足客体需求。此外,从需求时间来看,客体需求表现为现实需求和长远需求;从表现形式来看,包括显性需求和隐性需求;从需求强度来看,表现为刚性需求和柔性需求;等等。需求的不同层次、不同角度也体现了档案公共服务目标的多元性。

2.维护客体多维权益

维护客体权益表现为实现公众档案权利和维护国家、社会和公众的利益。一方面表现在公众对档案的可获取、可利用、可享用。档案与每个社会公民息息相关,公民对档案的可获取是指公众能够依法依规见到、得到所需档案,这是公民档案权益的基本体现;在此基础上,公众能够根据需要正当地将档案用于自身的生产、生活和学习中,能够体验、感知、享受档案对于自身实现发展的价值和作用。另一方面表现在,使国家、组织和公众的利益免受损害,其中既包括公众的利益,也包含国家利益、集体利益。

(四)档案公共服务的内容与形式

档案公共服务的内容与形式紧密结合在一起,档案服务的形式承载着档案服务的内容,档案服务的内容依托服务的形式而传递,内容与形式的结合将档案公共服务的主体与客体有机联结在一起,在释放档案及服务主体的价值中,满足客体需求、维护客体权益,实现档案公共服务的目标。在新媒体环境下,服务内容与形式的丰富化是档案公共服务内容与形式的重要特点。

1.档案公共服务的内容

档案的价值及档案工作的职责决定并影响着档案公共服务的内容。档案具有多元、多维的价值,随着社会的进步,档案的价值愈加彰显,档案工作的意义愈加重大,档案公共服务的内容不断丰富。在新媒体环境下,档案公共服务的内容更加充实。概括来说,档案公共服务的内容是为社会和公众提供"档案资源或与之关联的产品与服务",具体表现为,档案公共文化服务、档案民生服务、档案知识服务、档案技能服务等。档案公共文化服务集中于实现档案的文化价值,满足公众文化需求、提升公众文化素养,传播中华民族优秀文化、特色文化等,提升文化软实力,档案公共文化服务历来受到关注,新媒体环境下档案公共文化服务的内容更加多样;档案民生服务伴随着我国公共服务的发展而不断拓展深入,当前的档案民生服务集中于实现档案的凭证价值,在新媒体环境下,服务的范围要不断扩大、服务渠道应不断增多、服务效率需不断提高,以更好地实现档案公共服务的目标;档案知识服务是服务内容中较深层次的服务,档案知识服务的有形产品与无形的服务,往往融合了档案服务主体更多的劳动价值,以对档案资源的深层开发和充分融合为基础;档案技能服务重在利用服务主体的智慧以及专业知识等,为客体提供服务,是对传统档案公共服务内容的拓展与创新,也是未来档案公共服务需要深耕的领域。

上述档案公共服务的内容,有些发展历史较长,体现得比较充分,相对成熟;有些处于起步发展阶段,无论是哪种状态,在新媒体环境下,都将在动态适应中优化、完善、创新,不断发挥自身的优势。

2.档案公共服务的形式

档案公共服务的形式多种多样,信息技术的发展对其有着深刻的影响,在新媒体环境下,档案公共服务的形式更是处于不断发展变化之中,档案公共服务形式的丰富与发展,也直接推动了档案公共服务的更好实现。

在档案公共服务的过程中,最为传统的档案公共服务形式表现为满足查询、提供阅览、档案展览、档案宣传、档案教育、档案编研成果展示等;伴随着网络的发展,档案门户网站、搜索引擎、论坛、网上社区、博客等逐渐成为档案公共服务的重要实现形式;移动互联网的出现,移动终端的迅猛发展,微信公众平台、微博、APP、短视频、直播等在档案公共服务中被日趋广泛地应用,推动着已有服务形式的发展演变,同时也衍生出新的服务形式;而人工智能、信息可视化、VR、AR 等技术的发展又不断为档案公共服务的实现提供新的空间,档案公共服务实现形式呈现出不断创新繁荣之势。概括起来，新媒体环境下，按照场景不同，档案公共服务的实现形式可分为线上服务、线下服务和线上线下融合服务。线上服务源于网络技术、数字技术等的直接推动，具有打破时空、及时便捷等优势；线下服务源于在场，体验丰富，各种新媒体的应用，正在使线下服务不断融入高科技而愈加现代化，线下服务的"在场"优势更加鲜明；同时，未来档案公共服务的发展，既要充分体现线上服务和线下服务各自的优势，更要关注线上与线下的融合，从线上推至线下、从线下带至线上，双线并行，将有助于更好地实现档案公共服务的目标。

第三节 新媒体环境对档案公共服务的影响

当前新媒体正在深刻、全方位地影响和改变着整个世界，引发着生产力和生产关系、经济基础和上层建筑的调整。新媒体环境给当代中国社会的政治、经济、文化等带来了种种变化，它也将档案公共服务置于一个新的环境之中，对档案公共服务产生着日益深远的影响。一方面，新媒体环境给档案公共服务带了巨大的机遇，提供了更加肥沃的土壤，是档案公共服务发展之"喜"；另一方面，新媒体环境也为档案公共服务带来严峻的挑战，对档案公共服务提出了新要求，现有基础之上能否迅速反应并有效应对、如何应对等一系列问题，使档案服务面临发展之"忧"。本节在分析档案公共服务"喜"与"忧"的基础上，探讨新媒体环境对档案公共服务的影响，深入思考档案公共服务在新媒体环境下的发展走向。

一、新媒体环境下档案公共服务之"喜"

新媒体环境不断为档案公共服务的实现注入生机与活力，新媒体环境下档案公共服务之"喜"主要研究新媒体环境为档案公共服务的实现创造了哪些有利条件、提供了何种支持、产生了哪些推动等。

（一）新媒体环境将进一步凸显档案公共服务的重大意义

1. 新媒体环境下，信息生态的复杂、传播体系的改变，激发了公众对档案资源更多的诉求，社会和公众越来越意识到档案及档案公共服务的重要意义

在人类历史发展的长河中，在过去的很长时间里，人们往往因采集信息、传递信息、搜索信息等的限制，处于数据或信息的短缺状态，人类的决策、活动因信息少而受限。新媒体环境下，数据和信息的短缺状况得到了根本性改变，新媒体使人类进入了一个信息极为丰富的时代。然而，信息的数量和质量又带给人们新的问题。一方面，人们难以从信息海洋中快速准确识别出自己所需信息，并确保信息有效；"人们常常被潮水般地涌来的数据资料弄得晕头转向，他们往往很关心数据资料的可靠性和可释性，但又往往难于获得简明扼要的可以理解的信息"①。另一方面，新媒体独特的微传播体系、信息把关人角色的缺失、碎片化等特点，也打开了信息潘多拉的盒子，给人类带来了极大信息污染，比如西方价值观顺势渗透、社会主义核心价值体系不断受到冲击等。但同时，近年来，伴随着我国经济、社会、政治、生态建设的发展，我国公民维护自身权利、追求公平正义的意识逐渐增强，愈加渴望在纷杂的社会中以真实原始的记录维护自身权益。

2. 档案"绿数据"的优秀品质，在应对新媒体环境的挑战中体现得更加鲜明，社会和公众越来越意识到档案公共服务的重要作用

新媒体环境下，档案的优秀品质和独特价值将更加不可替代，也更加需要被激活与释放。2018 年，丁薛祥在中央档案馆国家档案局调研时的讲话中提出要以强烈的政治担当和科学的求实精神，用无可辩驳的档案史实来对形形色色的历史虚无主义言论予以坚决反击。同时还要用好互联网和新媒体，加强传播引导。档案因其产生与形成过程而被赋予的优秀品质，使之成为新媒

---

① 肖峰：《论信息技术时代的三大认识论悖论》，《创新》2016 年第 1 期。

体环境中具有独特价值的"绿数据",绿数据指档案是一种健康的、具有生命力的、可被持续利用的绿色数据资源。绿色蕴含着健康、有生命力、可持续,所谓"健康"是指原始记录过程赋予档案的真实性、可信性;"有生命力"是指档案伴随实践活动而生,即使时过境迁也能确保行为、活动、职能可理解;"可被持续利用"是指档案能与其他各类信息融合而更好地满足用户需求。档案是信息、数据中的一员,但档案的绿色品质是独具的,档案"绿数据"的优秀品质,使之通过公共服务,在应对新媒体环境给整个社会带来的严峻挑战中,发挥着越来越重要的作用。

长期以来,档案价值的释放为社会发展和人类文明的进步贡献了积极的力量,新媒体环境下,档案"绿数据"价值的释放有助于更好地满足社会和公众的信息需求,有助于应对新媒体给国家和社会带来的消极影响,净化信息生态环境,传承优秀文化,推动社会文明进步。档案公共服务的过程恰恰是"绿数据"价值实现的过程,通过档案公共服务实现和释放档案"绿数据"的价值,对国家、社会和公众具有更加深远的影响和更加重大的意义。新媒体环境下的档案公共服务,不仅表现为其直接地满足公众需求、维护社会和公众权益,也表现为对其他各个领域活动目标的实现而提供的支持和服务。档案自身的优秀品质,消减了新媒体环境给社会带来的消极影响,契合了新媒体环境下公众的诉求,其价值和意义被充分认识,档案公共服务的影响力不断增强,这将为档案公共服务的发展带来有力的推动。

(二)新媒体环境将不断丰富和延展档案公共服务的空间

新媒体环境下,有价值的记录呈现出一系列新特点,档案的管理活动等也发生了新变化。组织和公众从自身的角度出发,渴望其产生的有价值记录得到有效管理和开发利用;档案部门从职责角度出发,必须对有价值的记录进行有效管理和开发利用。内外部的双重驱动共同作用于档案管理活动,而其中的诸多内容直接作用于档案公共服务,突破了原有档案服务时空界限,拓展了档案公共服务的边界,并赋予其新的服务内容与方式。

1.新媒体环境下,有价值记录的形成和管理发生了新变化

新媒体环境下,有价值记录泛在、分散的特点更加显著。新媒体是一种数字化传播,传播与更新速度快、成本低,信息量大,内容丰富,形式多样,开放互动性强。新媒体对人类的本质意义在于通过技术把赋予人民的传播权利(right)变成了传播权力(power),真正实现了任何人在任何时间、任何地点都可以公开发布任何信息和意见。① "特别是在这个时代,公民拥有新的力量和新的声音,他们借助各种令人兴奋并具有潜在档案性的新数字社会媒体,留下了人类生活和人类生存意义的足迹"②。与此同时,新媒体环境下,有价值的记录更加难以控制。在新媒体环境下,人类社会产生的记录越来越多,从个人交往到公务活动,新媒体被越来越广泛的应用,反映和记录人类社会实践活动的很多有价值的信息,以声音、视频、多媒体等不同形式游离在新媒体上,信息量大、种类多、良莠不一,甚至有些稍纵即逝。新媒体环境下信息生成越来越难以控制,有价值、需保存的信息的识别越来越复杂,信息的捕获与管理难度越来越大。

2.对新变化的应对丰富和延展了档案公共服务的空间

面对上述变化,如何才能使社会实践活动被真实、完整地记录并传承,不再仅仅是档案形成后、档案部门管理过程中的问题,它不仅困扰着档案部门,也正在越来越多地困扰着记录形成者。社会和公众渴望档案部门通过服务答疑解惑、帮助指导,他们需要档案部门以为民服务的理念,以智力支持的形式,积极主动地、前瞻地与记录形成者共同探讨和解决诸如此类问题。而这一过程,将极大地改变"档案公共服务是在档案产生之后、依档案资源而提供服务"的传统认知,它使档案公共服务不仅假以"档案资源",还融入"档案资源"

---

① 朱春阳:《新媒体时代的政府公共传播》,复旦大学出版社 2014 年版,第 1 页。

② [加拿大]特里·库克:《四个范式:欧洲档案学的观念和战略的变化——1840 年以来西方档案观念与战略的变化》,李音译,《档案学研究》2011 年第 3 期。

的形成过程,使档案服务不仅限于依档案而形成的产品和服务,更强化了服务中的"智力支持"。解决问题的方案、咨询服务、技能传授、理念传播等,都将成为服务的重要形式。简言之,从时间维度看,档案公共服务延伸至记录形成之前或生成之时,而不仅仅局限于档案形成之后;从空间维度看,档案公共服务辐射至所有记录形成者,涵盖不同类型的组织、个人,而不仅仅局限于档案馆;从服务内容和方式看,形成了档案公共服务新视角,通过提供资源支持和专业智力支持,多途径满足社会和公众需要。可见,新媒体环境延展了档案公共服务的时间、拓宽了档案公共服务的空间、丰富了档案公共服务内容。

(三)新媒体环境提供了推动档案公共服务实现的传播平台

1. 新媒体迅猛发展带来的机遇

新媒体发展日新月异,随着信息技术不断进步和人类信息传播需求的增加,各类新媒体不断涌现,其中既有一些是新出现的,也有一些是在传统媒体基础上应用新技术发展而来的。新媒体形式多样,从计算机终端,到手机和便携式电子设备,再到各种智能化终端;从搜索引擎、门户网站,到博客、微信、社交网站、APP,再到视频网站等不断丰富。

第 45 次《中国互联网络发展状况统计报告》数据显示,在即时通信方面,自 2019 年以来,我国手机即时通信发展态势良好,用户规模和普及率进一步增长,用户达 8.96 亿,即时通信产品逐渐从沟通平台向服务平台拓展,即时通信已成为公众数字化生活的基础平台,尤其是小程序用户规模与活跃度进一步提高,2019 年小程序日活跃用户突破 3 亿;即时通信也成为组织信息化转型的得力助手,在组织日常管理、数据信息互通共享、团队远程协同办公等领域的作用日渐凸显。

在搜索引擎方面,到 2020 年 3 月,手机搜索引擎用户规模达 7.45 亿。搜索服务内容生态布局加快推进,基于兴趣的信息流主动推送服务,对基于需求的主动搜索服务进行了有效的补充,字节跳动服务部移动端搜索产品,为用户提供综合搜索服务;人工智能技术推动搜索产品创新和服务质量不断提升,出现了将知识体系作为搜索结果的新产品等。

在社交应用方面,截至 2020 年 3 月,微信朋友圈、微博使用率分别为 85.1%、42.5%,QQ 空间使用率为 47.6%。社交产品不断丰富创新,满足用户的多元需求,一方面社交与视频融合,增加用户使用时长和黏性,出现了以音频、短视频、直播等作为新形式的社交产品或功能;另一方面,深度挖掘社交关系细分市场,根据关系的亲疏远近,出现了不同社交深度的产品。

在网络休闲娱乐应用方面,截至 2020 年 3 月,我国网络游戏用户规模达 5.32 亿,收集网络游戏用户规模达 5.29 亿;网络视频(含短视频)用户规模达 8.50 亿,其中短视频用户规模为 7.73 亿,网络视频行业发展不断规范化,互动视频正在成为热点,平台跨领域合作不断加强,优秀的短视频作品正在发挥文化传播的重要作用。

2. 新媒体推动档案公共服务的视角

新媒体不断丰富着人类社会的交流传播世界,也为档案公共服务的实现提供了充分的条件和平台。档案公共服务,是一个向社会和公众传递档案资源及相关内容的过程,是一个传递、传播、分享信息、资源、成果的过程。不同类型的新媒体,各具特点,充分利用不同类型新媒体的传播优势,结合档案公共服务的规律和特点,有效应用新媒体,有助于推动档案公共服务在更大范围、更广领域、更加及时地实现,有助于实现档案公共服务的创新和服务能力的提升。总体上看,档案公共服务对新媒体的应用,体现在借助其全域传播、全速传播、全媒体传播、全互动传播四个方面:第一,新媒体全域传播的特点,有助于打破时空界限,推动档案信息跨时空传播,满足公众对档案信息的需求和共享;第二,新媒体全速传播的特点,有助于公众的档案需求及时、快速得到满足,有助于档案公共服务质量的提高;第三,新媒体的全媒体传播的特点,可以以图片、音频、视频等传递档案信息,有助于提升公众对档案信息和档案公共服务的感知与体验,从而提升档案公共服务的效果,及时使档案为公共服务。第四,新媒体全互动传播的特点,有助于推动档案公共服务中更好地实现"以用户为中心",并为公众参与提供平台,有助于档案公共服务能力的提升。在新冠肺炎疫情期间,全国各地档案馆充分利用新媒体,通过档案馆官网、微信公众号、手机APP、"视频查档"平台、"远程查档"平台等在线方式,满足公众查档需求,为公众提供人性化利用服务,受到公众的一致认可和高度赞扬,充分显示了新媒体对档案公共服务的推动作用。

二、新媒体环境下档案公共服务之"忧"

新媒体环境下档案公共服务的发展不可避免地面临着一系列新问题和新挑战,档案公共服务之"忧"主要源于对档案工作者能否适应新媒体环境之变、档案资源能否满足新媒体环境之需、外部环境是否顺应新媒体环境之势等问题的不确定,而产生的人之忧、物之忧和场之忧。

(一)人之忧:档案工作者能否适应新媒体环境之变

新媒体环境为档案公共服务的实现发展带来了巨大的机遇和挑战,档案工作者能否敏锐识别环境变化、迅速适应环境并积极应对环境变化,抓住机遇、迎接挑战,直接影响着新媒体环境下档案公共服务的能力、质量和效果。

首先,从工作理念上,新媒体环境中的社会互动性不断增强、社会价值观不断多元化、信息生态系统更加复杂,国家、社会和公众对档案公共服务的诉求也呈现出一系列新变化。传统档案服务理念受到更加严峻的挑战,因此,需要从深层次认清新媒体环境的变化,明确新媒体环境下档案公共服务的目标,在有破有立、有扬有弃中树立并发展新的服务理念。而这一过程是档案工作者打破自身原有工作舒适区的过程,它将使档案工作者面临极大的考验。

其次,从专业能力上,新媒体环境中,档案来源多样化、种类多元化、原生数字档案量激增,档案工作变得更加复杂,档案公共服务中必然面临着新问题,需要档案工作者依专业知识作出判断,理出新思路、探索新方法,"术业有专攻"体现得更加鲜明,这是对档案工作者专业知识储备、专业知识更新、学以致用等多种能力的综合考量。

再次,从技术素养上,主要表现为档案工作者对技术的驾驭能力。在新媒体环境下,档案的全生命周期都被深深地打上了技术的烙印,档案的收、管、存、用每一个环节都与技术产生了越来越多的天然联系。在档案公共服务中,是否善用新技术、是否会用新技术,直接影响着档案公共服务能否融入公众的视野。这就要求档案工作者在懂技术的基础上,结合档案工作的特点,将技术与档案公共服务深度融合。在现代社会,技术飞速发展,新媒体日新月异,档案工作者技术应用的探索必然充满着挑战。

此外,新媒体环境对档案工作者的专业性要求不断提升,而在我国各级档案行政管理部门和综合档案馆现有专职人员中,各个层次专业人员的比例非常低,据《2018 年度全国档案行政管理部门和档案馆基本情况摘要(一)》显示,到2018 年底,我国各级档案行政管理部门和综合档案馆现有专职人员中,具有博士研究生档案专业程度的 29 人,占总人数的 0.1%;具有硕士研究生档案专业程度的 413 人,占总人数的 0.9%;具有研究生班研究生档案专业程度的 188 人,占总人数的 0.4%;具有大学本科档案专业程度的 4810 人,占总人数的 10.4%;具有大专档案专业程度的 2194 人,占总人数的 4.7%;具有中专及职业高中档案专业程度的 507 人,占总人数的 1.1%。[①] "档案馆作为一个文化事业机构,代表着一种文化、传承着一种文明,但现有的这种人才队伍结构恐怕难以胜任对历史文化进行深度挖掘与研究的重任,也就很难做到为社会公众提供精准文化服务以及有品位、有格调的文明传播,其公共价值的彰显自然也就大打折扣。"[②]

综观我国档案公共服务"人"之现状,整体专业人才队伍亟待壮大;当前

---

① 中华人民共和国国家档案局:《2018 年度全国档案行政管理部门和档案馆基本情况摘要(一)》,2019 年 9 月 26 日,见 http://www.saac.gov.cn/daj/zhdt/201909/2a5d923fbf064858b-b93f3bd95982523.shtml。

② 周林兴:《论档案馆的公共价值及实现策略》,《档案学研究》2019 年第 5 期。

档案工作者,虽在不断转变工作理念、发展专业能力、提升技术素养,但面对新媒体环境,做到游刃有余地应对,仍然任重而道远。

(二)物之忧:档案资源能否满足新媒体环境之需

物之忧主要集中在我国档案资源建设方面,档案资源是档案公共服务的物质基础,其结构、数量、形态、开放程度等直接影响档案公共服务实现的程度。在中华民族发展的历史长河中,形成和积淀了丰富的档案资源,为档案公共服务奠定了坚实的基础;但同时,长期以来,我国档案资源建设也存在一系列制约档案公共服务发展的瓶颈,主要表现在以下几个方面。

第一,档案资源有用而不被用。习近平在浙江工作期间曾强调经验得以总结,规律得以认识,历史得以延续,各项事业得以发展,都离不开档案。档案真实地记录着人类实践活动的点、线、面,展示着人类文明发展的轨迹,一直以来,档案资源的有用性都被社会深深地理解和认可。但是,有用的档案资源并没有被充分利用,档案资源的有用性并未真正发挥作用。导致有用而不被用的原因是多方面的,最重要的有两个:一是有用而不敢用。长期以来,在社会和公众意识中形成了档案带有神秘色彩的刻板印象,使之对档案敬而远之,加之传统档案利用程序琐碎,公众往往持有能不用则不用的心态。二是有用却不易用。虽然我国档案资源丰富,但丰富的档案资源具体有哪些、以何种形式存在、在哪里存在等,并没有完整、清晰地向公众展示,有用的档案资源因难以被发现、获取而不被用。又如利用档案资源程序复杂、手段方式受限等,给利用者带来诸多不便,也导致档案有用而不被用。

第二,数字档案资源建设新老问题叠加。"当今时代档案资源建设最大的机遇和挑战是数字档案资源的崛起,它在档案资源观中增添了重要的新视角和新元素。"[①]在新媒体环境下,数字化、网络化、智能化正日益融入人类的

---

① 冯惠玲:《档案记忆观、资源观与"中国记忆"数字资源建设》,《档案学通讯》2012年第3期。

生产生活,新媒体环境下档案公共服务在很大程度上依赖于数字档案资源。数字档案资源是办公自动化条件下电子文件归档后形成的数字档案资源和档案馆(室)藏传统载体档案数字化后形成的数字档案资源①,即原生数字档案资源和传统载体数字化后形成的档案资源。在当前的数字档案资源建设中,伴随着电子政务、电子商务的推动,数字经济的发展、数字政府的建设,使我国原生数字档案资源激增,尤其是关系民生、公众利益的数字档案增长超过了以往任何时代。如何确保这些关系国计民生的档案资源被有效积淀,并以便捷的方式方便公众利用,维护公众利益,是亟须解决的新问题。同时,数字档案资源只有当其能够纳入经济社会发展、大数据建设、公共文化服务等过程中,可被重用、可被再用、可被共享之时,其价值和意义才能更好地实现。而当前我国数字档案资源建设中的孤岛、烟囱现象仍较为突出,这些老问题也在衍生着新问题。

此外,我国档案资源建设还存在结构不合理、形式种类单一等问题,在新媒体环境下,这些问题如不能被有效破解,档案资源就难以发挥其应有的作用,难以为档案公共服务实现提供充足的物质支持,档案公共服务的实现仍将从根源上受到制约。

(三)场之忧:外部服务环境是否顺应新媒体环境之势

1."场"对新媒体环境下的档案公共服务影响尤为突出

这里的"场"是指能影响档案公共服务实现的各种人、物、规则、意识等共同作用而形成的氛围或现象,接近于气场、磁场中"场"的表述,包括社会档案意识、公众对档案公共服务的态度、档案公共服务的制度规范、档案公共服务部门的美誉度等。场是在事物长期发展过程中各种要素相互影响、相互作用而逐步形成的,档案公共服务处于场的包围中并受场的影响,同时也形塑着

---

① 李明华:《群贤毕至 星耀兰台——聚焦第十八届国际档案大会》,2016年9月19日,见 http://www.zgdazxw.com.cn/news/2016-09/19/content_158000.htm。

场。新媒体环境的开放性和互动性,使场对档案公共服务的影响更加显著。按照场对事物发展的影响,可以将场分为友善场和冷漠场。友善场有助于推动事物发展,与事物发展形成良性互动;冷漠场往往不利于事物发展,甚至形成恶性循环。

2.档案公共服务场仍未形成理想的友善场状态

在我国档案事业长期发展的进程中,档案服务场不断向好发展,但仍未形成理想的友善场状态。

第一,社会档案意识有待提升。社会档案意识涉及社会公众对档案、档案价值以及档案相关活动等的关注和认知程度。当前我国社会档案意识整体偏低,与档案部门所期望的状态仍有较大差距,比如公众对档案关注不多,对档案究竟是什么、有何价值等基本问题认识和理解不够全面、准确,关注和认知的缺失都是不利于档案公共服务实现的氛围。

第二,公众对档案公共服务的态度"偏冷"。公众对档案公共服务的态度,是公众对待档案公共服务的心理倾向,通常表现为趋向与回避、喜爱与厌恶、接受与排斥等。新中国成立以来,从档案提供利用到档案公共服务,在探索中不断发展,但总体来看,公众对档案公共服务的亲近度、满意度都有待提升。

第三,档案公共服务制度体系的作用体现不充分。档案公共服务的制度体系对档案公共服务场的状态有重要影响,科学合理的制度体系能够更好地保障公众的权益、满足公众的需求,有助于推动友善场的形成。但当前我国档案公共服务制度体系仍然不健全、不完善,面对国家治理体系和能力现代化、数字转型等新形势,亟须发展和完善。

第四,档案公共服务部门的社会美誉度偏低。档案公共服务部门的美誉度,是指公众对档案服务部门的信任和赞美程度。随着档案公共服务部门不断加强建设,我国档案公共服务部门在履行职责、践行使命中不断赢得社会和公众的信任和赞美,但同时也不难发现,伴随着社会发展对档案价值的诉求不断增强,公众对档案的需求不断增加,档案公共服务满足社会和公众期待并赢得信任与赞誉的能力面临极大挑战。

档案公共服务与场是互动的,场影响着服务,服务也形塑着场。整体研判,当前我国档案公共服务场仍处于偏冷漠场状态。在新媒体环境下,如何建设并形成档案公共服务友善场,推动档案公共服务更好地实现,涉及从顶层设计到微观落实,从思想、意识到行动等多个层面,值得人们关注并深思。

三、新媒体环境下档案公共服务之"思"

如前所述,档案公共服务是档案相关主体通过提供档案资源或与之关联的产品(有形的和无形的),激活和释放档案价值,进而维护国家、社会和公众的利益以及满足其需求的活动过程。从主体维度来看,档案公共服务是主体激活和释放档案价值的一系列活动和过程;从客体维度来看,档案公共服务是公众利益得以维护、公众需求得以满足的一系列活动和过程。新媒体环境下档案公共服务之"喜",意味着档案公共服务所具有的成长与发展空间;新媒体环境下档案公共服务之"忧"意味着档案公共服务发展可能面临的制约。

新媒体环境下档案公共服务的实现,不是新媒体与档案公共服务的简单相加,而是深度融合。无论从理论层面还是从实践层面,都不能仅仅在原有基础上进行简单的修补完善,更需要不断拓展和创新。正如特里库克所言,人们需要想方设法把自我满足的封闭的档案界转变成与当代社会同步、对社会有益并具有活力的档案界,这需要从硬环境和软环境的视角,形成对新媒体环境的全面的、深入的认识,并要正确把握档案公共服务的特征与规律,在坚持问题导向与规律探求的双线互推中实现服务升华。面对新媒体环境,探索建立与当代社会同步、对社会有益并具有活力的档案公共服务。

(一)要从硬环境和软环境的视角全面认识新媒体环境

新媒体自出现以来,就备受瞩目,不同学科、不同领域从各自的角度研究、关注并探索应用。新媒体的普及和广泛应用,形成了新媒体环境,新媒体环境使社会结构更具复杂性,社会互动性不断增强、社会价值观渐趋多元、社会信息生态系统更加复杂。新媒体环境既是一种硬环境,也是一种软环境。一方面表现为可被公众触摸体验的各种新媒体技术的发展普及、各种新媒体平台的应用等硬环境的发展变化;另一方面表现为一种思想和理念、价值观念等,对公众产生潜移默化的影响,这是一种软环境体现。硬环境是技术工具的表征,软环境蕴含着深层社会关系的调整。对于新媒体环境下档案公共服务的理论研究和实践探索,应该着眼于上述两方面。第一,关注新媒体硬环境。即关注新媒体作为技术、工具、平台带给档案公共服务的影响,在档案公共服务实现中,积极利用新技术、新工具,对档案资源进行深层挖掘,丰富档案公共服务内容与方式,运用公众喜闻乐见的新媒体传递服务;同时,也要规避因新媒体技术自身的缺陷而给档案公共服务带来的风险,比如公众的个人隐私的泄露、档案信息安全等问题。第二,关注新媒体软环境。在新媒体环境下,开放性、互动性、公众参与等思想与理念日趋凸显,这应该触发人们思考在这一环境下,如何顺势而为才能适应环境变化,真正实现档案公共服务的目标,诸如对于服务开放性的思考,其涉及很多方面,比如需要以开放的理念进一步审视档案开放的广度和深度,需要以开放的思想思考为谁服务等;对于互动性,不仅仅是主客体间的互动,更有档案公共服务实现中各个要素之间与要素内部的互动;等等。在当前我国档案公共服务的发展中,更多地关注基于硬环境的探索和研究,对软环境的深思尚较为欠缺。在未来档案公共服务中,必须完整地认识和分析新媒体环境,不局限于仅将之视为技术和工具,还要从硬环境和软环境两个方面深入思考在新媒体环境下如何更好地推动档案公共服务实现。

（二）要正确把握新媒体环境下档案公共服务的特征与发展趋势

每一个时代,档案公共服务都有其前进和发展的不同轨迹,并在时代特色的影响下践行着自身的职责与使命。在新媒体环境下,档案公共服务进入 3.0时代,时代特色不断丰富着档案公共服务的内涵,赋予其生机与活力,也 使之面临新的挑战。必须把握其特征,认清其发展趋势,才能推动档案公共服务的前进与发展。对于档案公共服务的特征与发展趋势,可以从档案公共服务发展的"三性",即充分性、融合性、独特性三个方面理解和思考。

1. 档案公共服务发展的"充分性"

档案公共服务发展的"充分性",是指在新媒体环境下,从横向看,档案公共服务的范畴、领域以及切入角度要更加全面,从纵向看,档案公共服务触及要更加深入,服务影响力要更加深入,进而实现档案公共服务的充分发展,据此可以概括为两个方面。其一,档案公共服务的全面发展。之所以强调全面发展,源于传统档案公共服务以及当前某些部门的服务存在一定程度的片面性,比如片面强调档案公共文化服务,或仅局限于档案的查询利用等来理解档案公共服务,将点上的服务视为服务的全部,以偏概全。档案自身具有多元、多维的价值,不同情境下,公众需求各不相同,有时表现为对凭证价值的需要、有时偏重于档案文化价值等,档案价值的表现形态多种多样,档案价值的实现过程极具复杂性,尤其是在新媒体环境下,这种多样性、复杂性将进一步加深。在档案公共服务中,要透过局部的、阶段性的公众需求和档案价值实现过程,从分析档案价值的形成过程以及档案固有的多元多维价值出发,来构建档案公共服务的完整框架,全面彰显和释放档案价值。其二,档案公共服务的深入发展。档案公共服务的深入发展是指在档案公共服务实现的过程中,不能点到为止,应做实做细、做精做深,有成效、有影响力,不断提升公众的满意度与获得感。当前有些档案部门,在服务实现的过程中存在"走程序"现象,服务工作虽然开展了,但是不见实效,不仅浪费了人力、财力、物力,还容易给未来档案公共服务带来消极影响。全面发展和深入发展才能体现档案公共服务发展的"充分性",这既是时代发展的要求,也是档案公共服务自身发展的内在要求。

2.档案公共服务发展的"融合性"

档案公共服务发展的"融合性"是指在新媒体环境下,在档案公共服务实现过程中,要以开放、包容、共融的理念,充分与新媒体技术融合,与相关的多领域融合,在融合中实现档案公共服务的创新和发展。首先,与新媒体技术的融合。新媒体技术为档案公共服务的实现提供了多种选择和宽广的平台,从电脑终端到移动终端,从互联网到人工智能,新媒体为档案公共服务提供了更具吸引力的实现方式。在档案公共服务实现过程中,应注重探索不同新媒体与不同服务内容的匹配与融合,用好工具,真正实现技术对服务的推动。其次,与相关领域的融合。档案公共服务不是孤立的,它与其他诸多领域尤其是服务领域有很多相通之处,在强调特色的同时,也应注重融入大势,比如档案公共文化服务应积极主动融入整个国家公共文化发展体系、档案民生服务应融入国家民生服务体系,与之同频共振,才能在更高、更广的平台上实现自身的目标。

3.档案公共服务发展的"独特性"

档案公共服务发展的"独特性"是指,在新媒体环境下,档案公共服务的发展要综合考虑本区域的特色、本部门的现状、自身所处的发展阶段、区域内社会档案意识等因素和实际情况,进而科学规划、合理设计发展路径和发展策略。在我国,各地区档案事业发展不平衡的现状长期存在,处于不同发展阶段的档案工作,其档案公共服务也存在较大差异。在新媒体环境下,这种不平衡也影响和制约着档案公共服务的发展。比如,新媒体环境下的档案公共服务更加依赖数字资源,更加依赖先进技术,如果本地区数字档案资源较为匮乏,信息化发展较为落后,却盲目跟风发达地区的新媒体实践,则难以实现预期效果。新媒体形态多样,不同地区档案资源各具特色,档案部门发展各有优势,只要结合实际,必然能够探索出一条有效的特色之路。不同地区独特性发展之路的探索,将推动我国整个档案公共服务的"百花齐放",更好地实现时代赋予档案公共服务的新使命。

（三）要坚持在问题导向与规律探求的双线互推中实现服务升华

新媒体环境下档案公共服务的实现,应该是一个在坚持问题导向与规律探求互推的过程中实现不断升华的过程。首先,坚持以问题为导向。在新媒体环境下,档案公共服务中面临一系列问题,这些问题中,有些源于在以往档案公共服务中没有解决好的问题,有些伴随着新媒体环境而出现。问题的存在阻碍着事物的发展,档案公共服务中的新问题和老问题都是制约新媒体环境下档案公共服务发展的瓶颈,为了确保档案公共服务的实现,需要认清、梳理问题,找到问题的根源,有针对性地一一破解,为档案公共服务的顺利实现扫清障碍。其次,注重规律探求。规律是认识事物、指导事物发展的根本;发现并遵循规律是事物健康发展的根本保障。档案公共服务有其自身的规律和原理,其实现过程有基本的动力机制和运行规则。认清档案公共服务的实现规律,有助于明确档案公共服务发展的方向和目标,形成科学的指导思想和原则,并构建完整的框架和实现路径,形成一整套推动档案公共服务实现的体系,推动档案公共服务长远发展、可持续发展。再次,坚持问题导向与规律探求的双线互推。问题导向与规律探求在推动档案公共服务的实现中,各自发挥着不可替代的作用。在新媒体环境下,在二者的双线互推中实现档案公共服务的创新发展更为重要。一方面,在新媒体环境下,面对形形色色、表现各异的问题,应善于透过现象看本质,并注重在问题发现与解决中总结探求规律,避免仅停留在头痛医头、脚痛医脚的表层;另一方面,要将规律探求主动融入应对问题的解决和现象的研判,坚持理论从实践中来到实践中去。在新媒体环境下,新媒体日新月异的发展,时时刻刻会给档案公共服务带来新的动向,规律探求要能够揭示档案公共服务的发展趋势,通过前瞻性分析,防范规避问题、充分把握机遇,实现档案公共服务的不断创新。

小　　结

全面把握新媒体和正确认识档案公共服务,是深入研究新媒体环境下档案公共服务机理与策略的必备基础,本章结合传播学、社会学、计算机科学相关学科的研究,从内涵、特征、形式等方面对新媒体进行了解读,概括了当前新媒体在档案领域的主要应用,并对新媒体环境进行了分析,指出新媒体环境下,社会结构更具复杂性、社会互动性不断增强、社会价值观渐趋多元、信息生态系统更加复杂,这些特征将对未来档案公共服务产生重要影响。同时,本章梳理了我国档案公共服务的演化进程,分析了档案公共服务发展从萌芽期到筑基期,再到发展期、纵深期四个时期的来龙去脉,并交代和阐释了对档案公共服务的理解。在本章的最后一节,结合上述基本问题的研究,详细描述和探讨了新媒体环境对档案公共服务的影响,并通过新媒体环境下档案公共服务之思,指出了探讨档案公共服务实现应该思考的基本问题,为整个研究奠定了基础。

第二章　新媒体环境下档案公共服务实现机理

　　机理是事物发展的基本原理和机制,是在实现某一特定功能中系统的工作方式、运行原理和规则等。只有掌握了事物运动和发展变化的机理,才能从根本上把握事物发展的本质和规律,才能更加深入地发现问题、分析问题、解决问题。档案公共服务的实现本身就是一个复杂的过程,在新媒体环境下,又面临着新问题和新形势,通过对其机理的研究和探讨,发现其实现的基本原理、规律,有助于从根源上推动新媒体环境下档案公共服务的实现。本章首先研究其档案公共服务实现的元驱动力,探求档案公共服务实现的内源动力,通过对档案价值动态生长过程的分析,提出档案价值聚积体,对档案价值进行立体的描述和解释,在此基础上,从档案价值聚和散的过程,发现推动档案公共服务实现的动力机制;其次结合并借用望远镜、平面镜、显微镜的作用功能,阐释档案公共服务的三镜效应,分析三镜效应的实现交替推动档案公共服务的运转,形成了其可持续发展并螺旋上升的推动力;最后,进一步结合新媒体环境,以复杂系统理论的视角,研究档案公共服务实现关键要素及其关系的规则与相互影响,复杂关系的理顺与协同过程,也是牵动档案公共服务实现的过程(见图2-1)。

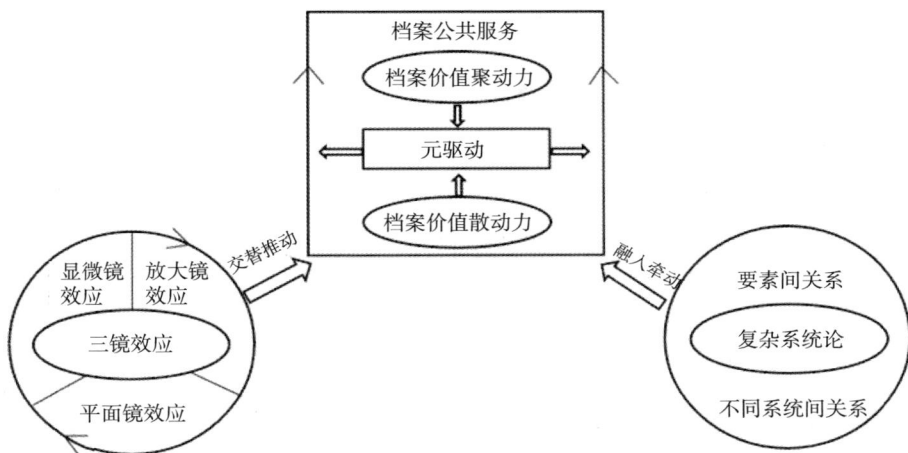

图 2-1　档案公共服务实现机理模型图

第一节　档案价值"聚—散"的元驱动

　　档案价值是档案学理论研究的一个基本问题,也是一直以来被广为关注的问题。丰富的研究成果和实践探索不断推动着人们对档案价值的深入认识。档案价值是一种复杂现象,也是探讨诸多问题的起点,本节首先对档案价值再聚焦,分析档案价值的动态生长过程,并用档案价值聚积体展示和描述档案价值;揭示档案价值聚积体价值的凝聚和释放,形成档案价值"聚—散"动力机制,在此基础上,从档案价值内化而生的聚动力和外化而生的散动力两条线索,深入分析档案价值"聚—散"对档案公共服务实现的元驱动机理。

一、档案价值再聚焦

　　档案因其产生和形成过程所赋予的一系列优秀品质,使之具备了的独特价值。档案价值是档案学理论研究和实践活动中的一个元问题,围绕档案价值,产生了一系列与档案相关的活动,即广义的档案管理。每一个时代档案管理的理论研究和实践都是源于回应和解答档案有什么价值、如何管理档案才能维护档案价值、如何开发才能激活档案价值、如何服务才能释放档案价值等问题而开展的,档案活动中千变万化的现象,多可以回归到档案价值这一源。

关于档案价值,张斌(2007)认为"根源于档案原始记录性的凭证和参考意义,是档案价值内涵的科学反映和体现"①;丁海斌(2012)认为档案的根本价值是事实性经验价值②;覃兆刿(2003)在以"双元价值"的视角给档案定义的过程中提出了"工具价值"和"信息价值",并认为"一切对档案价值的分析都可以包括其中"③。

档案价值是档案先天具备和后天生长的优秀品质凝聚的结果,是无意而为和有意而作共同作用的结果,是一个动态形成并螺旋生长的过程(见图2-2)。从档案的产生谈起,档案来源于人类社会实践活动,社会实践活动中有价值的记录被保存,反映社会实践活动的价值自然而然地被蕴含在档案之中;在被保存的过程中,有机联系的维护、对档案品质的守护,使档案又伴随着时间推移和空间的转移而积淀着更大的价值;在被开发的过程中,档案价值或活跃、或增长,转化为能量而蓄势待发;在被利用过程中,档案价值得以释放和彰显。可见,档案价值一方面与生俱来,另一方面聚积生长。

档案价值螺旋生长的过程形成了"档案价值聚积体"(见图2-3),用档案价值聚积体来更加形象地展示和描述档案价值,聚积是一个融合和叠加而逐渐增长的过程,从档案形成到被保存再到被开发、被利用,档案生长成为一个价值聚积体,它承载了多元多维的档案价值。从时间维度看,档案在面向过去中记录历史、在面向现在中服务发展、在面向未来中传承记忆;从空间维度看,档案表现为服务个体、服务组织、服务社会等不同的单元,其中的每一单元又

---

① 张斌:《档案价值论》,中央文献出版社2007年版,第14页。
② 丁海斌:《档案学概论》,辽宁大学出版社2012年版,第72页。
③ 覃兆刿:《双元价值观的视野:中国档案事业的传统与现代化》,中国档案出版社2003年版,第8页。

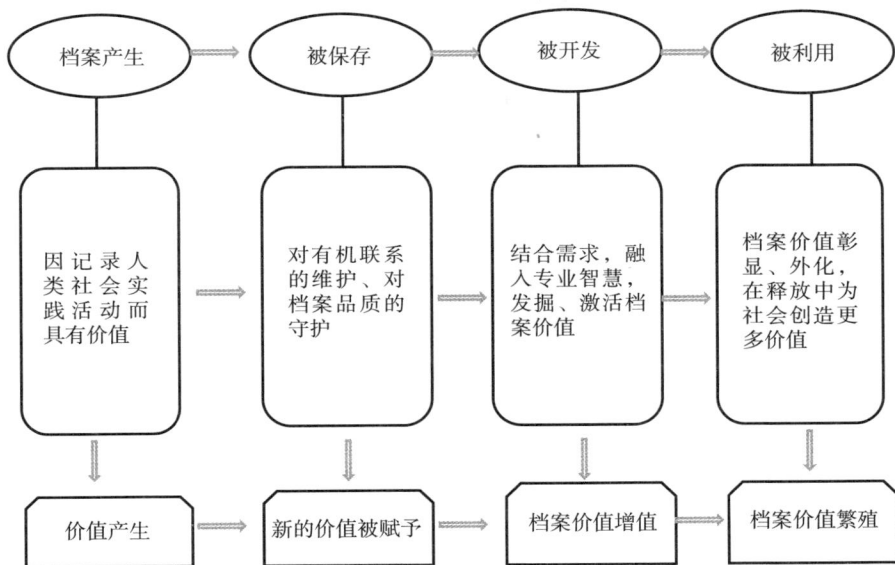

图 2-2 档案价值动态生长图

包含了不同领域和范围;从表现形态维度看,档案价值又表现为证据凭证、文化传承、信息服务、知识创新等不同类别。

二、档案价值"聚—散"动力机制

档案价值聚积体是档案价值的凝聚,它积聚并储存着记录历史、传承文明、服务发展的巨大能量。档案及其管理活动存在的意义就在于激活并释放档案价值聚集体的能量。档案公共服务就是将档案聚积体能量激活、释放,使之惠及社会和公众的过程。可见,档案价值聚积体作为一个能量体,是档案公共服务得以实现的动力来源凝聚体,是档案公共服务的内在诱发源动力。在推动档案公共服务实现过程中,档案聚积体发生作用的动力机制表现为基于档案价值内化而生的聚动力和基于档案价值外化而生的散动力,"聚—散"交互的过程持续形成档案公共服务实现的内在源动力。

价值表现形态维度

知识创新

信息服务

文化传承

证据凭证

过去　个体

现在　　　组织

未来　　　　　　　　　社会

时间维度　　　　　　　　　　　　　　空间维度

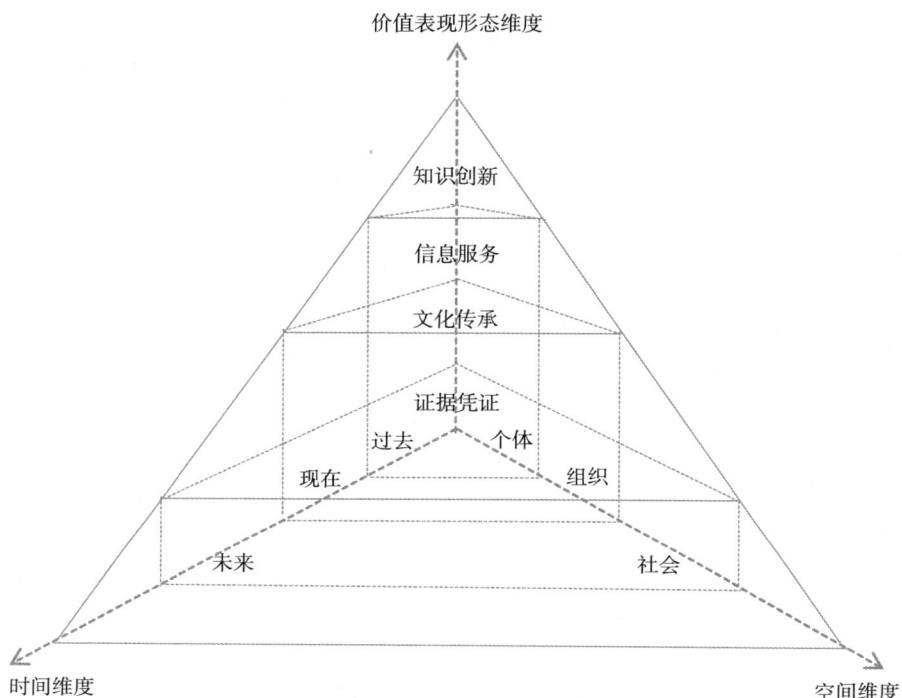

图 2-3　档案价值聚积体描述图

（一）基于档案价值内化而生的聚动力

档案价值内化是使有价值的记录成为一个有机体,使之具有档案价值的动态过程,这一有机体使当下的实践活动在未来可再现、可理解,并确保构成有机体的记录可信任、可重用。在新媒体环境下,人类社会实践活动正在更加立体、全方位地被记录和存留,人类社会所产生的记录规模越来越大,并呈现出诸多新的特点,比如来源多元、种类多样、形式多变、形成过程灵活、动态游离性增强等,这些特点使得社会实践活动中有价值的记录更难以被存留,被真实、完整地传承。档案价值的内化便是及时捕获新媒体环境中存在的形形色色的有价值的记录,并赋予其档案价值的过程,也是记录档案化的过程。从外在表现形式来看,这一过程表现为有价值记录的聚合和关联的建立,也就是一个"聚"的过程。"聚"的过程是因"档案"思维而生的行动,是"使之具有档案价值"的可见过程,而这一过程,需要档案管理与档案服务来完成,因此形成了触发与催生档案管理和档案服务行为的强大动力。

在新媒体环境下,与公众利益相关的大量有价值记录,越来越多地在新媒体平台上产生,如 2018 年 12 月 27 日,国务院办公厅印发《关于推进政务新媒体健康有序发展的意见》,其中指出,政务新媒体是移动互联网时代党和政府联系群众、服务群众、凝聚群众的重要渠道,是加快转变政府职能、建设服务型政府的重要手段,并要求各地区、各部门以内容建设为根本,不断强化发布、传播、互动、引导、办事等功能,为企业和群众提供更加便捷实用的移动服务。如何确保诸如政务新媒体等平台上有价值的记录及时、完整、有效积淀,以在当下和未来都能更好地维护组织和公众的权益,事关公众切身利益。社会和公众渴望借助档案公共服务提供的智力支持,将档案价值内化于有价值的记录,以传承记忆、维护自身利益。在新媒体环境下,基于档案价值内化而产生的聚动力,正在为档案公共服务提供强大的推动力,并不断拓展着档案公共服务的新领域。

在传统环境下,人们以"收、管、存、用"来概括档案管理活动,并认为档案服务主要集中在"用"的环节,聚的过程更多地体现在"收、管"的环节。在新媒体环境下,收、管、存、用线性发展之间的界限不断淡化甚至消失,事实上,对电子文件管理中所提出的前端控制、全程管理在一定意义上是对档案管理活动的一种延展,是对档案价值内化的一种关注。在实践探索中,以"控制"和"管理"的视角切入,但始终难以规避档案对社会实践活动的伴生性与档案管理的专业性之间的诸多矛盾,对各种电子文件的前端管理和控制的效果并不理想。在新媒体愈加开放、平等、协同的环境下,控制与管理视角下的操作将更加举步维艰。而以用户为中心,服务更易于被理解和接受,因此,档案价值内化的"聚"的过程将更加表现为对服务的诉求和推动。

（二）基于档案价值外化而生的散动力

档案价值外化是激活并释放档案价值的过程，它使档案价值聚积体的能量被社会公众感知和体验，是档案价值实现和扩散的过程。在新媒体环境下，支持公务活动和个人活动的各种平台系统不断多样，数据总量激增；但同时，数据质量参差不齐，真数据与伪数据共存、冷数据与热数据共存等各种现象更加明显。伴随着人类社会的生产、生活越来越与数据深度融合，无论是个人、组织还是社会，都渴望管理好、利用好数据。数据犹如一把"双刃剑"，一方面它以数据赋能为社会和公众创造更多的财富，另一方面又不可避免地使公众面临着"数据负能"的考验和挑战。

在这种环境之下，档案因其优秀品质和独特价值，在推动数据赋能、规避数据负能中不可替代的作用更加生动鲜活，个人、组织和社会公众对档案价值的诉求不断增强，集中体现在对档案证据价值的诉求、对档案文化价值的诉求、对档案知识价值的诉求等。档案有价值、公众有诉求，将档案价值外化并传递给公众，公众档案需求才能得以满足。从外在表现形式来看，这是一个档案价值向社会和公众释放"扩散"的过程，它使档案价值面向用户，可感知、可获取，"散"因对档案价值的需求而生，散的过程伴随着档案公共服务来实现，基于档案价值外化的"散"也因此形成驱动档案公共服务的重要动力。

在档案公共服务中，通过解聚将档案信息变为颗粒度较小的信息，将档案信息转化为可被计算、可供重用、易于共享、便于传递的数据，进而根据需求通过多种形式实现数据重聚，并将解聚、重聚的"产品"通过档案公共服务传递给公众，满足公众需求并使之感知档案价值，这也是散动力的表现和实现形式。在档案价值聚积体生长的过程中，档案价值内化赋予档案优秀品质的同时，也使这个有机体成为一种较大的颗粒度的信息单元，一定程度上不易于流动，有价值的信息难以被发现和重用，尤其是在新媒体时代，面对公众诉求，如果对有机联系过于固守，档案细颗粒中有价值的信息便因被隐藏、被包含而难以被深入地挖掘和利用,档案证据价值之外的其他价值将难以真正实现。档案价值外化的"散"的过程,关注将档案的证据价值、信息价值、文化价值、知识创新等多维价值全方位地释放,正是这种多维释放的内在要求,推动着档案公共服务的内容不断丰富,服务的贡献力不断提升。

第二节　档案公共服务"三镜效应"的交替推动

档案公共服务"三镜效应"是借用望远镜、平面镜和显微镜的功能作用,描述档案公共服务对公众诉求的满足。公众对档案公共服务的诉求激发和推动着档案公共服务的实现,档案公共服务在发挥"三镜效应"的过程中,满足了公众的诉求,实现了服务目标。可见,正是档案公共服务的"三镜效应"推动了档案公共服务的实现。公众对"三镜效应"的需求,表现为其中的某种、某两种或多种,因此从整体上来看,档案公共服务是在"三镜效应"的交替推动、持续推动中实现的。

一、档案公共服务的望远镜效应

望远镜是一种利用透镜或反射镜以及其他光学器件观测遥远物体的光学仪器。档案公共服务的望远镜效应,是借用望远镜的功能,形象地阐释档案公共服务的意义和作用。望远镜的第一个作用是放大远处物体的张角,使人眼能看清角距更小的细节;第二个作用是使观测者能看到原来看不到的暗弱物体。比如天文望远镜是探索宇宙的重要工具之一,人类可以借助它迅速推进对宇宙的认识。简而言之,望远镜能够使人们看得更远,对远处的事物看得更清,帮助人们呈现遥远的事物,认识和探索未知事物。

档案公共服务的望远镜效应,是指档案公共服务具有能够帮助公众"看得更远、看得更清"的作用,通过所提供服务,帮助公众对不确定性和不可预知性进行更加精准的判断和预测,进而作出科学预测。主要表现在两个方面:

一是回望远去的历史。档案全面系统地记录着历史,当公众需要回望过去时,档案公共服务应该尽可能地整合并呈现相关档案信息,构建清晰的历史画面图景,使公众对遥远历史长河中的人物、事件、场景"看得见、看得清"。二是眺望远方的未来。在人类社会的进程中,总是离不开对未来的展望,渴望在已知基础上对未来作出预测、判断。预测判断越精准,社会发展也就更顺利,档案是人类社会实践活动的记录,凝结着人类的知识和智慧,当公众展望未来时,档案公共服务应该尽可能及时全面地提供档案信息,为公众作出正确的预测和判断提供知识服务和智力支持。

二、档案公共服务的平面镜效应

平面镜利用光的反射定律成像,平面镜中所成像的大小始终不变,与物体的大小相等。镜面所成虽为虚像,但它忠实地反映了事物本身,是对事物本身的真实刻画和反映,便于人们更好地观察和认识自身,同时能扩大视野。档案公共服务的平面镜效应,借用平面镜形象地描述了档案公共服务的意义和作用。

档案公共服务平面镜效应,揭示了档案公共服务应该能帮助公众更好地了解"我是谁"的功用。档案真实、完整地记录着个人、组织和社会的发展历程,是"关于我"的信息的汇聚,描绘了"我"的画像。在个人成长和组织发展中,"知己知彼,百战不殆",因此档案公共服务应善于为公众提供与其相关的各种信息,讲述"关于我"以及与我相关的故事,以及时准确地回应公众需求,帮助公众更好地认识自我、适应社会。尤其是在新媒体环境下,公众生活、工作的有价值记录越来越多地依附于各种媒体平台,人、事、物的数字映像随处可见。档案公共服务更应注重平面镜效应,通过提供相关服务,真实完整地帮助公众构建"关于我"的画像。同时,档案是历史的映射,蕴含着人类实践活动的当时当事,因此档案公共服务的平面镜效应还表现为积极为公众提供正确认识历史的真实素材。

三、档案公共服务的显微镜效应

显微镜是人类最伟大的发明物之一,它是由一个透镜或几个透镜的组合构成的一种光学仪器,主要用于放大微小物体,使之能被人的肉眼所看到并观察,显微镜把一个全新的世界展现在人类的视野里,人们第一次看到了数以百计的"新的"微小动物和植物,以及从人体到植物纤维等各种东西的内部构造;显微镜还有助于科学家发现新物种,有助于医生治疗疾病;等等。通过显微镜,人类能够突破肉眼的局限,看得更多、看得更精。档案公共服务的显微镜效应从多个角度形象地说明了档案公共服务的价值和作用。

档案公共服务的显微镜效应是指档案公共服务通过提供档案及档案开发的成果,能够帮助公众更好地揭示活动和事物"是什么",呈现细节,以供公众进行深入分析利用,有助于满足公众的信息需求,并为公众的创新提供信息支持。档案记录了人类社会实践活动的来龙去脉,包含了个人组织事务、职能、活动"是什么、为什么、怎么样"等多种信息内容。善于有效利用档案、深入挖掘档案内容,有助于公众发现历史细节,发现事物、活动之间的联系,发现解决问题的新视角、新思路。档案公共服务应积极主动地吸引公众利用档案,并根据具体需求,定格其所需档案,精准、深入、细致地呈现档案内容,帮助公众探索新发现。我国历史悠久,档案资源丰富,档案中承载着中国的优秀传统文化、优良的革命精神,浓缩着中国特色社会主义中国道路的探索、改革开放的发展历程,蕴含着国家治理体系和治理能力现代化的提升,其中丰富的内涵和种种优秀基因的发现,都需要档案公共服务以显微镜的功能,去定格、去呈现。档案公共服务的显微镜效应有助于精准地满足公众需求,并为人类历史的新发现作出贡献。

第三节　复杂系统理论的融入牵动

复杂系统理论被视为 21 世纪最具有生命力的科学之一,其内容丰富,在不同的领域被关注和应用,为人们提供了一套由非线性思维、整体思维、关系思维和过程思维构成的复杂性认识方法,为人们认识、了解、控制和管理复杂系统提供了新的思路和视角。新媒体环境使档案公共服务日趋复杂,将复杂系统理论融入新媒体环境下档案公共服务实现,以复杂性视角正确认识和分析其中的各种关系,对档案公共服务系统中的各种要素,以及系统内外部各种复杂关系的构建和理顺的过程,实际上就是牵动档案公共服务实现的过程。

一、复杂系统理论的本质与特性

在人类社会发展很长的一段时期,简单性原则是科学家考察世界的主要思维方式,从牛顿到爱因斯坦,科学研究的一大突出特点是确立了"现实世界简单性"的关键,其中以还原论为代表。[①] 还原论认为整体是由个体的简单相加或机械组合形成的,即整体等于个体之和,并认为只要将这些要素的基本属性研究清楚就能得出整体性的特征和规律。随着社会的不断发展和科学研究的深入,面对现实世界的复杂性、不确定性、多变性、有误差性等因素,人们愈加意识到不能单纯以"简单"来归结世间万物。20 世纪 40 年代,科学前沿出现了一种研究自然与社会现象的新的方法论——复杂系统方法,将事物归于一个整体、一个系统来考察整个的发展历程。系统是"处于一定的相互关系中并与环境发生关系的各个组成部分的总体","是为了一个共同的目的而一起运行的各个部分的组合"。[②] 钱学森曾指出,系统是由相互作用和相互依赖的若干组成部分结合成的具有特定功能的有机整体,而这个系统从属于一个更大系统。[③] 普利高津认为一个复杂系统由大量互相作用的基本单元组成,这个系统应当是开放的,可以与外界环境进行物质、能量和熵的交换,实现由

---

① 大数据战略重点实验室:《块数据 4.0:人工智能时代的激活数据学》,中信出版社 2018 年版,第 45 页。

② 郭利利:《复杂系统理论在旅游业中的应用研究述评》,《商业经济》2015 年第 6 期。

③ 钱学森:《论系统工程》,湖南科学技术出版社 1982 年版,第 10 页。

混沌到有序的转化。

复杂系统最本质的特征是其组成部分具有某种程度的智能,系统的部件之间或者子系统之间有很强的耦合作用并具有难以线性化的非线性性质①。复杂系统理论认为,复杂系统的共性是涌现,也就是说,一个复杂系统会涌现出各式各样的斑图;复杂系统通常具有非均匀性、非线性性、自适应性、网络性等特点;一个复杂系统必定会与外部环境发生作用,根据适者生存定律,系统必定而且有能力对周围环境作出正确的反应;此外,复杂系统还具有多层次性,层级关系越多,系统越复杂,系统越往高层越表现出宏观特征,越往底层系统则会分解成无数的微观主体,这也是系统复杂性的具体体现。②

二、复杂系统理论视角下的档案公共服务

档案公共服务是一个复杂系统,包含多个子系统,每个子系统又包含多种要素,子系统之间、各要素之间关系复杂;同时档案公共服务又是整个档案管理活动中的一个子系统,是公共服务系统的一个子系统,是社会大系统中的一个子系统。档案公共服务的实现是诸多要素、不同系统相互影响、共同作用的结果。在新媒体环境下,档案公共服务要素以及要素之间的关系正在发生变化,新关系的出现、原有关系的改变与重构,非线性、网络性、非均匀性等特点不断凸显,档案公共服务系统与外部系统关系的复杂性不断增强,原本复杂的系统在新媒体环境下更加复杂。从复杂系统理论视角观察和分析档案公共服务系统,将复杂系统理论融入档案公共服务,成为未来档案公共服务在整个社会系统中"生存"必要的保障,它不仅有助于推动档案公共服务的实现,更有助于推动档案公共服务的提升和可持续发展。

---

① 郭利利:《复杂系统理论在旅游业中的应用研究述评》,《商业经济》2015 年第 6 期。

② 潘沁:《从复杂性系统理论视角看人工智能科学的发展》,《湖北社会科学》2010 年第 1 期。

（一）档案公共服务构成要素的复杂性

通常，人们从档案公共服务主体、客体、服务内容和方式、档案资源等方面来探讨档案公共服务，这是一个最宽泛、最宏观层面的归结，是人们认识和分析档案公共服务的最外层着眼点。在档案公共服务中，其主体、客体、内容方式等，每一部分都是一个子系统，每个子系统中又包含着中观、微观不同层面的若干要素。

在新媒体环境下，档案公共服务的每一要素都在变得更加复杂。比如，档案资源是档案公共服务赖以实现的基础，是影响档案公共服务实现的重要因素。在新媒体环境下，"档案"本身就在变得日趋复杂，原本对"档案"内涵、外延的争论尚未结束，新媒体环境又为政务活动、商务活动、公众的个人活动提供了更广阔的空间，社交媒体上正在形成着越来越多的与公众利益密切相关的文件，政府公共服务越来越多地通过各种客户端在线完成，形式不一、种类多样的有价值记录的激增，其可控、可用的难度也在不断增加，社交媒体文件的归档状态、归档后的保管状态等，都直接影响着未来档案资源体系的状态，档案资源体系自身的复杂性不断增强。此外，从档案公共服务要素的性质来看，可以将其分为刚性要素和柔性要素，前者包括与档案公共服务有关的人、财、物等，后者涉及思想、理念、意识等，在服务中，不同性质的要素发挥作用的机制和路径存在差异，新媒体环境带给不同要素的影响不同，各种要素自身的内涵或外延都在发生着变化，这都增加了整个系统的复杂性。

（二）档案公共服务构成要素间关系的复杂性

在新媒体环境下，从服务主体到客体，从服务内容到服务方式，从宏观层面到微观层面，任何两者或几者之间都可能发生关系，并且这种关系呈现出非线性、网络性等特点，关系的强弱程度不同，偶然性、动态性不断增强。

新媒体环境本身就是一个正在变得更加复杂的环境，人与人、人与物、人与事、事与物等各种要素关系不断复杂，置于其中的档案公共服务诸要素之间的关系,既有新媒体环境下要素关系的共性,又有其自身的特性。比如新媒体环境下档案公共服务主客体之间的关系,"主体满足客体需求",应该说是二者关系中最基本的一条线索,"满足"是其中的关键词,而其中又隐含了满足什么、怎么满足、何为满足、谁来满足等问题,这一系列问题的回答牵动了主客体以及主客体内部各种因素的关系变化,问题不再是"用户到档案馆——档案馆将档案提供给用户"的线性实现。比如,"有些档案利用者和研究者通常是行家里手,对档案内容信息的了解往往比档案工作者还要多。允许并鼓励这些档案利用者以一种崭新且独特的方式来为档案馆做出自己的贡献,将会对档案工作的发展大有裨益。"①此时的用户已不再是单纯的"客体",他也在一定程度上、以某种特殊而值得肯定和推广的方式推动着档案公共服务的实现,与原本主体之间的关系也正在发生着变化。

(三)档案公共服务系统与外部系统关系的复杂性

英国理论物理学家霍金在 2000 年曾直言:"我认为,下个世纪将是复杂性的世纪。"在新媒体环境下,社会各个系统的开放性不断增强,在开放中各种关系变得更加紧密和复杂。档案公共服务系统是一个开放的系统,与整个社会中的其他系统有着千丝万缕的联系。档案公共服务系统的开放性一方面源于档案资源是"取之于民"的,档案公共服务必然是一种面向公众和社会,"取之于民,还之于民,用之于民"的活动;另一方面源于数据连续性的特点,基于档案价值内化与外化的聚散过程,必然要求档案公共服务与诸多相关系统实现融合与通畅,比如整个国家的公共文化服务系统、民生服务系统、数字政府建设等。从外部系统对档案公共服务系统的影响和作用来看,系统之间的关系可以表现为推动、阻碍、倒逼等多种形式;从档案公共服务系统对外部系统做出的反映可表现为顺从、对抗、改变等不同种类。档案公共服务也正是在与

---

① ［美］马修·兰迪斯·亚戴尔:《档案工作需要有温度的数字世界》,2017 年 2 月 17 日,见 http://www.zgdazxw.com.cn/news/2017−02/17/content_175802.htm。

其他系统发生联系、受其影响下和在"适者生存"的反应中,通过自组织和他组织而不断发展和完善。

当前,我国的网络强国战略、数字中国建设的飞速发展,数字政府、数字经济、数字社会、数字生态等建设的全面提升,不仅会使档案公共服务与外部系统的关系与传统环境下有所不同,而且还会引发一系列新的变化,关系的多维、多层、不确定性等愈发明显。比如,如何理顺档案部门和各类大数据管理部门的关系,如何协同档案公共服务和政务信息平台的关系。随着国家治理体系和治理能力现代化的深入推进,档案与老百姓的关系越来越密切,社会信用体系、社会保障体系等都越来越紧密地与档案服务体系结合在一起,各系统之间的关系立体网状交织,愈加复杂。

小　　结

档案公共服务实现机理蕴含着档案公共服务实现的基本原理和规律,包含着档案公共服务的基本运转方式、运行规则、要素关系等关乎档案公共服务实现的重要内容。研究并发现档案公共服务实现机理,把握档案公共服务实现的本质和规律,才能从根本上赋能档案公共服务的发展。新媒体环境下档案公共服务的实现,有其自身的特点和规律,其实现机理尤其值得关注,新媒体环境下,档案公共服务实现的机理主要表现在档案价值"聚—散"的元驱动,望远镜、平面镜、显微镜"三镜效应"的交替推动,以及档案公共服务要素及其内外系统等复杂关系的共同牵动。档案价值是档案公共服务实现的内源动力,三镜效应的交替推动揭示了档案公共服务系统的运行方式,服务要素及其内外系统等关系的复杂性蕴含了档案公共服务系统功能实现的规则。在档案公共服务实践探索的过程中,从元驱动、交替推动、融入牵动等服务实现机理出发,有助于从根本上找到档案公共服务实现的可持续发展之路,形成档案公共服务良性螺旋上升之势。

第三章　新媒体环境下档案公共服务范式

　　范式是某一科学共同体在某一专业或学科中所具有的共同信念,这种信念规定了其共同的基本观点、基本理论和基本方法,为其提供共同的理论模式和解决问题的框架,从而成为该科学共同体的一种共同的传统,并为该学科的发展规定了共同的方向。① 范式反映出在科学研究中人们观察与认识问题的角度,往往会形塑人们的认知方式,进而影响人们对于问题的处理与解决方式。② 特里·库克在讲到档案范式的时候提到,"范式"一词暗指关于态度、信仰及某个现象之规律的一个正式的(或至少是被认可的)体系或心理模式。"范式"可被视为思考档案的框架、档案心态或想象档案和档案管理的方法。③ 档案公共服务有其本身固定的内涵和规律,又有随时代发展而不断变化的外在表现。新媒体环境下的档案公共服务范式反映着人们对档案公共服务的认知和态度,是思考和践行档案公共服务的基本框架,形塑着人们对档案公共服务的探索和实践。

---

　　① 于骐鸣:《论库恩的"范式"理论及其应用》,《中国校外教育》2010 年第 S2 期。
　　② 曾斌:《无所不在的叙事与叙事学研究的范式创新》,《江西师范大学学报(哲学社会科学版)》2019 年第 6 期。
　　③ [加拿大]特里·库克:《四个范式:欧洲档案学的观念和战略的变化——1840 年以来西方档案观念与战略的变化》,李音译,《档案学研究》2011 年第 3 期。

第一节 同频于社会治理现代化的服务战略

党的十八届三中全会通过的《中共中央关于全面深化改革若干重大问题的决定》指出,全面深化改革的总目标是完善和发展中国特色社会主义制度,推进国家治理体系和治理能力现代化。2017 年 10 月,习近平在党的十九大报告中再次强调指出,必须坚持和完善中国特色社会主义制度,不断推进国家治理体系和治理能力现代化,坚决破除一切不合时宜的思想观念和体制机制弊端。

国家治理体系和治理能力现代化涉及经济、政治、文化、社会、生态文明和党的建设等各个领域。社会治理是国家治理的重要方面,社会治理现代化既是国家治理现代化的重要支柱,又是国家治理现代化的坚实基础。党的十八届三中全会通过的《中共中央关于全面深化改革若干重大问题的决定》首次使用了社会治理概念,提出:"紧紧围绕更好保障和改善民生、促进社会公平正义深化社会体制改革,改革收入分配制度,促进共同富裕,推进社会领域制度创新,推进基本公共服务均等化,加快形成科学有效的社会治理体制,确保社会既充满活力又和谐有序。"①党的十九大进一步提出"打造共建共治共享的社会治理格局"。

档案工作是党和国家各项事业的重要组成部分,应该不断加快完善档案治理体系,提升档案治理能力,李明华在 2019 年全国档案工作暨表彰先进会议上的讲话中指出,档案工作应"坚持以改革开放为动力,聚焦有效服务国家治理体系和治理能力现代化、加快推进档案治理体系和治理能力现代化,进一步提高档案管理水平和服务能力"②。因此,推进档案治理体系和治理能力现

---

① 《十八大以来重要文献选编》上,中央文献出版社 2014 年版,第 513 页。
② 国家档案局:《李明华局长在全国档案工作暨表彰先进会议上的讲话》,2020 年 1 月 15 日,见 http://www.bjroit.com/news/306-cn.html。

代化,是国家治理体系和治理能力现代化的要求,也是我国档案事业未来科学发展的重要指引。

以社会治理现代化全面观照档案公共服务,使档案公共服务同频于社会治理现代化而良性运转,是档案治理现代化的重要内容,是档案工作推动国家治理体系和治理能力现代化的具体体现,也是新媒体环境下档案公共服务创新发展的根本保障。社会治理强调多元主体共同参与,社会治理的目标是谋求社会的公共福祉。全民共建共享是具有中国特色的社会治理理论,社会治理理念核心实质集中在共建、共治、共享等方面。新媒体时代的档案公共服务应该在这一思想的引领下,结合本领域的专业特点和实践,形成同频于社会治理现代化的档案公共服务战略(见图3-1),不断探索创新。

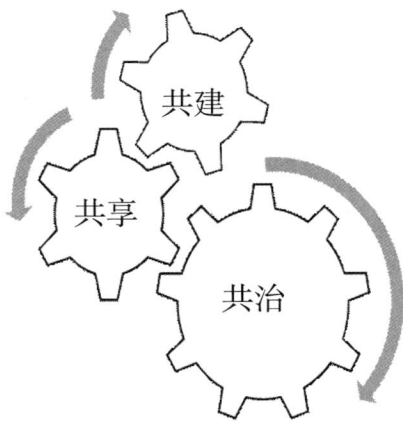

图3-1 同频于社会治理现代化的服务战略示意图

一、共建:档案公共服务多元主体的协同

社会治理的目标是善治,在社会治理过程中,强调政府、私营部门、非营利组织部门以及公民等组成的相互依赖的多主体的协同,关注在平等基础上按照参与、沟通、协调和合作等治理机制,为有效解决公共社会问题提供公共服

务,并增进公共利益而共同管理公共事务的过程。① 与社会治理理念同频的档案公共服务,也应是一个在与多元主体协同中共建而实现的过程。在档案公共服务中,档案部门、档案社会化服务机构及其他相关机构、社会公众等,承担着档案公共主导者、责任者、供给者、生产者、使用者、监督者、评估者等不同的角色与职能。不同角色之间,既有各自的目的动机、行为边界、优势特点,又关系密切、交织交叉、相互作用。协同是多元主体实现共同目标的必经之路,多元主体在协同的共建中推动档案公共服务目标的实现。

(一)强化档案部门对公共服务职责的主动承担

档案部门在多元主体协同的档案公共服务过程中,应该不断强化对服务职责的主动担当。

首先,档案公共服务是档案部门的法定职责和基本工作内容。《档案法》规定国家档案主管部门主管全国档案事业;中央和县级以上地方各级各类档案馆是集中管理档案的文化事业机构,负责接收、收集、整理、保管和提供利用各分管范围内的档案。开展档案公共服务是其"本分"。其次,丰富的档案资源主要集中在档案部门,档案公共服务的开展离不开资源支撑,档案公共服务一方面应该积极主动地将档案资源以多种形式为民所用;另一方面也应该为其他服务主体提供强有力的资源支持,共同实现档案公共服务的目标。再次,档案部门具有专业优势、人力优势等,应该积极主动承担公共服务中的协调、引导职责。在多元主体协同的探索中,从一定意义上来说,档案部门充当了"同辈中的长者"的重要角色,应通过发挥自身优势、履行自身职责,确保档案公共服务沿着健康的道路开展,确保档案公共服务各方主体的优势充分实现,保证档案公共服务多元主体协同的实效。

---

① 俞可平:《中国的治理变迁》,社会科学文献出版社 2018 年版,第 340 页。

（二）实现市场机制在档案公共服务中的有效运作

市场机制是以市场交易关系或契约关系为基本特征，把市场激励机制引入档案公共服务之中，吸纳专业化、营利性档案社会化服务机构或其他相关机构，充分发挥其优势和特长，共同推动档案公共服务的实现。比如档案部门可将无力承担或者效率不高的事务以购买、外包等合理方式由市场中的专业机构承担和处理。市场机制在档案公共服务实现中的有效运作，有助于打破档案部门因人力、财力、物力导致的档案公共服务瓶颈，有助于提高效率、实现档案公共服务的有效供给。当前，档案社会化服务机构蓬勃发展，正在成为市场机制中多元主体的生力军。

（三）推动社会机制在档案公共服务中的全面发展

社会机制是以社会志愿动机为基本特征，动员互益性的社会团体与行业组织（如各类行业协会、学会以及商会等）、民间公益组织（如志愿者组织和慈善机构等）以及带有成本收费性质的民间社会组织（如各种社会、市场中介组织和非营利民办信息咨询机构等）等参与到公共信息服务过程。[①] 在档案公共服务实现过程中，各级各类档案学会（协会）、档案学术科研机构、档案志愿服务组织等都是重要的参与主体，能为档案公共服务的实现提供不同类型的专业智力支持，有助于提升档案公共服务质量。

（四）深化公众参与在档案公共服务中的实践探索

公众正在成为档案公共服务主体的重要组成部分，成为推动档案公共服务的重要力量。公众崛起时代的到来，使公众更加清晰地认识到自己在社会

---

① 周毅、王杰：《公共信息服务社会共治内涵与运行机理分析》，《情报理论与实践》2018 年第 3 期。

建设和发展中的主人翁地位,更加激发出了公众参与社会建设和发展的热情。[①] 现代社会,公众不再是被动的,而是越来越具有充分的主动性,在档案活动中也是如此。"波澜壮阔的中华民族发展史是中国人民书写的！博大精深的中华文明是中国人民创造的！"[②]人民是物质和精神社会的创造者及见证人,记录人类活动和人类文明的档案是公众形成的,是"关于公众"的,公众理应参与到档案的管理、开发和利用服务等各种活动中,公众参与既有助于保障公民的权利,也有助于档案价值的实现、档案服务的发展。新媒体环境为公众参与的实现提供了前所未有的支持和便利,公众可利用多种工具、平台,通过"访问、反馈、供给、结构性参与"等不同形式融入。在档案公共服务中,应结合公众成熟度、档案公共服务现状与发展趋势,与公众共同探索最科学有效的公众参与理念、模式和方法,不断优化、深化公众参与。

二、共享：档案公共服务目标的实现

社会治理的功能在于构建社会的有机"共同体",达成公共利益、公共价值和公共精神等成果的共享。共享是社会治理的保障和目标[③],共享要求社会治理成效更多、更公平惠及全体人民。在全民共建共享的社会治理格局中,共享是公共利益、公共价值和公共精神的共享,而不只是物质成果的共享,只有致力于公共利益的实现、公共价值的恪守和公共精神的秉持,在构建社会有机共同体的过程中,才能真正实现社会治理所想要的物质成果共享。

在档案公共服务中,满足公众需求,维护公众利益,并最大限度地实现档案价值是档案公共服务的核心,也是档案公共服务的起点与目标。共享是档案公共服务目标有效实现的直接体现,在新媒体环境中,在社会治理背景下,

---

① 金波、晏秦：《从档案管理走向档案治理》，《档案学研究》2019 年第 1 期。
② 习近平：《在第十三届全国人民代表大会第一次会议上的讲话》，人民出版社 2018 年版，第 2 页。
③ 俞可平：《中国的治理变迁》，社会科学文献出版社 2018 年版，第 340 页。

共享什么、如何共享,都被赋予了更加丰富的内涵。与社会治理理念同频的档案公共服务,社会和公众共享的成果、内容、实现方式应更加丰富、多元,更加触及事物的本质(见表3-1)。从内容来看,包括对开放档案的获取和利用、对档案资源开发成果的分享和利用,公民档案权益的保障和享有,对档案价值的体验与分享、档案服务愿景的规划与设计、档案专业知识技能的分享等,既包括物质层面,又包括精神层面。从过程上来看,与社会治理理念同频的档案公共服务,一方面应着眼于"共享"之"共",更加关注服务覆盖广度,确保全体社会公众的档案权益;另一方面应着眼于"共享"之"享",更加关注公众对档案资源、档案价值、档案权益等实现愉悦地、自由地获取、拥有、体验与享用,提升公众对服务的获得感、满意度。

表3-1　档案公共服务"共享"解析表

共享	共享关注点	共	关注服务覆盖的广度,面向全体社会公众
		享	愉悦地、自由地获取、拥有、体验与享用,提升公众对服务的获得感、满意度
	共享内容	有形的与无形的;物质层面与精神层面的	对开放档案的获取和利用
			对档案资源开发成果的分享和利用
			公民档案权益的保障和享有
			档案专业知识技能等的分享
			对档案价值的体验与分享
			对档案部门档案服务愿景的规划与设计

三、共治：档案公共服务制度的改革与创新

1. 档案公共服务制度之于"共治"意义重大

创建制度、依靠制度、尊崇制度,是人类文明的重要特征,是社会进步的显著标志。经济学、社会学、政治学等不同领域的学者曾经给出过不同的制度解

释,制度经济学创始人托斯丹·邦德·凡勃伦指出"制度是一种思想习惯和流行的精神状态",美国新制度经济学家道格拉斯·诺斯认为"制度是一种规则",德国社会学家马克斯·韦伯认为"制度是一种行为准则",美国政治学家萨缪尔·亨廷顿则认为"制度是一种行为模式",日本学者青木昌彦提出:"制度是一个系统",是要求成员共同遵守的、按一定程序办事的规程。①

制度问题是国家治理中的根本问题,推进国家治理现代化的实质是实现制度现代化。② 治理时代的到来,要求档案事业发展服务国家治理现代化发展大局,践行国家治理现代化的理念与主张,这为我国档案制度变迁提供了新的场域,也提出了新的期望。

档案制度是国家各项制度安排中的一个组成部分,档案制度是"在一定历史条件下形成的与档案事务相关的体系安排及特定成员在档案相关事务中所共同遵守的行为规则"③,它设计、规范、调节和控制着档案及其相关人与事物、活动,将其中不同要素、各种关系凝聚、整合,使彼此间的相互作用有章可循,使关系具有一定的稳定性和可预见性。档案公共服务制度是档案制度的重要组成部分,是在一定的历史条件下形成的,规范和调节档案公共服务活动相关人、事物、事务以及活动的规程。档案公共服务制度通过规范、控制、协调、引导等,使档案公共服务各要素有序协同、各种关系良性发展,维护和保障公众的档案权益,实现档案公共服务的目标。

制度随着时代变化而变化,在各种制度体系和各项具体制度中都或多或少地"带着它脱胎出来的那个旧社会的痕迹"④,因此,革除制度和体制积弊,

---

① 常大伟:《国家治理现代化进程中的档案制度变迁及因应策略》,《档案管理》2019 年第 5 期。

② 包心鉴:《制度现代化:国家治理现代化的实质与指向》,《社会科学研究》2015 年第 2 期。

③ 陆阳:《权力的档案与档案的权力》,《档案学通讯》2008 年第 5 期。

④ 《马克思恩格斯选集》第 3 卷,人民出版社 2012 年版,第 363 页。

提升制度现代化水平,就成为我国国家治理和社会治理必须面对的历史性任务。① 随着国家治理现代化的推进,"档案工作发挥作用的空间越来越大,与老百姓的关系也越来越密切,要求进一步提高档案工作的制度化、规范化、科学化水平,更好地服务党和国家各项事业发展"②。档案公共服务,是档案工作重要的组成部分,在整个档案工作中扮演着重要的角色。档案公共服务制度建设是档案公共服务健康发展的重要支撑,面对治理时代的到来,档案公共服务制度要通过改革创新不断发展完善,提升档案公共服务能力,提升治理能力,推进档案事业发展、推动国家治理体系和治理能力现代化的实现。

2. 我国档案公共服务制度改革与创新的思路

在长期的历史发展进程中,我国档案制度也伴随着社会的变迁而不断发展,档案公共服务制度作为其重要组成部分,也随之发展完善。但是,面对不断变化的内外部环境,由于我国档案事业发展中的主客观方面的原因,我国档案制度建设存在诸如"对公共视阈下通过档案制度建构来保障社会信息权、维护社会公共利益、突出公共服务属性的功能定位尚不清晰"③等问题;同时,面对国家治理现代化进程中出现的新课题,也亟须纳入制度体系。

首先,全面梳理当前档案公共服务制度体系,明确档案安公共服务制度体系的思想、原则,从根本上回答档案公共服务"为谁服务""如何服务"等基本问题。在此基础上,将其中与国家治理理念、社会发展、公众诉求等不相吻合的部分剥除或修改,比如对于档案开放等制度的审视,及时纳入并不断完善适应新发展方向的内容;比如对档案公共服务共建共治过程中多元主体参与的相关规定。

其次,构建完整的档案公共服务制度框架。从制度层次和作用范围来看,

---

① 包心鉴:《制度现代化:国家治理现代化的实质与指向》,《社会科学研究》2015 年第2 期。

② 丁薛祥:《在中央档案馆国家档案局调研时的讲话》,《中国档案》2018 年第 5 期。

③ 常大伟:《国家治理现代化视野下的档案制度改革》,《档案学通讯》2019 年第 6 期。

档案公共服务制度包括宏观制度和微观制度,宏观制度是对档案公共服务活动和其中关系的总体状况的反映;微观制度是对其过程、方式等各个环节的具体反映。完整的档案公共服务体系应是从宏观到微观不同层面制度的集合,既具有包容性、指导性,又具有针对性、可操作性。

最后,设计充实的档案公共服务制度内容。从制度的约束机制来看,制度可包括软制度和硬制度,软制度主要是与人们对档案公共服务的观念、惯例等相关,不具有强制性,但具有外在约束力;硬制度主要是各种成文的法规和条款等,如国家和政府颁布的与档案公共服务有关的各种规定。档案公共服务制度内容应软与硬相结合,通过规范与引导、激励与推动、禁止与纠错等不同的设计,确保档案公共服务形成良好的秩序,沿着正确的道路良性开展。

2020 年 6 月 20 日公布的新修订的《中华人民共和国档案法》第一条规定:"为了加强档案管理,规范档案收集、整理工作,有效保护和利用档案,提高档案信息化建设水平,推进国家治理体系和治理能力现代化,为中国特色社会主义事业服务,制定本法",明确将"推进国家治理体系和治理能力现代化"写入《档案法》,新档案法于 2021 年 1 月 1 日起正式实施,未来一系列档案法规、制度规范都将面临修改完善,应利用此契机,充分实现档案公共服务制度改革与创新,更好地同频于社会治理现代化的发展,推进国家治理体系和治理能力现代化。

第二节　双视角双导向服务模式

在新媒体环境下,档案公共服务的双视角双导向模式,是指档案公共服务在职能框架与需求框架、稳定服务与敏捷服务的双向视角、共同导向中实现的模式,是自上而下和自下而上的向心合力共同推动档案公共服务目标实现的过程。

一、基于职能导向的服务

长期以来,我国档案工作实行统一领导、分级管理的原则。在这一原则的指导下,我国建成了世界上规模最为宏大、体系最为完备的档案事业。按照党的十九届三中全会决定,我国自上而下进行了党和国家机构改革。改革后,多数地方由"局馆合一"改为"局馆分设"。档案行政管理部门的主要职责是加强顶层设计,明确档案事业发展思路;完善法规体系,提供档案事业发展根本遵循;开展档案执法,确保档案法规制度落到实处;履行指导职能,规范档案工作方法步骤;开展档案宣传教育等,为档案事业发展营造良好环境。而对于各级综合档案馆来说,重点发挥爱国主义教育基地、档案安全保管基地、档案利用服务中心、政府公开信息查阅中心和电子档案备份管理中心五个方面的基本功能。基于职能开展并实现档案公共服务,是档案公共服务的重要导向之一。

(一)职能导向服务的特点

基于职能导向的服务包含两个关键点:一是侧重在"职能框架下"实现服务。强调档案部门在职责范围内为社会和公众提供的服务及所作的贡献,是基于职能而提供的有效供给,是应该做和必须做的"应为"行为。二是服务具有相对稳定性。表现在服务不因外部影响而或强或弱,需时刻致力于向社会和公众传递档案应有的价值、发挥档案应有的作用。

可见,职能导向服务是职能框架下的稳定服务,它以档案部门应有的职责与使命为导向,从服务的应然性出发,不囿于某一阶层的特殊利益、不局限于某一时期的特殊需求,以实现档案价值为目标,强调"我应做"的职责,以持续的、柔性的、渐进的方式,面向社会和公众传播与阐释具有推动社会进步的思想、理念、风尚;在矛盾尚未激化、危机尚未出现之时,以档案记录的真实性、关联性,净化舆论环境,消减当下信息传播体系新特征为社会带来的消极影响,传承优秀文化,职能框架下的稳定服务是一种更长远的、根本上的、深层次的维护社会和公众利益并满足其需求的服务。

(二)职能导向服务实现的关键

在职能导向服务实现的过程中,首先,应深入认识职能导向服务的重要意义。"档案部门应主导档案公共服务体系建设。档案部门是档案资源的汇聚地,保管着人类文明发展过程中形成的海量信息资源,档案部门应充分发挥档案资源价值,主导档案公共服务的供给。"[1]随着党和国家事业的快速发展,档案的价值日益凸显,社会的进步、公众的各种实践活动越来越需要档案的支持。但是,当前在我国,社会和公众对档案及其价值的认知尚存在片面、不够科学等现象,对档案及档案工作认知的模糊使得社会和公众有时不能及时认识到档案的价值与作用,对档案及档案公共服务的需求表现得不够完整、全面,恰如乔布斯所言,用户有时"不知道自己要什么";"锁定特定族群来设计产品是很困难的。因为大部分的时候,人们都不知道自己想要的是什么,直到你展示给他们看",在当前档案公共服务中也存在类似现象。因此,针对当前我国实际,在档案公共服务中,档案部门更应深刻认识自身职能,不断强化积极主动为社会公众提供服务的意识,同时在服务中提升公众对档案及档案价值的认识和理解。

其次,基于职能导向的档案公共服务通常具有前瞻性和持久性,因此在服务中应敢于创新,并注重目标的长远。当前,我国各级各类档案部门承担着为党管档、为国守史、为民服务的职责,发挥着服务社会发展、服务人民群众生产生活的作用;同时,档案因其是历史的记载,蕴含着国家发展的峥嵘岁月和光辉历程,是中华优秀传统文化的凝聚,因此也担当着塑造公众道德观、价值观、社会成员荣辱观及培育公众品质等重要使命。比如,充分挖掘档案的文化价

---

① 金波、晏秦:《从档案管理走向档案治理》,《档案学研究》2019 年第 1 期。

值，"充分发掘和诠释蕴含在历史档案中的德教、教化文化基因，以此来推动社会道德建设及社会治理的有效开展"①，通过展览宣传等多种形式，提供各种文化服务，利用档案讲好中国故事、传播中华文明，丰富公众文化生活。这种文化服务，表面上不属于公众的刚性、显性需求，但意义重大，影响深远，其可能没有立竿见影的效果，但是对社会和公众有一种潜移默化的影响，传播的是一种厚积薄发的软实力。

最后，服务的实现应强调有效供给。在档案公共服务中，档案公共文化服务是档案部门职能框架导向下最重要的一种模式，它是自上而下的，档案部门主导的，致力于通过积极主动的"供给"不断提升的服务。在服务过程中，通过聚焦重大事件、关键节点，充分发挥档案资源的独特作用，丰富公众的文化生活，并在此过程中激发和培养公众的档案兴趣，形成有效的服务供给链，都是职能框架下稳定服务的重要探索。2019 年，围绕庆祝新中国成立 70 周年，我国档案部门主动作为，通过档案资源的开发，以展览、视频等多种形式，服务公众和社会，并取得了良好的效果。此外，"用无可辩驳的档案史实对形形色色的历史虚无主义言论予以坚决反击"②，尤其是在新媒体环境下，充分利用档案真实原始的优秀品质，深入挖掘档案价值，积极主动地为社会和公众提供全面正确地认识历史的丰富素材和多种服务，维护社会的和谐与稳定等，都应该成为档案部门基于职能导向服务的重要内容。

二、基于需求导向的服务

满足用户需求是一切服务的出发点，以用户为中心是实现服务目标、提升服务质量的共识。在档案公共服务过程中，基于需求导向的服务是应社会和公众之需而动，以多样的、个性化的方式，灵活应对并及时迅速满足公众需求的过程，通常通过可见性强、可感知度高的显性方式来完成。基于需求导向的

---

① 周林兴：《论档案馆的文化治理研究》，《档案学研究》2020 年第 1 期。
② 丁薛祥：《在中央档案馆国家档案局调研时的讲话》，《中国档案》2018 年第 5 期。

服务,首先,聚焦"需求"。强调以社会和公众的需求为中心,以社会和公众需求驱动服务实现,以高质量满足社会和公众需求激发服务创新。其次,关注"敏捷"。强调能准确识别并对公众需求及时作出反应,满足公众需求。新媒体环境下,需求框架下的敏捷服务正在日趋复杂,对服务部门提出了越来越高的要求。

(一)新媒体环境下用户需求导向更加复杂

从用户需求目的来看,用户对档案的需求表现为对其证据价值、知识价值、文化价值等多方面的渴望;从需求的内容来看,既有对历史档案的需求,更有对当前政务活动中关系自身利益的文档、数据的需求;从需求的实现形式来看,既有线上及时获取的需求,又有线下场景体验的需求;从需求产品形式来看,既有对档案及档案开发有形产品的需求,又有希望档案服务者以专业知识提供解决方案的无形智力服务的需求。与此同时,由于受社会环境、公众自身素养等内外因的影响,在新媒体环境下,用户对档案公共服务的需求还存在不同的表达形式,部分用户有明确的信息需求,并能准确地表述;部分用户有明确的信息需求,但不能准确表述;部分用户有需求,但无法明确表达;部分用户有需求,但尚未意识到;等等。面对各种需求,有些是在长期服务过程中积淀了一定的基础,积累了一定的经验,实现起来较为顺利;同时有些需求是在传统服务环境下未碰触的、新生的,或者变化了的服务诉求,需要深化、创新服务内容和服务方式。

(二)关注用户群中的蝴蝶效应

蝴蝶效应最常见的阐述是:"一个蝴蝶在巴西轻拍翅膀,可以导致一个月后得克萨斯州的一场龙卷风",它揭示了在一个动力系统中,初始条件下微小的变化能带动整个系统长期的巨大的连锁反应,有时会导致不可预料的事情发生,也就是说一件表面上看来毫无关系、非常微小的事情,可能带来巨大的改变。尤其是在新媒体环境下,信息传播速度更快,传播范围更广,更加难以控制,影响力更强,愈加反映出"一切复杂系统对初值极为敏感性"现象,一个微小的"事件",如果不加以及时地引导、调节,可能会给社会带来非常大的危害,被戏称为"龙卷风"或"风暴",一个微小的机制,只要正确指引,经过一段时间的努力,将有可能会产生轰动效应。

在新媒体环境下,需求导向下的敏捷服务往往针对特定的用户或用户群,用户对服务的满意度、对服务的评价等往往会通过各种新媒体平台进行有意识的传播或无意识的表达,极易发生"蝴蝶效应",并因此对档案公共服务产生重大影响。

在档案公共服务中,特别是在需求导向下敏捷服务实现过程中,一方面应通过不断提高服务内涵、服务质量,提升用户的获得感和满意度,以"蝴蝶效应"逐步提升档案公共服务的良好社会影响力;另一方面,要在服务过程中全程关注用户的心理和反应,及时与用户沟通,消减、安抚用户的不满情绪,规避因"蝴蝶效应"引发的对档案公共服务的不利影响。

在新媒体环境下,用户的需求呈现多元、多样、多层等特点,需求导向也呈现多枝多干状。需求框架下的敏捷服务,就是注重以社会和公众需求为导向,不拘泥于传统和已有经验,面对新形势、新需求,通过灵活应对、敏捷服务,不断优化档案公共服务的结构、深化档案公共服务的内容、拓展档案公共服务的边界,让档案价值更好地惠及公众、造福社会。

三、双视角双导向服务模式分析

基于职能导向的服务与基于需求导向的服务从不同的维度、不同的层面,以不同的特点共同阐释着新媒体环境下档案公共服务的实现导向和过程。双视角双导向的服务模式(见图3-2),在档案公共服务实现的过程中,既关注基于职能导向的服务,又重视基于需求的服务;既关注持久的、稳定的服务,又关注及时的、敏捷的服务,将职能与需求、持久与及时、稳定与敏捷有效融合,共同推动档案公共服务的实现与发展。

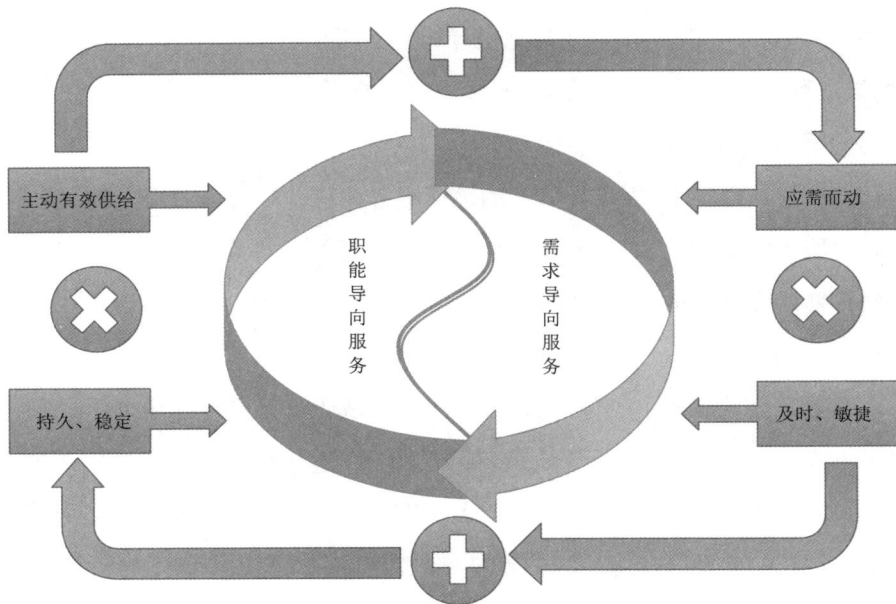

图 3-2　双视角双导向服务模式图

　　从维度上来看,基于职能导向的服务,在职能框架下,从档案部门的职能出发,强调档案公共服务自身的理性和应然,通过主动供给、有效供给推动档案公共服务的实现;基于需求导向的服务,在需求框架下,以用户需求为出发点和落脚点,以用户为中心,具体问题具体分析,在契合与满足不同用户多样的、个性化需求中推动档案公共服务的实现。从层面上来看,基于职能导向的服务着眼于从整体上面向社会和公众,从宏观层面传递和释放档案价值,具有相对稳定性;基于需求导向的服务针对性较强,侧重从具体的、微观的层面在满足用户特定需求中传递和释放档案价值,具有相对敏捷性,双视角双导向模式将两种服务有机融为一体,既各自独立,又交叉交融,形成推动档案公共服务的合力,共同推动档案公共服务的实现。

第三节　开放协同的平台化思维

平台是服务的承载,是一个多角色、自组织、完美协作的生态系统,也是理念、内容、技术、方法、产品的集成,它是标准化、一体化、开放式、培育创新等理念、方法和工具的融合。平台化思维是在实践活动中既依托物化表现的有形平台,又吸收平台所蕴含的思想和理念进而分析问题、解决问题的思维方式。包容性、开放性、协同性以及创新性等是平台化思维的重要表现。伴随着互联网、大数据、云计算的飞速发展,平台化思维对各个领域和各行各业的影响越来越大。平台化是一种开放协同的生态模式,它既包含自身按照平台的方式服务和运营,同时也要与其他平台形成连接和融合,也就同时关注如何连接其他平台,融入更大的生态系统。数字经济时代,以开放协同的平台化思维为指导,通过点、线、面、体的构架,有助于实现人、智能机器、数据、云计算等的深度交互、有机融合、高效协同,从而在各要素自身价值充分实现的过程中创造新价值,不断实现整体利益的最优化和最大化。

开放协同的平台化思维对新媒体环境下档案公共服务的实现影响深远、意义重大。新媒体环境使档案公共服务面临平台化的发展趋势,同时也为档案公共服务的平台化提供了有利的条件和支撑。在档案公共服务中践行开放协同的平台化思维,不仅符合时代发展要求,也是档案公共服务自身规律和发展的内在要求。在新媒体环境下,开放协同的平台化思维(见图3-3)是档案公共服务范式的重要内容,主要表现在利用平台的理念和方式,全方位整合档案公共服务资源、深度融合档案公共服务的可用信息技术、凝聚不同组织和公众的智慧和力量,并通过平台上不同要素间的协同,不断提升档案公共服务质量等方面。

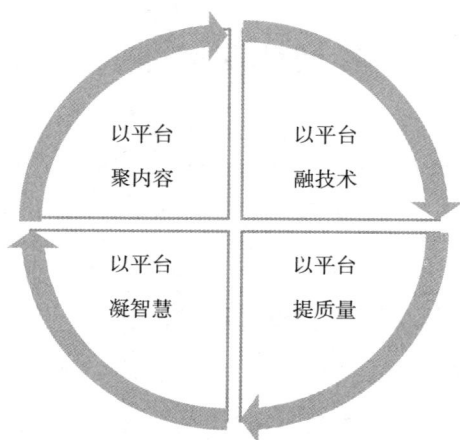

图 3-3　档案公共服务平台化思维图示

以平台聚内容（上左）　以平台融技术（上右）　以平台凝智慧（下左）　以平台提质量（下右）

一、以平台聚内容

平台是内容到达用户的多元路径、复合形态，以平台聚内容是指利用档案公共服务平台，网罗分布在不同来源、不同形式、不同种类的档案资源，挖掘、发现并建立资源之间的多维联系，在平台上形成丰富立体的、有生长力的档案资源库；并利用平台，在资源输入、输出的流动中实现资源的繁殖和增值，为档案公共服务的实现奠定良好的物质基础。

在新媒体环境下，数字档案资源的状况直接影响着平台内容的质量，影响着档案公共服务的实现。当前我国数字档案资源建设已经取得了很大成就，在数量上有了一定的积累。但是，数字档案资源质量如何、结构如何，是否可用、是否得到了充分利用，是否发挥了其内在的价值等，一系列问题仍然值得深思。比如，数字档案资源仍然以不同档案馆为界，难以共享利用，在数据开放背景下，在日趋关注数据要素流动的今天，档案资源孤岛、档案资源烟囱的瓶颈仍然未被打破，将愈加严重地制约着档案价值的实现，影响着档案资源对社会、对公众的贡献力。以平台聚内容，通过平台，实现国家数字档案资源的整合,打破档案资源孤岛、档案资源烟囱的桎梏,才能更好地实现档案的共享,并更好地为公众服务。恩格斯指出:"当我们通过思维来考察自然界或人类历史或我们自己的精神活动的时候,首先呈现在我们眼前的,是一幅由种种联系和相互作用无穷无尽地交织起来的画面。"①档案的独特价值就在于它蕴含了事物发展和实践活动的"种种联系和相互作用",在档案公共服务中,以平台聚内容,也是聚联系、聚关系的过程,在关联的过程中,各种档案资源的价值才能更好地实现。

此外,也是非常重要的一点,在新媒体环境下,以平台聚内容,还表现为利用平台为公众提供书写、存留记忆的空间,推动形成多元的社会记忆,更加丰富、完整地记录人类的发展历史。

二、以平台融技术

科学技术是第一生产力,在人类文明发展的历史长河中,每一次生产力变革在推进社会发展的同时,也改变了社会关系和社会结构。21世纪以来,互联网、大数据、物联网、人工智能等新一代信息技术对人类社会发展的影响超过以往任何时代。先进的技术,只有被合理利用,与场景匹配,才能真正推动生产力的发展。以平台融技术,是通过平台利用、感知先进技术,使技术赋能实践活动的过程。先进的信息技术为档案公共服务提供了强大的支撑,人们需要根据档案资源的特点、档案公共服务的目标和特点,选择与之相匹配的技术,并实现技术与服务过程的深度融合。

在档案公共服务平台化思维中,强调以平台融技术,应侧重以下几个方面。

首先,对新技术的敏感和关注。现代信息技术日新月异,新媒体环境可谓"瞬息万变",应通过平台将最先进的技术应用到档案公共服务中。长期以

---

① 《马克思恩格斯选集》第3卷,人民出版社2012年版,第395页。

来,面对技术这把"双刃剑",由于受种种因素的影响,在档案管理中对技术始终持相对"谨慎"的态度。然而,数字时代的到来,从档案的生成环境到公众的利用诉求,都被技术包围着,档案管理活动都将越来越"技术化"。平台为技术在档案公共服务中的应用提供了场域,为技术的应用提供了更多的可能,平台本身也是技术的产物,是一种理念思维和工具一体化的产物,应善于将技术为我所用,探求以技术推动档案公共服务创新的思路与方法。

其次,在以平台融技术的过程中,要尤其关注深度融合激活档案价值的相关技术。只有激活,档案才具有生命力,才可能满足公众需求。档案价值激活是一个复杂的过程,需要多种技术支持共同实现。比如,当前,数据融合是一种针对多个来源的数据综合分析处理技术,"通过有效筛选,把在时空上互补和冗余的数据按照某种组合规则进行优化处理,多方位、多层次的数据处理后获得对检测目标的理解、认知及更多有价值的信息"①。在数字环境下,人们所处理的档案呈现出海量、多元、异构等特点,在档案价值激活的过程中,更加多维、全面地呈现档案信息单元的关联,为满足公众多样化的需求提供智力支持,是档案价值激活的重要表现。

再次,拓展应用有助于实现档案共享的相关技术。在档案公共服务平台化思维中,通过平台实现档案资源的可获取、可传递、可重用,平台成为档案公共服务面向用户、服务用户的重要空间,是档案公共服务被感知、被体验的重要场域。数据时代,从整个国家到各行各业,都深刻意识到数据只有在共享中才能实现并创造更大价值,关于数据共享的技术从原则到方法、工具,正在不断丰富和完善,档案公共服务平台应结合档案公共服务产品的特点、服务的实现方式、用户的特点等,精准融入有利于档案公共服务提升的数据共享技术。

最后,信息技术日新月异,新媒体形态不断丰富,以平台融技术的过程应该具有前瞻性、稳定性、动态适应性,在融入布局阶段进行具有前瞻性的论证

---

① 大数据战略重点实验室:《块数据4.0:人工智能时代的激活数据学》,中信出版社2018年版,第124页。

和选择,融入之后注重平台与技术有机交融以及技术应用的有效性,既要保证基本技术框架的稳定,又要动态适应及时吸收最先进、最前沿的新技术。

三、以平台凝智慧

在档案公共服务中,以平台凝智慧,是指以兼容并蓄、吸引吸收的开放思维,将档案形成者、档案管理者、档案利用者等以及所有可能与档案发生关系的公众汇聚集合,在满足其需求、实现其意愿的过程中,积淀智慧,使档案资源因其利用而增值,使档案服务因其参与而增效,平台因智慧的凝聚而深厚。

档案本身有其固有的价值与作用,但与此同时,"我们应该认识到,尚没有任何一个主体能够在数据产生之初就能全面预见其可能蕴含的价值""数据天然就有价值无法事先定义的特征"①,档案的价值亦是如此。以平台凝智慧,可以促使档案所蕴含的未知价值的涌现,有助于实现档案价值的创新。在档案公共服务中,平台要同时为公众获取服务、自我服务、参与服务创造条件,为公众获取资源提供取和用的空间,同时,也为公众智慧和价值的输入提供支持。

在新媒体环境下,以平台凝智慧正在受到各国关注,比如英、美等国家在档案工作中极其重视并挖掘社会力量的积极作用,通过项目化的方式将群众智慧融入档案工作之中;美国国家档案馆认为,作为档案信息的收集和管理者,档案馆有责任为公民提供奉献才智的机会,同时,其不断探索公民参与档案馆相关活动的路径,引导公民档案工作者通过社交媒体平台不断贡献知识型、智慧型脑力劳动;美国国家文件与档案局(署)(NARA)对美国国家档案馆网站进行重新设计时,通过档案社交媒体平台收集公众对改版页面设计及主题内容设计的意见,以使网站更加完善。在国内,上海图书馆的历史文献众包平台、数字人文开放数据平台,也都是以平台凝智慧的探索。在我国档案公共

---

① 大数据战略重点实验室:《块数据4.0:人工智能时代的激活数据学》,中信出版社2018年版,第47页。

服务发展的进程中,档案部门已经愈加重视公众智慧的强大价值,但是利用何种工具、采取何种方法才能更好地实现对公众智慧的凝聚,仍处于探索的起步阶段。以平台凝智慧,档案公共服务平台化思维,有助于推动公众智慧在档案公共服务中价值的实现。

四、以平台提质量

在档案公共服务中,平台化思维源于提升档案公共服务质量,推动档案公共服务的有效实现。通过平台提升档案公共服务质量,表现形式多种多样,公众获得感是最为重要的内容。"获得感"是以人民为中心,坚持以人为本目标的体现[1],公众获得感具有丰富的时代和历史内涵。公众是广泛社会成员的组合,获得是个体成员体验的感受,公众获得感是一个全面的、立体的概念。[2]真正的获得感不仅追求外在的物的获得,还注重内在的意义和价值获得。[3]在新时代背景下和新媒体环境中,公众获得感是衡量档案公共服务的重要标准。档案公共服务的获得感,是指公众对档案公共服务的心理感受、情感体验、价值评判、精神慰藉、理性反思等,这种感知不仅包含了对档案公共服务的满意度,更加体现在感知过程和感知之后的收获(包括物质层面和精神层面),以及对公众未来活动的影响。档案公共服务中的公众获得感,关注档案公共服务对公众的给予,即公众的所获和所得,以及给予—获得过程之中和之后为公众带来的更大的收益。

不同的时代,公众获得感的内容和具体表现有所不同,新媒体环境下通过平台提升公众对档案公共服务的获得感,可从满足公众"刚需"、公众"柔需"、实现深度参与等几个层面展开(见图3-4)。

---

① 新华网:《习近平主持召开中央全面深化改革领导小组第十次会议》,2015年2月27日,见 http://www.xinhuanet.com/politics/2015-02/27/c_1114457952.htm。
② 《学术前沿》编者:《获得感的理论意蕴》,《人民论坛·学术前沿》2017年第2期。
③ 田旭明:《"让人民群众有更多获得感"的理论意涵与现实意蕴》,《马克思主义研究》2018年第4期。

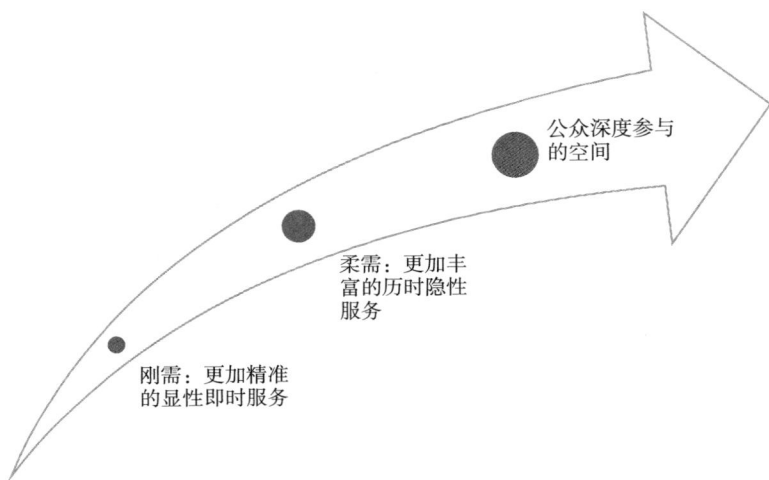

图 3-4 以平台提质量示意图

首先,通过平台,为公众提供更加精准的显性即时服务,满足公众的"刚需"。所谓刚需,是指公众有明确的需求目的和有针对性的需求内容,并能清晰表达,且期望及时满足,比如公众的查找借阅、档案证明等。其次,通过平台,为公众提供更加丰富的历时隐性服务,满足公众的"柔需"。所谓柔需,是指公众在精神层面或潜意识中对档案的需求,这种需求可能暂时未被清晰表述和呈现,往往随着被满足的过程而被不断激活,比如在观看档案展览、收听档案故事的过程中感受中华优秀传统文化,进而在不断提升文化素养的过程中感受到愉悦。最后,通过平台,为公众提供实现其自身价值的持续服务,即为公众提供深度参与的空间,公众通过平台贡献自身力量。"社会的每一成员不仅有可能参加社会财富的生产,而且有可能参加社会财富的分配和管理,并通过有计划地经营全部生产,使社会生产力及其成果不断增长,足以保证每个人的一切合理的需要在越来越大的程度上得到满足"①,为公众提供深度参与档案公共服务的空间和路径,更好地发挥其自身潜能,保障并实现公民权

————————
① 《马克思恩格斯选集》第 3 卷,人民出版社 2012 年版,第 724 页。

利,这是在更高层次上实现获得感的表现。

小　结

新媒体环境下档案公共服务实现范式,是在遵循档案公共服务实现机理的基础上,结合国家发展和新媒体环境而形成的对待和践行档案公共服务的基本框架,为档案公共服务的实现提供直接的指导和推动。本章从同频于社会治理现代化的服务战略、双视角双导向服务模式、开放协同的平台化思维等方面论述了新媒体环境下的档案公共服务范式。

在新媒体环境下,档案公共服务必须与时俱进,顺应时代发展要求。国家治理体系和治理能力现代化,为档案事业的发展提出了新的要求,注入了新的血液。社会治理现代化的思想更是直接地、有力地影响着档案公共服务,树立同频于社会治理现代化的服务战略,在共建、共享、共治的过程中推动档案公共服务的实现,是未来档案公共服务应该遵循的整体脉络。双视角双导向服务模式,有机融合了基于职能导向的服务和基于需求导向的服务,从不同层面、不同维度汇聚并形成推动档案公共服务实现的合力,是未来档案公共服务实现可供参考和借鉴的有效模式。开放协同的平台化思维将潜移默化地影响新媒体环境下档案公共服务的实现,以平台聚内容、以平台融技术、以平台凝智慧、以平台提质量,将体现在服务过程中主体、客体、服务内容、服务方式等方方面面,其既是时代发展的要求,也是档案公共服务自身规律和发展的内在要求。

第四章 新媒体环境下档案公共服务块

本章以"块"为单位,对新媒体环境下的档案公共服务进行归结和分析。块具有立体性,一个整体可以分为若干块,每个块是整体的有机构成部分;同时,块本身也是一个单位,包含着更多基本的单位。结合我国档案公共服务的发展历程,以及档案事物本身性质特点及其相关活动的基本规律,新媒体环境下,档案公共服务可以归结为档案知识服务块、档案公共文化服务块、档案民生服务块和档案技能服务块。在每一块服务中,都包含若干不同层面、不同角度的具体服务,每种服务在具体情境中又有不同的表现形式,这也充分显示了档案公共服务的复杂性。在我国当前的档案公共服务中,不同服务块的表现和状态有所不同,有些被关注和探索的较多,有些较为缺失。在本章的研究中,立足当前我国档案公共服务的现状,结合新媒体环境下档案公共服务实现机理与范式,对档案知识服务块、档案公共文化服务块、档案民生服务块和档案技能服务块四个服务块,分别从起始层、表现域和实现空间进行深入探讨,以使各个服务块的服务更加科学、更加丰盈,进而推动档案公共服务的不断完善和深化。

第一节　档案知识服务块

当今新媒体环境下,知识的价值和作用日趋凸显,公众对各种知识服务的需求不断增强。档案是人类智慧的结晶,具有丰富的知识价值。但当前我国档案知识价值的释放并不充分,档案知识服务也处于起步阶段。档案知识服务块集成了多种不同档案知识服务,融内容、表现、实现于一体,立体地阐释了档案知识服务。

一、初始层：激活档案知识价值

（一）档案具有丰富的知识价值

档案是在社会实践活动中产生的,真实地记录和反映了社会实践活动的发展过程,是最具真实性、可靠性的原生信息,蕴含和积淀了丰富的人类知识,既包含感性的、经验性的知识,也包含理性的、经过验证的科学知识,是大量描述性知识、程序性知识、因果性知识、情境性知识和关系性知识的有机结合。档案因此而具有知识价值,档案的知识价值是档案因其所蕴含和记录的叙述事实、原理规律、技能等方面的知识而具有的有用性与有益性的体现。档案知识价值具有科学性、系统性、创新性和应用性等属性。

英国科学家、哲学家弗朗西斯·培根提出的"知识就是力量"的论断,开启了人类把知识作为一种重要资源的先河。社会文明的发展和进步都离不开知识,它是人类智慧的集中体现,是推动人类社会发展的驱动力。"当代信息技术的广泛使用,使得知识的产生或生产方式带上网络化、电子化等新特点,获取知识成为越来越容易的事情;但使知识成为真正的知识、成为能在后来者的脑海中留下印迹从而成为有生命力有影响力的知识,又是最困难的事情。"①新媒体

---

① 肖峰:《论信息技术时代的三大认识论悖论》,《创新》2016 年第 1 期。

环境下,一方面,知识的数量、知识的生成、知识的传播处于繁荣态势;另一方面,知识的泡沫化现象不断严重,优秀的、经典的、影响力深远的知识成果更加难以形成,用户所需知识质量更加难以控制,获取使用知识的成本和效果不确定性增强。在这种形势之下,更需要激活并释放档案的知识价值,为社会和公众提供、传播优质知识,并降低用户获取和使用档案知识的成本。

知识服务块是多种档案知识服务的集成,它在充分认识档案知识价值的科学性、深入把握档案知识价值的系统性的基础上,激活和强化档案知识价值的创新性,拓展和深耕档案知识价值的应用性,从而不断满足社会和公众的需求,推动人类社会的发展和进步。档案知识服务块包含若干不同层面的档案知识服务,新媒体环境下的各类档案知识服务,也具有了更加多样的实现方式。

(二)档案知识服务在档案公共服务中有待提升

伴随着知识经济时代的到来,知识的价值和作用被日趋重视,知识服务成为档案资源开发与利用的重点和热点。但总体上来看,无论是当前档案知识服务理论,还是在实践中的探索,都亟待提升。综观当前我国档案公共服务,满足用户知识需求尚处于起步阶段。档案知识服务的实现,需要对档案资源的深层开发,需要先进的信息技术的支持,需要大量数字档案资源的支撑。当前我国档案公共服务中,无论是线上还是线下,仍多集中在提供目录、整份档案内容、汇编等未经深层开发的成果,知识服务成果较少。中办、国办《关于加强和改进新形势下档案工作的意见》指出,各档案馆(室)要加强对档案信息的分析研究、综合加工、深度开发,提供深层次、高质量档案信息产品,不断挖掘档案的价值,努力把"死档案"变成"活信息"。在当前已有的对档案知识服务的探索中,企业档案知识服务经验和成果相对较多;面向科研和党政机关决策的档案知识服务较之面向公众的档案知识受到的关注更多。因此,总体上来看,档案知识服务块处于一种相对薄弱的态势,与新媒体环境下公众对档案知识服务需求的日益增长不相吻合。探索和加强档案知识服务块的建设,不断提升档案知识服务能力是新媒体环境下档案公共服务的重要任务。

二、表现域:由表及里的深入与融合

在档案知识服务块中,档案知识服务的表现因需求不一、开发深度不同等而表现出不同的特点和形式,具有不同的作用,可将其视为不同的表现域,档案知识服务块中的知识服务域表现为三个方面(见表4-1):第一域,源于单份档案内容的知识。档案记录着人类社会实践活动,是人类活动"精华"的凝练,是人类智慧的积淀。从每份档案中,人们都能看到关于某一活动的时间、地点、人物、起因、经过、结果等内容,从中人们能够汲取是谁、为什么、怎么样等知识,以满足人们的需求,帮助人们作出正确的判断和决策。源于单份档案内容的知识服务,是最为基础、最为基本的服务类型。通常,准确找到公众所需的档案或者帮助其从档案中找到所需内容,服务即为完成。第二域,源于多份档案关联而梳理、分析出知识内容或知识脉络,这类服务所提供的知识基于对不同时期、不同来源的档案的系统梳理和分析,发现并建立关联,多维地呈现关于某一主题在一定时期或者一定范围内的知识,所提供的知识往往具有一定的时间跨度、空间跨度,覆盖面较广、系统性较强,也是档案知识繁殖的体现。第三域,档案知识融合相关数据、信息而形成。档案知识所包含的往往是形成者自身的知识,是关于"我"的知识,关于"他"的知识较少。此外,从目前档案资源来看,档案中多为关于过去的、历史的知识。因此,档案知识服务过程中,为了更好地满足社会和用户需求,需要将档案知识与相关的各种数据、信息融合,通过分析、挖掘,实现档案知识的增值、裂变和创新,进而为社会和公众带来更大的价值,创造更多的财富。

表 4-1 档案知识服务块表现域列表

域级		表现	特点
第一域	源于单份档案内容的知识	呈现与解读是谁、为什么、怎么样等知识	最为基础、最为基本
第二域	源于多份档案关联而梳理、分析出知识内容或知识脉络	基于对不同时期、不同来源的档案的系统梳理和分析，发现并建立关联，多维地呈现关于某一主题在一定时期或者一定范围内的知识	具有一定的时间跨度、空间跨度、覆盖面较广、系统性较强，也是档案知识繁殖的体现
第三域	档案知识融合相关数据、信息而形成	需要将档案知识与相关的各种数据、信息融合，进行分析、挖掘	实现档案知识的增值、裂变和创新

三、实现空间：确定型精准知识服务与模糊型泛知识服务

从服务的目的来看，档案知识服务块中的档案知识服务包含两个角度：一个是确定型精准知识服务，另一个是模糊型泛知识服务。

知识本身就是一个内涵丰富的概念，至今也没有一个统一而明确的界定。按照不同的标准，知识可分为简单知识和复杂知识、独有知识和共有知识、具体知识和抽象知识、显性知识和隐性知识等。知识自身的复杂性决定了档案知识价值释放的多维性，决定了档案知识服务的复杂性。基于服务目的，可从两个方向进行延展：第一个方向是确定型精准知识服务，是指档案知识服务通过提供特定的、准确的知识，给出答案，直接帮助公众完成决策或者解决问题，针对性强，服务效果明显；第二个方向是模糊型泛知识服务，相对于前者而言，所提供的知识对公众解决问题是一种间接帮助，其未必能直接给出问题的答案，但有助于帮助公众拓展思路、创新思维，为更好地作出决策、解决问题提供智力支持，也是一种知识的积累和积淀，对公众产生的是一种潜在影响。这两个方向的知识服务在知识服务块中都具有不可替代的作用，共同维护着知识服务块的完整性。

在新媒体环境下,档案网站、微博、微信、短视频等为确定型精准知识服务与模糊型泛知识服务的实现提供了广阔的空间,有些档案部门已开始了初步的探索。"冀小兰"是河北省档案馆运营的微信公众号,通过对馆藏档案的合理运用以及对档案内容的解读与深挖,为公众提供了不同类型的档案知识服务。比如河北省成立之后,省会数次搬迁,成为全国省级行政区划中省会驻地变数最大的省份。河北省档案馆制作微视频《省会变迁》,依托其馆藏档案(含若干音频、视频、纸质档案等不同形式的关于省会变迁的各种文件等),有叙有议,生动翔实地向公众传播了关于河北省省会历次变迁来龙去脉的相关知识。又如,推文《让档案发声,推荐"战疫"之术》是在新冠肺炎疫情肆虐期间,河北省档案馆利用其馆藏档案,从知识传递和共享的角度,向社会和公众传授关于传染病防控的措施。虽然这些探索尚有较大的提升空间,但知识服务已初见端倪并愈加受到关注。

第二节　档案公共文化服务块

档案文化服务历来是档案公共服务的重要内容,在长期的发展中积累了大量的经验,形成了丰硕的成果,为新媒体环境下档案公共服务块的建设奠定了良好的基础。综观我国档案公共文化服务建设现状,与档案自身具有的文化价值相比、与公众的文化需求相对照,仍存在诸多亟须提升之处。档案公共文化服务块融公众文化需求、公共服务供给为一体,着眼于提升档案对国家公共文化服务贡献力,探求新媒体环境下的档案公共服务的创新发展。

一、初始层:提升档案对国家公共文化服务的贡献力

文化是一个国家、一个民族的灵魂。国家之魂,文以化之,文以铸之。公共文化服务的发展,有助于社会稳定、和谐,有助于推动社会主义文化的大发展大繁荣,提高全民族文化素质,增强民族凝聚力,为实现中华民族伟大复兴

中国梦提供强大的精神动力和文化支撑。从 2005 年党的十六届五中全会首次提出"公共文化服务"的概念,到 2007 年《中共中央办公厅、国务院办公厅关于加强公共文化服务体系建设的若干意见》的颁布,到 2013 年党的十八届三中全会提出建立"现代公共文化服务体系"的目标任务,再到 2017 年《公共文化服务保障法》正式实施,我国现代公共文化服务体系不断完善和发展。

丁薛祥 2018 年在中央档案馆国家档案馆调研时的讲话中曾讲到,"为什么我们有文化自信?是因为 5000 年来我们的文化没有断流,血脉没有断流,档案资料都能传承下来,这是我们文化自信的深厚历史根基",档案是历史的记载,是中华文化的积淀,是我们文化自信的深厚历史根基。档案具有丰厚的文化价值,档案文化价值的实现有助于社会和公众从档案资源中了解历史、解读历史,传播文化、传承文明;有助于培育公众的优秀品质,提升公众的人文素养。档案公共文化服务块,是通过服务激活和释放档案文化价值,是对不同类型的档案公共文化服务的集成。档案公共文化服务是由档案部门负责,社会多元主体共同参与,以保障公民的基本文化生活权利、满足公众文化需求为目的,向公众提供和档案相关的公共文化产品与服务,包括服务设施、服务资源、服务内容、服务方式等,它既是档案公共服务的重要组成部分,又是整个国家公共文化服务的重要组成。

与图书馆、博物馆等公共文化机构相比,档案部门有其自身的特点,比如除公共文化服务职能外,还有管理以及其他服务职能,但在公共文化服务方面,档案部门与上述机构有着相通之处,并应积极融入国家公共文化服务体系建设,充分发挥自身优势和特色,提升档案对国家公共文化服务的贡献力,不断推动我国公共文化事业的发展。尤其是在新媒体环境下,社会和公众对档案文化价值的诉求不断增强,充分发挥档案特点和优势,提升档案公共服务的文化供给和文化传播能力,以档案公共文化服务传播中华优秀传统文化、生动讲述中国故事、真实回溯历史、弘扬正能量。时代对档案公共文化服务提出了更高的要求,档案公共文化服务块的结构和功能将在档案公共文化服务的传承与创新中被形塑得更加完善。

二、表现域：文化权利的充分实现和服务供给的丰富

从服务属性来看,档案公共文化服务块中的档案公共文化服务涉及两个层面:一是维护和保障公众档案文化权利,比如档案文化参与权、档案文化享有权、档案文化传承与发展权等;二是档案公共文化产品的供给,包括有形的物质层面和无形的精神层面,两个层面互相影响、互相促进(见表4-2)。

表 4-2　档案公共文化服务块表现域列表

域级		表现	特点
第一域	维护和保障公众档案文化权利	档案文化参与权、档案文化享有权、档案文化传承与发展权等	无形性
第二域	档案公共文化产品的供给	档案展览、档案故事、档案游戏、档案技能、服务工具等	有形性、无形性

在我国档案公共服务发展的进程中,以激活和释放档案文化价值的文化服务被持续关注,积累了一定的经验和成果,在推动整个国家文化建设中发挥了不可替代的作用。伴随着我国社会经济的发展和综合国力的提升,人们对精神文化的需求迅速增长,公众需要内容丰富、形式多样的公共文化产品与服务。然而,从当前情况来看,档案馆并未在文化教育、文化建构以及文化化人、文化开智等领域完全体现出其独特的文化优势与影响力。[1] 在当前我国档案公共文化服务的表现域内,从维护和保障公众档案文化权利来看,公众的档案文化权利尚未得到充分彰显,档案的利用权与公布权的种种规定一定程度上制约着公众档案文化权利的深层实现。从档案公共文化产品的供给角度来看,档案公共文化产品主题、种类都可更加多样,"我国档案馆除抗日战争、改

---

① 　周林兴:《论档案馆的文化治理研究》,《档案学研究》2020 年第 1 期。

革开放等家国情怀主题的公共文化服务外,还可提供家族历史、城市记忆等与公众生活息息相关的贴民、乐民的文化服务"①;从产品形式来看,当前我国档案文化产品开发的方式更多的是以"述而不作"的形式开展,鲜有深层次开发的精品②;从影响力看,档案公共文化服务产品在全社会的传播力和影响力均有待提升。在新媒体环境下,档案公共文化服务在两个层面上均应不断深入与拓展。

（一）推动公众档案文化权利的充分实现

在传统的档案公共文化服务中,公众往往是"被动地"接受服务,在新媒体环境下,充分利用新媒体的开放、包容、互动等特点,为公众提供参与档案事务的机会与平台,在参与中推动公众档案文化权利的实现,是对档案公共文化服务表现域第一层面深入和拓展的重要探索。公众参与"泛指公众作为行为主体自下而上介入某一特定的过程并推动其发展的行为,是民主性的体现"③。利用各种社交媒体,为公众创造参与的平台和机会,通过数字化、做标签、著录、转录、参与决策等使公众能够参与到档案对历史的记录、档案对历史的解读等各个环节,使公众有机会表达意愿与诉求、参与和自身利益相关的政策制度的制定等,都是维护和保障档案公共文化权利的具体举措。例如,在美国,公众可以对 NARA 在 GitHub 公布的社交媒体战略提出相关意见,其中就包括档案信息资源的开发规划;④NARA 的历史中心（History Hub）是由国家档案馆管理的一个试验性的众包平台,其目的是为对历史文件感兴趣的用户提供更好的交流与服务,由相关领域的专家学者担任社区管理者,通过提供讨

---

① 黄霄羽、管清潇:《国外档案馆公共文化服务的类型、特点和成效》,《档案学研究》2020年第2期。

② 周林兴:《论档案馆的公共价值及实现策略》,《档案学研究》2019年第5期。

③ 王锡锌:《公众参与:参与式民主的理论想象及制度实践》,《政治与法律》2008年第6期。

④ 周文泓:《公众参与理念下的档案信息资源开发研究》,《档案管理》2017年第4期。

论板、博客等工具将专家和对美国历史感兴趣的研究者集中起来推动公民参与。

（二）提升档案公共文化服务的有效供给

在长期的档案公共文化服务探索中,我国档案部门形成了一定数量的公共文化服务产品,丰富了公众的文化生活。伴随着新媒体日趋广泛的应用,我国档案部门积极探索应用新媒体提升档案公共文化服务的传播力。2019 年,中央档案馆制作并推出"从'五一口号'到开国大典"大型档案文献专辑,精选馆藏珍贵档案文献 240 余件,生动形象地向公众展示了筹建新中国的历史故事,特别是其中开国大典彩色影像档案,备受社会公众关注,深受公众喜爱。多家中央和国家机关官网、主流媒体以及各级政府门户网站等都进行了报道,央视微博"中央档案馆发布开国大典彩色影像视频"一文一度位居微博热搜榜第 2 位,24 小时浏览量达到 3.2 亿。① 同时,中央档案馆国家档案局不断加强对红色档案的宣传,利用新媒体技术,契合公众需求,与中国互联网新闻中心联合推出《新中国这样走来》档案系列节目,以专家解读鉴赏的形式,讲述档案背后的故事,探索提升档案公共文化服务有效供给的新路径。

新媒体具有传播速度快、影响范围广等特点,新媒体环境下,在深入发展档案公共文化服务块的探索中,应不断创新适合新媒体平台的档案公共文化服务产品,充分彰显和释放档案独特的文化价值,以有效供给提升档案公共文化服务对社会和公众的贡献力。

同时,新媒体环境下档案公共文化服务的有效供给还表现为内容和形式与公众文化需求的吻合。近年来,档案微信公众平台已成为展现地方文化特

---

① 国家档案局办公室:《充分发挥档案资源优势 积极营造良好舆论氛围——中央档案馆国家档案局开展多项活动庆祝新中国成立 70 周年》,2019 年 10 月 10 日,见 http://www.zgdazxw.com.cn/news/2019-10/10/content_296837.htm。

色、讲述档案故事的重要平台。[1] 利用微信公众号平台,在内容上选取与公众文化生活息息相关的反映地方文化、城乡记忆的档案素材,以推文、短视频等形式推送给公众,为公众提供有温度、有态度的文化服务,以"有效"提升档案公共文化服务贡献力。比如福建档案微信公众平台,结合地方特色,以"侨批故事"为选题进行推文,通过对"百年跨国两地书"的解读,将海内外华人之间血脉情感、经济往来、文化交融等题材以故事创作手法向公众展现,丰富了当地群众的文化生活,引发了海内外侨胞的情感共鸣。我国档案资源丰富,各级各类档案馆作为"记忆宫殿",是区域文化的积淀与浓缩,在新媒体环境下,在档案公共文化服务块建设的过程中,要充分利用不同的新媒体平台,以公众的视角选素材,为社会和公众提供文化服务。

三、实现空间：虚拟与现实

从服务形式来看,档案公共文化服务包括虚拟空间公共文化服务、实体空间的公共文化服务、虚拟空间和现实空间融合服务。

（一）虚拟空间的档案公共文化服务

虚拟空间公共文化服务是指利用数字技术、网络技术、移动通信技术等,通过电脑、手机等终端,为社会和公众提供档案公共文化产品,比如公众通过档案公共文化服务平台、网站、APP、微博、微信等获取、感知体验和参与的服务。虚拟打破了时空限制,以更多样的方式实现服务,更加满足公众需求,有助于提升档案公共文化服务质量和效果。在新媒体环境下,虚拟空间的档案公共服务具有越来越大的应用和拓展空间,在未来档案公共文化服务中的意义也将进一步彰显。

---

[1]　陈闽芳、陈祖芬：《记忆·情怀·认同：档案微信公众平台的"档案故事"选题策划研究》，《档案与建设》2018 年第 8 期。

"云游"是对虚拟空间所提供的公共文化服务的形象描述。2020 年,面对新冠肺炎疫情,"云游"成为热词,诸多公共文化服务机构通过云游提供服务。比如,各地博物馆纷纷借助自身已有的数字资源与平台开启为公众文化服务的新模式。云游博物馆"使博物馆从业人员重新思考如何盘活馆内文化资源,进一步加深博物馆与社会、公众之间的联系等问题"。2020 年 2 月 23 日,淘宝"博物馆云春游"活动集结国家博物馆、良渚博物院、四川广汉三星堆博物馆、寿光蔬菜博物馆、苏州博物馆、甘肃省博物馆在内的不同类型的八家博物馆,总观看数达到 157.23 万人次。4 月 5— 6 日,故宫线上开启"云进宫"模式,并联合人民日报客户端、新华社、人民网、新华网、央视频、抖音、腾讯新闻等网络平台开展"安静的故宫,春日的美好"直播活动,直播共计三场,据新华云直播数据显示,4 月 5 日下午场累计观看量为 1817.68 万人。① 广大观众通过网络走近故宫,感受故宫的春日之美、建筑之美、空灵之美。很多博物馆推出了形式多样的"云展览",极大地满足了公众的文化需求,丰富了公众的文化生活。近年来档案部门也已开始线上公共文化服务的探索,尤其是 2020 年的国际档案日,我国多地档案馆探索利用云展览、云直播等虚拟空间开展线上文化服务。但较之文博部门,广度和深度上仍有待提升。先进的数字技术为档案在虚拟空间公共文化服务的实现提供了强有力的支持,档案信息化的深入发展为人们探索虚拟空间的公共服务奠定了坚实的基础,档案部门要不断更新理念,创新档案价值的挖掘阐释和传播方式,为档案公共文化服务注入新的生机和活力。

(二)现实空间的档案公共文化服务

现实空间档案公共文化服务是指在特定地点开展的档案公共文化服务,比如档案馆的展览厅、体验室、教室等。现实空间档案公共文化服务为公众和

---

① 中国青年报:《故宫直播"云进宫"线上文博精品不断》,2020 年 4 月 7 日,见 https://bai-jiahao.baidu.com/s? id=1663316009905555941&wfr=spider&for=pc。

档案服务工作者的面对面交流创造了条件,公众亲身实地体验档案公共文化服务和产品,置身于真实情景中感知档案公共服务,现场感和真实感有助于提升公众对档案公共服务的获得感。

　　档案馆是公众体验档案公共文化服务的重要空间,深居机关大院的档案馆正在走出"高墙",走入公众的视野。广州市国家档案馆新馆二期 2018 年 6 月 9 日正式对公众开放,其以"公共文化资源中心和公共文化活动场所"为定位,打造了集历史档案文化与现代文明相结合的多个展厅,其专题档案展厅、大型广州历史记忆展厅、专业化声像档案利用室各具特色,塑造了面向公众服务的高品质现代公共档案馆。其中,《档案广州》历史记忆展讲述了广州从先秦以来 2200 多年的历史故事和人文往事,通过历史名城馆、地图印记馆、生活历史馆、时光隧道展示珍贵档案 500 余件;其中生活历史馆则将清末至改革开放以来的档案资料融入生活场景,述说清末至今广州人衣、食、住、行的方方面面。"触摸可得的史料电影和新潮动画,随意选取出一件件翔实的记忆档案,以体验式空间营造的模式,图文声像环环相扣吸引公众,让观众能在浸入中感受档案的历史文化魅力。"①新馆二期特别设置了声像档案制作室,作为声像档案照片拍摄、音频录制、视频拍摄制作的场所,设有《家族往事》《图说广州》《口述历史—档案纪实》三个访谈区,公众可在声像档案制作室领略各种声像档案制作的全过程,也可以现场体验访谈区的效果,"是市民必游的网红景点"。目前,我国正在建设的新馆都非常注重以公众为中心、以服务为中心的空间设计。现实空间的真实体验感是不可替代的,档案公共文化服务应该更加重视在现实空间拓展完善档案公共文化服务功能,通过软硬件环境的建设,实现档案公共文化服务功能。

　　此外,虚拟空间档案公共文化服务和现实空间档案公共文化服务,各具特色,各有优势,二者应交融并进,比如在虚拟空间中加强对实体空间的理解,随之

---

　　①　黄丹彤、谭静宇:《广州国家档案馆新馆二期开放》,2018 年 6 月 22 日,见 http://www.zgdazxw.com.cn/news/2018-06/22/content_239081.htm。

产生对实体空间服务的需求;同时在现实空间中也可以利用虚拟空间的相关技术,增加实体空间的趣味性、先进性,充实服务内容,提升服务体验。虚拟空间和现实空间的建设都应始终围绕以公众为中心,通过提供访问、反馈、供给、结构性参与等不同层次的服务,全方位维护公众文化权益,满足公共文化需求。

第三节　档案民生服务块

档案民生服务是档案公共服务中最基本的内容,在档案公共服务的发展历程中,虽然以民为本、为民服务的理念早已提出,档案部门也一直进行着为民服务的实践探索,但是,将档案民生服务置于整个社会民生服务的大坐标系中,其从理念到内容再到形式等面临着极大的挑战,档案民生服务块建设亟待加强。在新媒体环境下,档案民生服务对档案公共服务、对人民群众根本利益的保障等影响越来越大,准确定位档案民生服务的角色,在多维立体中延展档案民生服务,充分实现档案民生服务块的价值和功能,才能不断提升档案公共服务的质量。

一、初始层:筑牢档案公共服务之基

民生是民众的基本生存和生活状态以及民众的基本发展机会、基本发展能力和基本权益保护的状况等与人民群众生活相关的总和。党和国家历来高度重视民生工作。党的十七大报告中指出,加快推进以改善民生为重点的社会建设,努力使全体人民学有所教、劳有所得、病有所养、住有所居,推动建设和谐社会。档案从多个维度记录着关于民生的点点滴滴,档案民生服务是档案部门服务民生的具体表现,是档案部门的职责和使命,实现档案民生服务,不仅是时代和社会对档案公共服务的要求,更是档案服务自身所包含的应有之义。民生档案包括各类与民生有关的专门档案,它能够帮助公众解决工作和生活中遇到的实际困难和问题,是维护公民权益和社会稳定的重要工具;同时，"档案资源凭借其原始记录特征和凭证价值成为政府开展公共服务可利用的优质信息"①，它不仅直接服务民生、保障和满足公众需求，也为其他部门更好地服务民生、改善民生奠定了基础。

2007年，国家档案局发布的《关于加强民生档案工作的意见》中指出："必须紧紧围绕以改善民生为重点的社会建设，牢牢抓住服务民生不动摇，围绕服务民生制定发展目标，部署工作任务，整合各类民生档案资源，使档案工作的成果更多体现到服务民生、改善民生上来。"多年来，从对建立民生档案的积极指导，到集中力量优先整理、数字化涉及民生的各类档案，再到尽力确保人民群众可以依法利用已公开的档案资料和政府公开信息，推动档案公共服务均等化，我国民生档案服务扎实推进，不断深入开展。尤其是近几年来，档案部门不断转变思想，积极利用先进信息技术，探索民生服务的新途径和新方式。

民生服务是档案公共服务中最基本、最重要的服务，也是影响公众档案公共服务满意度的最根本因素。档案民生服务应该同步于党和国家服务民生的新理念、新要求，不断创新发展。档案民生服务块是不同形式、不同内容档案民生服务的集成，它秉承当前国家民生服务的基本思想，融合政府民生服务的先进理念，运用各种信息技术，基于档案资源优势，孵化出多维立体的档案民生服务，以保障民生、改善民生。不同的时代，档案民生服务的表现形式也存在差异，新时代、新媒体环境下，档案民生服务的内容、实现方式等有极大丰富和拓展的空间。档案民生服务块需通过完善、创新档案民生服务，提升服务质量，更好地满足社会和公众需求，在机遇和挑战中发挥好其最基本、最重要的服务职能。

---

① 蔡盈芳、樊凡、虞香群：《基于公民生命历程的政务档案信息整合利用模型设计》，《档案学通讯》2020年第1期。

二、表现域：保障性公共服务和"保健因素"角色

（一）保障性公共服务：档案公共服务之本

档案民生服务属于保障性公共服务，是档案公共服务之本。随着我国经济社会的发展，公共服务的内容不断丰富和扩展，公民对公共服务的需求层次也有所不同，并不断提升，从保障最基本的生存、发展权利转向追求更高质量和更高层次的公共服务。按照公民对公共服务的基本需求、政府提供公共服务的最小范围等标准，公共服务可分为保障性公共服务和发展性公共服务。① 保障性公共服务在于保障公民基本的人权，即生存权和发展权，是一定社会经济发展阶段下公民应该享有的公共服务的"最小范围"的边界，或者是某些学者所称的"最低纲领"。② 发展性公共服务相对于保障性公共服务而言，是在一定社会经济发展阶段下公民应该享有的公共服务的最小范围以外的公共服务，是满足全社会或某一类群体共同的、直接的、更高层次权利的服务过程。在档案公共服务中，档案民生服务关系到公民的切身利益和基本权益，是保障性公共服务，是公众应该享有的"最小范围"的服务，公众档案民生服务的需求多是解决与切身利益密切相关的问题，比如通过查阅户籍档案、房地产档案、婚姻档案等获得自己的权属证明，维护自身利益，然后进一步实现个人的其他权益。通过档案民生服务满足公众的这些基本需求，为公众提供获取和利用这些信息的服务，至关重要，如果公众的这些基本需求不能被很好地满足，其他更多权利的实现将受到影响和制约。

（二）档案民生服务的"保健因素"角色

档案民生服务在整个档案公共服务中扮演了保健因素的重要角色。在赫

---

① 陈振明：《公共服务导论》，北京大学出版社 2011 年版，第 65 页。
② 卢映川、万鹏飞：《创新公共服务的组织与管理》，人民出版社 2007 年版，第 100 页。

兹伯格的双因素理论中,提到了激励因素和保健因素对人在工作中产生的不同影响,同时将导致不满意的外在因素称为保健因素,将增加满意度的内在因素被称为激励因素。"一些内在的因素与员工对工作的满意有关,而一些外在的因素则与员工对工作的不满意有关",并指出"满意的对立面并不是不满意,消除了工作中的不满意因素并不一定能使工作令人满意"。双因素理论还涉及激励—保健因素的分析、满意—不满意关系的探讨等诸多问题。

在档案公共服务中,民生服务块在整个档案服务中扮演着一种"保健因素"的角色。档案部门对公众所提供的民生服务具有不可替代性,是公众在其他部门无法获取和得到满足的,因此,公众往往基于对档案民生服务的状况而对档案公共服务乃至档案事业等做出的判断,并形成认知图式。在档案公共服务中,对公众而言,民生服务做好了,公众会认为这是档案部门的职责所在,其"做了应做之事、尽了应尽之职",避免的是公众对服务的不满,未必能提升公众对档案公共服务的满意度;但是,如果民生服务质量低、未能很好地满足公众需求,通常会激起公众对档案公共服务极大的质疑和不满,导致公众对其他档案公共服务无视,甚至是对档案公共服务的全盘否定。因此,只有首先把民生服务做好了,才能消除公众对档案公共服务的不满,才能为档案公共服务赢得公众赞誉奠定良好的基础,才能从真正意义上提升公众的满意度、获得感。可见,档案民生服务块更直接地、在更深层次上影响着社会对档案公共服务的理解和认知。筑牢民生服务之基,其他档案公共服务将"事半功倍";反之,档案民生服务之基脆弱,其他档案公共服务极易面临"独角戏"的尴尬。

三、实现空间:在多维立体中延展

按照民生档案信息资源自身及其服务体系建设的发展状况,民生档案资源整合与服务的发展过程可大致分为资源整合时期、资源融合与协同服务平台建设时期、服务创新时期三个阶段,①其中第一阶段(2008—2010年)的主要工作是档案信息的汇集及民生档案信息检索系统的建立;第二阶段(2010—2013年)的主要工作是民生档案"协同服务机制"的建构与运行,部分地方实现区域内、区域间的信息资源共享;第三阶段(2013—2016年)的主要工作包括"解决前一阶段工作产生的专项问题"及"探索互联互通互信社会服务新模式"两个部分。② 但是,由于我国政治经济文化等发展的不平衡,各地档案工作发展的不均衡,档案民生服务也存在处于不同发展阶段、整体发展不平衡的现象,不同区域间、不同档案部门,档案民生服务能力仍存在较大差异,比如长三角地区档案民生服务实践创新探索较多,取得了丰富的成果,极大地提升了其档案公共服务能力。

当下,国家更加坚持和贯彻以人民为中心的发展思想,社会和公众对档案民生服务有了更多的期待和更高的要求;与此同时,随着我国数字档案馆建设的深入发展、新媒体技术的广泛应用、"互联网+电子政务"的不断推进,新媒体环境为档案民生服务的实现提供了更多的支持。档案民生服务块需要立足新形势,充分利用已有的发展基础,面向社会、面向公众,完善原有服务中的薄弱部分,调节和优化自身结构与功能,通过在多维立体中延展实现空间,不断提升档案公共服务质量和服务水平。在多维立体中延展档案民生服务的实现空间,主要表现在进一步推动档案民生服务内容丰富化、不断提升档案民生服务获取便捷化、重视实现档案民生服务利用均等化等几个方面(见图4-1)。

(一)进一步推动档案民生服务内容丰富化

2010年杨冬权曾提出,实施"以人为本"战略,重点在档案资源建设上有

---

① 宋懿、安小米:《信息惠民视角下的民生档案整合与服务研究》,《档案学研究》2016年第1期。

② 宋懿、安小米:《信息惠民视角下的民生档案整合与服务研究》,《档案学研究》2016年第1期。

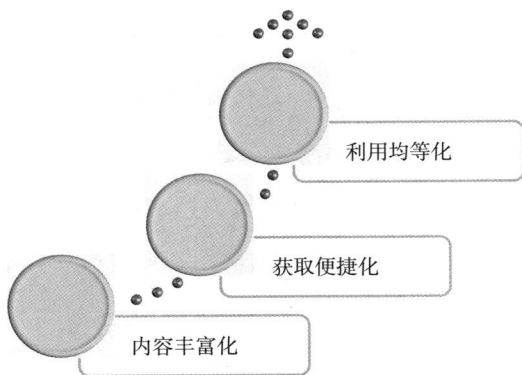

图 4-1 档案民生服务实现空间延展图

普遍改进,全面完善覆盖人民群众的档案资源体系。从 2011 年开始,各级国家档案馆扩大接收范围,调整接收时限,以民生档案资源为重点,进一步丰富档案内容,完善馆藏结构。2011 年 10 月,国家档案局印发了《国家基本专业档案目录》,该目录的出台加大了各专业主管部门和各级档案行政管理部门对重点专业档案项目的监管,有助于更好地满足各项事业和人民群众基本需求,建立覆盖人民群众的档案资源体系。经过多年的努力,我国民生档案资源建设取得了较大的成果,为档案民生服务的开展奠定了坚实的基础。但是,民生档案是一个极其庞大的体系,涉及不同机关、多个部门,当前大量的民生档案资源仍散乱分布于各个行业、各个领域,虽然近年来致力于民生档案资源的整合,但是由于标准不统一、数字化程度不统一、安全等问题,使得原本丰富的民生档案资源不能被充分共享和利用,民生档案可查询项少、覆盖范围不够广等现象普遍存在,有悖于档案民生服务目标的实现。因此,在未来的民生档案服务块建设中,应加快民生档案资源数字化,协调各相关机构推动民生档案资源的共建共享、互联互通,使服务内容不断丰富,在不损害国家和集体利益、个人隐私的前提下,尽可能满足公众需求,为公众解决问题、维护权益提供保障。

（二）不断提升档案民生服务获取便捷化

在档案民生服务发展的进程中，从传统的到馆查档用档，到电话、网站预约，再到当下的利用微信、APP 等跨馆、跨地区远程查档用档，档案民生服务的实现方式不断多样化，先进的信息技术为档案民生服务的实现提供了强有力的支持。当前，全国越来越多的省市、部门都加快推动数字化、信息化建设，上海的"一网通办"、浙江的让群众"最多跑一次"、江苏的"不见面审批"等电子政务建设的推进，既对档案民生服务提出了更高的要求，也为其服务的便捷化提供了更广阔的实现空间。上海市档案局推出民生档案"不见面办理"服务，市民可通过"随申办"APP、"随申办"微信小程序和支付宝小程序，手机在线申请查询 18 类民生档案；2019 年底，宁波市鄞州区档案馆全面启用"可信认证+人脸识别"系统，在全省率先实现"刷脸"查档。不断提升档案民生服务的便捷化，一方面应打破时空限制，另一方面应简化操作、优化流程，方便、快捷、人性化地满足公众利用民生档案的需求。在新媒体环境下，档案部门应充分利用各种终端和平台，通过宣传档案民生服务，让公众方便地发现、触达服务平台；结合档案资源的特点和公众对民生档案利用的需求，实现公众对民生档案低成本、高效率的"即取即用"。微信、APP、小程序等移动终端，以及不断出现的各种智慧化终端，都将不断为档案民生服务的便捷化注入新的活力，档案部门应通过创新应用、深入应用，提升服务的便捷化。

（三）重视实现档案民生服务利用均等化

档案公共服务均等化是在公平原则和档案事业发展平均水平的前提下，在尊重公民自由选择权的基础上，为满足全体社会成员的档案需求，提供基本均等的档案服务。[①] 其包括两个方面的含义：一是通过有效的制度安排、管理

[①]　郑金月：《档案公共服务均等化》，《中国档案》2016 年第 9 期。

机制和技术手段等,使城乡、区域、居民之间享有档案公共服务的机会均等、受益大体相等;二是在尊重公民自由选择权的基础上,满足人们不同的档案需求。① 近年来,档案民生服务均等化正在被不断关注,档案部门进行了初步的创新探索,表现在将服务延伸覆盖到基层、边远农村,关注特殊群体、关注弱势群体等。其中,张家港档案信息资源互联共享已全面实现市、镇、村的三级覆盖,"15 分钟档案利用服务圈"基本形成,并将民生档案查询服务延伸到村级便民服务终端机,实现一机查询、一键打印,为群众提供了更加便捷高效的档案服务渠道。② 福建省三明市为偏远村提供村级档案数字化副本,探索将档案信息送到"田间地头"方便农民对档案的利用。上海浦东新区档案馆充分满足不同年龄段、文化程度和工作生活方式人群的档案利用需求,推出了"民生档案进社区""查档不出村""就近取件"等便民服务;其关注特殊人群的需求,顺应该地人口老龄化趋势,主动与养老院相关部门对接,将服务向养老机构拓展。但整体上来看,在我国,各地区、各领域存在着档案事业发展不平衡的现象,档案民生服务均等化的实现任重道远。在未来的档案民生服务块建设中,档案部门应该注重结合实际,注重打破城乡差距、区域差距、人群差距等,从制度设计、资金投入、方式方法、需求分析等多方面,确保公众能公平地共享可供利用的民生档案资源以及各种产品和服务,对于社会弱势群体,应关注其需求并有针对性地提供更加人性化的服务,避免服务中的马太效应。

第四节　档案技能服务块

　　档案技能服务块是数字时代档案公共服务的新领域,传统档案公共服务

---

　　① 郑金月:《档案公共服务均等化》,《中国档案》2016 年第 9 期。

　　② 黄惠珍、孙静、孙晓霞、陈波:《力推档案共享同绘协作蓝图——江苏省张家港市民生档案共享服务工作纪实》,2019 年 10 月 29 日,见 http://www.zgdazxw.com.cn/news/2019－10/29/content_297784.htm。

更多的关注依托档案资源而生的服务,档案技能服务依档案专业知识、专业素养而生,为公众提供专业智力支持,在一定意义上是档案公共服务中的新生事物。在新媒体环境下,社会和公众对档案技能服务的诉求不断凸显,档案技能服务块还是一片刚刚被开垦的新领域,但其意义重大,对档案公共服务的实现影响深远。

一、起始层:深耕数字时代档案公共服务的新领域

档案伴随着人类社会实践活动产生,社会公众、组织、社会团体等都是实践活动的记录者,都是档案的形成者。在新媒体环境下,人类社会活动产生的记录越来越多,人们希望存留的记录越来越多,个人、组织和社会团体希望对其妥善保管、有效利用,留住、传承并不断激活记录中关于个人的、家庭的、组织的记忆。个人档案、家庭档案、企业档案……,照片档案、声像档案、数字档案……,不断走进公众的视野,档案"泛存在"正在成为新媒体时代的常态。

从社会公众的角度而言,对档案的有效管理正在成为其渴望获取的一项基本技能,他们不需要档案从业者精深的专业技能,但希望对"关于我"的档案能够进行科学的收管存用,希望在自己力所不及的时候得到专业的指导和智力支持。同时,社会公众为了更好地参与档案事务,也需要必要的知识和技能,渴望得到专业支持。从档案部门来看,提升社会公众的档案技能和素养,有助于多元社会记忆的构建,有助于"公众书写"的更好传承,有助于完成档案部门"管不了""做不好"的工作,也有助于提升公众参与的效果。在新媒体环境下,不同组织团体、个人在实践活动中所产生的数字记录激增,如何识别出有保存价值的记录并妥善保管、有效利用等一系列的问题正在困扰着众多的组织和个人,每个人都在建立在线档案,在这个新的数字世界,职业档案工作者应该成为辅导员、宣传员、教练员,为他们提供平台、产品或技术支持。

在档案技能服务块中,通过服务使档案工作中有益的思想、科学的方法惠及更多的公众,授之以鱼并授之以渔,这是值得未来档案公共服务深耕的领域。档案技能服务块是档案部门向社会和公众普及档案知识、传递专业思想、传授专业技能,提供帮助、咨询、指导等有形产品和无形服务的集成。它帮助公众解决在生活和工作中遇到的档案专业问题,同时也在提供帮助和指导的过程中提升社会档案意识,提升公众档案素养。在上述其他各个服务块中,档案公共服务的实现更多的以档案资源为依托,在档案技能服务块中,更多的以档案部门和档案工作者的专业知识与技能为依托提供产品和服务。

二、表现域:档案技能服务的"动车效应"

档案技能服务块的服务功能,具有"动车效应",不仅有助于档案公共服务实现和档案公共服务质量的提升,更有助于推动整个档案事业的发展。所谓动车效应,是指传统的列车,动力来自机车(火车头),通过机车牵引列车运行,机车自重很大,牵引启动需要很大的摩擦力,也比较耗费燃油和电力,所以不易高速运行;而动车将列车的动力单元由一个变为多个,每节车厢下都有电机可以提供动力,这是实现动车高速的一个重要原因。档案技能服务,以服务的形式,将档案技能传递给社会广大公众,恰恰犹如动车为所有车厢赋能的过程,不仅提升了公众的素养,也更有助于国家和社会档案价值的实现。

(一)档案技能服务重要性凸显

在传统档案公共服务中,档案部门侧重于依托自身档案资源,通过档案的开发利用,为公众提供服务,在公共服务提升过程中,侧重提高自身能力,强调在服务产品上做文章。这是档案公共服务的重要内容,也是提升档案公共服务的重要举措,在未来档案公共服务中仍应传承和深化。但与此同时,在数字时代,档案工作横无边界、纵无止境、日趋广泛的特点更加突出,也应拓宽视野、创新思维,根据现代档案工作的特点,开拓档案公共服务的新领域,通过档案技能服务提升社会和公众的自服务,在不断优化档案公共服务环境与氛围中更深入、更全面地实现档案公共服务的目标。当前档案部门已经愈加注意到多元主体在档案公共服务中的重要性,并作出了积极探索。但其中,参与主体的档案能力、档案素养,直接影响其在参与过程中作用的发挥,而在数字环境下,档案管理活动的专业性不断增强,主体对技能服务的需求也不断凸显。因此,通过档案技能服务,为多元主体赋能、为档案形成者赋能,由此产生动车效应,实现对档案的更有效管理和利用,更好地挖掘和发挥档案价值,是需要档案公共服务深耕的新领域。

(二)探索档案技能服务实现形式的多样化

结合新媒体环境的特点,利用不同的平台和工具,档案技能服务可表现和延伸到方方面面,从服务形式来看,既可以有正式的服务,比如定期组织的学习培训,也可以有非正式的沟通交流,比如利用社交媒体平台实时为公众解答各种专业问题。从服务内容来看,可利用网站、直播等针对公众常见问题进行档案专业知识的传播,可利用论坛进行相关问题的讨论、档案知识的共享,可运用各种圈群进行深层有针对性的交流互动等。在英国国家档案馆网站上,其设置了专门板块为不同类型文件档案形成者提供指导和服务,尤其是针对数字记录的保管和利用;还有指导家庭照片档案保管的博文,以平实、简洁的语言讲解保管的小技巧。在美国国家档案馆网站上,在档案保护栏目下,设有如何保护家庭档案的相关内容,为公众提供保护和修复家庭档案的指导,步骤清晰、图文并茂,这些都是档案技能服务的具体表现。

三、实现空间:务实服务与务虚服务的交互

档案技能服务的实现形式多种多样,彼此交织,可将其划分为档案技能务虚服务和档案技能务实服务两大类(见图4-2)。

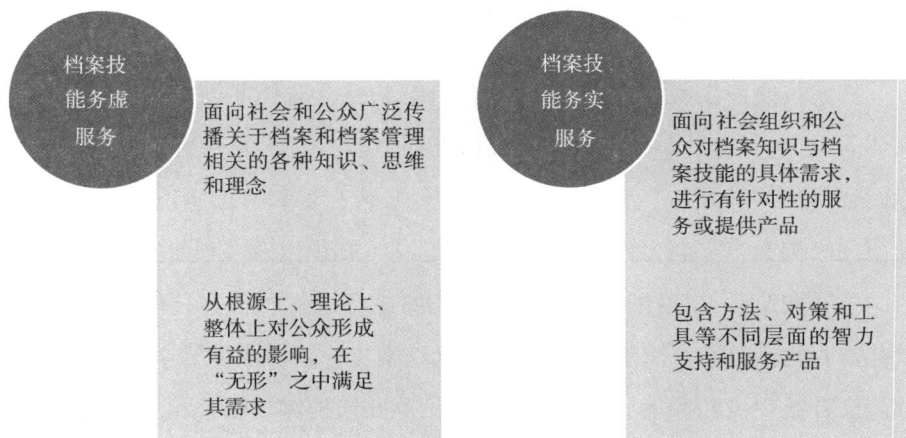

图4-2　档案技能服务空间分析图

（一）档案技能务虚服务的实现

档案技能务虚服务是指面向社会和公众广泛传播关于档案和档案管理相关的各种知识、思维和理念，从根源上、理论上、整体上对公众形成有益的影响，在"无形"之中满足其需求。由于受各种因素的影响，当前我国社会和公众对档案、档案价值、档案工作等的理解，与其"应然"状态仍有一定的偏差，这已成为影响档案公共服务效果提升的障碍，成为影响我国档案事业发展的瓶颈。这并不是说要让每一位社会公民都成为档案行家，但是，档案形成于每一位公民的实践活动，在现代社会中，对关于"档案是什么、档案有什么价值、会如何影响我"等一系列问题的认识，越来越直接地影响着公众的自我发展、权益的维护等。形成对档案及对档案管理的正确认知，具备一定的档案意识和档案素养，有助于对公众的生产生活、工作学习等产生有益的影响。档案技能务虚服务是一个通过柔性传播档案知识对公众进行潜移默化的影响，提升其档案素养的过程。

（二）档案技能务实服务的实现

档案技能务实服务，是指面向社会组织和公众对档案知识与档案技能的具体需求，进行有针对性的服务或提供产品，包含方法、对策和工具等不同层面的智力支持和服务产品。比如英国档案志愿者在参与志愿项目的过程中，英国国家档案馆都会为其提供关于项目的基本知识以及在项目完成中必备技能的指导和服务，以帮助其更好地完成志愿服务工作。档案技能务实服务不仅能够直接满足公众需求，也有助于推动档案工作目标的更好实现，我国档案部门已开始积极的探索。自2017年以来，苏州市档案馆联合相关部门共同加强未成年人成长档案建设工作，他们积极发挥档案专业优势，深入学校向老师、家长、学生提供档案业务咨询与指导，帮助家长、学生掌握成长档案的建档方法，并借助民政部门的力量加强与社区、家庭的合作，开展未成年人成长档案建设宣传活动，让成长档案走进家庭，拓展和谐社区的服务空间。未成年人成长档案不仅是对未成年人及其家庭点滴变化的准确记录，更是对新时代培育和践行社会主义核心价值观"从家庭做起，从娃娃抓起"实践历程的全面展现。苏州市档案馆加强未成年人建档工作恰恰是在档案技能服务的过程中实现的。此外，沈阳市档案馆网站上，开设有"家庭档案"专栏，为公众提供记录家庭历史，传承家庭文明的服务，其中既有关于家庭档案管理的常识和指导手册，也为公众上传档案提供了空间。档案公共技能务实服务，既帮助公众直接解决了实际问题，又提升了其档案素养和档案技能，也推动了档案公共服务的发展。

小　　结

档案公共服务是一个整体的概念，本章以"块"的视角，立足于当前档案公共服务的发展，结合档案公共服务实现的机理和范式，将档案公共服分为档案知识服务块、档案公共文化服务块、档案民生服务块和档案技能服务块,并按照起始层—表现域—实现空间的线索,对每个服务块进行了探讨和分析。其中,在起始层分析每个服务块为什么存在,以及未来的发展方向;在表现域分析该块服务的重点内容;在实现空间探讨可操作的实现形式。在档案公共服务的发展历程中,四个服务块都有各自的发展过程;在新媒体环境下,四个服务块都面临着新形势和新要求,面向未来发展,其起始层、表现域和实现空间也各具特色,需要具体问题具体分析。档案公共服务的实现,需要不同服务块的共同推动,任何一块的短板和缺失,都将影响档案公共服务目标的实现。

第五章 新媒体环境下档案公共服务实现路径

　　档案公共服务的实现路径是从微观操作层面探讨档案公共服务的具体实现。新媒体环境为档案公共服务的实现提供了更加广阔的空间,同时也使其面临一系列的挑战和考验。新媒体环境、档案公共服务的现状、档案公共服务实现的机理与范式等,都直接影响着档案公共服务的实现路径设计。本章以储能—赋能—释能为脉络(见图5-1),探讨档案公共服务实现的路径。储能是档案公共服务实现的基础,建设一个开放的、多元的数字档案资源体系,为档案公共服务储能,是档案公共服务实现的首要环节;赋能是档案公共服务实现的关键,档案叙事赋能、知识融合赋能、先进技术赋能是三种重要的赋能策略;释能是档案公共服务实现的最可见、最外在的"端口",档案公共服务通过多种释能形态外化,传统的释能形态与现代释能形态有其各自的优势和特点,释能应在传统与现代交融的百花齐放中推动档案公共服务不断走向深化并实现创新发展。

第一节　储能:建设一个体系

　　资源为王是信息服务遵循的不变的硬道理。档案公共服务实现的过程

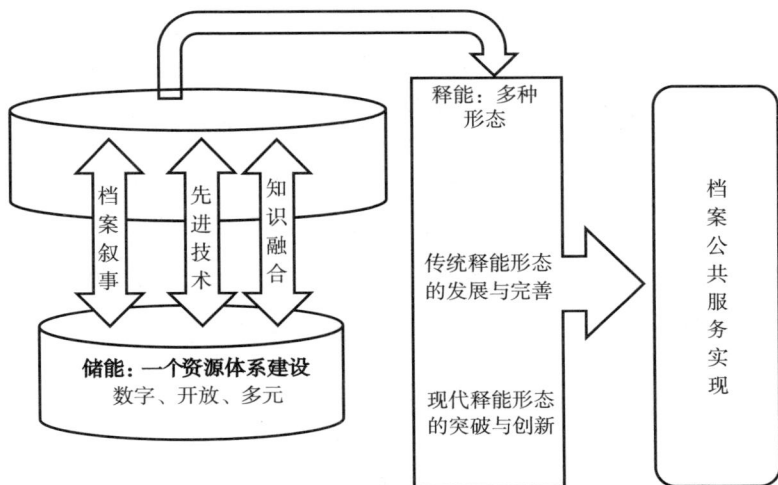

图 5-1　新媒体环境下档案公共服务实现路径图示

中,资源是孵化产品的原材料,是档案公共服务的基础。"拥有什么样的资源"直接影响和决定着档案公共服务的内容,"提供什么样的资源"直接影响着档案公共服务质量和水平。上述档案知识服务块、档案公共文化服务块、档案民生服务块、档案技能服务块服务功能的实现都离不开档案资源的支撑。新媒体环境下的档案公共服务对档案资源建设提出了更高的要求,从资源形态来看,需要越来越多的数字化、数据化资源;从资源内容来看,需要满足公众多维需求的丰富多元的资源结构;从资源获取来看,需要越来越多的面向公众开放、可自由获取和利用的档案资源。因此,加快数字档案资源建设、完善多元档案资源结构、推动档案资源开放进程,建设一个与新媒体环境下档案公共服务实现相匹配的资源储能体系,成为服务实现的首要环节。

一、加快数字档案资源建设

良好的档案公共服务必须以丰富的档案资源为前提。在新媒体环境下,越来越多的档案公共服务以档案网站、微博、微信等新兴媒体为平台,以电子形式来进行,数字档案资源建设越来越成为新媒体环境下档案公共服务的重要决定因素。

档案部门赖以开展公共服务的数字档案资源主要分成两个部分:一是实践活动领域直接生成的原生数字档案,二是将档案部门保存的传统档案数字化,从而形成的数字档案资源。无论是前者还是后者,近年来,国家档案部门都进行了积极探索,取得了一定的成绩,为新媒体环境下的档案公共服务奠定了基础,但是与经济社会信息发展速度相比,与广大人民群众的档案需求相比,无论是在发展速度还是在应用规模上,都仍存在一定的差距。

(一)我国数字档案资源建设的发展历程

1. 原生数字档案资源的形成和管理

从20世纪80年代后期开始,我国档案部门就已开始关注办公、科研、生产等各个领域产生的电子文件的归档和管理问题;进入90年代之后,档案部门开始制定更多的有关电子文件归档与管理政策,并开展了一系列有关电子文件归档与管理的行动,推动了原生电子档案资源建设。这一过程大体经历了四个阶段。

一是初期探索阶段。从20世纪90年代开始,档案部门多参照传统纸质文件管理与保护的办法,通过制定、实施《电子公文归档管理暂行办法》《电子邮件管理基本规则》《电子文件归档与管理规范》等规章和标准,设计了电子文件管理的流程,对电子文件的形成与积累,归档、检测与整理,移交、接收与保管等都提出了明确的规范性要求。此时虽然开始直接归档与管理电子文件,但是与其对应的纸质形式的文件也必须归档和管理,于是同样内容的档案有了电子形式和纸质形式的两套,即所谓的"双套制"。

二是部门合作阶段。从当前我国文件和档案管理体制来看,文件在整个生命周期中阶段性比较明显,其一是文件管理阶段,即文件的形成、办理阶段,这个阶段主要在秘书部门、业务部门;其二是档案管理阶段,即文件办理完毕之后进行归档,移交档案部门。在这一阶段,由于技术发展十分迅速,而电子文件生成与处理的规则还没有完全建立起来,档案部门又缺乏有效的前端控制手段,造成电子文件的生成质量参差不齐,由此也导致了电子档案管理的困难。

2009 年,国家成立了由文件管理、档案管理、信息技术、保密管理、标准化管理、财政管理等 9 个部级主管部门组成的"国家电子文件管理部际联席会议"。在部际联席会议的主导之下,制定实施了一系列有关电子文件管理的政策和标准,档案部门在这个过程中,充分发挥自身作用,把其协调能力向前延伸,在电子文件形成阶段对其质量进行"干预",从而使其在生成和办理阶段就能符合档案部门的要求。也正是在这一阶段,在国家电子文件管理部际联席会议办公室的主导之下,有关部门组织力量,制定了一系列有关电子文件形成和管理的国家标准,如《党政机关电子公文格式规范》《党政机关电子公文标识规范》《党政机关电子公文应用接口规范》《党政机关电子公文元数据规范》《党政机关电子印章应用规范》《党政机关电子公文系统建设规范》《电子文件存储与交换格式版式文档》等。在这一系列工作的基础上,后来国家又发布了《党政机关电子公文处理工作办法》,对电子公文要素、电子印章、电子公文系统、电子公文管理等作出了明确规定,党政机关电子公文系列国家标准规定的思想以法规形式确定下来,实现了电子公文办理的规范化,为电子档案形成的规范化奠定了基础。

三是有序推进阶段。在"国家电子文件管理部际联席会议"的支持下,2012 年国家档案局制定了《电子档案移交与接收办法》,对电子档案移交接收的职责、时间、流程、数据组织、交接手续等进行了规定。为了验证这套办法的有效性,国家档案局在 8 个地方开展了电子档案移交和接收的试点。在试点过程中,开发了"电子档案移交与接收示范系统",起草了《重大建设项目电子文件和电子档案管理办法》《电子档案长期保存办法》《电子档案数据组织与存储方案》《电子文件长期保存需求规范》《电子档案元数据实施方案》《电子档案检测方案》等。2014 年,国家档案局专门召开会议,对试点工作进行总结,并在全国推广试点工作经验。在试点过程中,在国家档案局的组织下,一些地方探索电子文件在线归档和电子档案在线接收的办法,并取得了显著成效。

四是单套推进阶段。经过多年探索,我国逐步建立了一套有关电子文件和电子档案管理的系列标准,从文件的生成、办理、归档到电子档案的移交、接收和长期保存,基本有章可循。在党的十九大以后,国家推动"放管服"改革,各个地方实现电子档案单套管理的呼声日益强烈。国务院办公厅《关于加快推进与政务服务"一网通办"不相适应的法规规章修订等工作的通知》要求,档案部门会同有关部门适应形势的需要,对有关档案法规进行修改。2019 年1 月,国家档案局修改第 6 号令,发布第 14 号令,其中规定:"符合国家有关规定要求的电子公文可以仅以电子形式归档。电子公文归档应当符合电子文件归档和电子档案管理的要求。"[1]2019 年 4 月,国务院第 716 号令发布《关于在线政务服务若干规定》,明确规定:"政务服务机构对履行职责过程中形成的电子文件进行规范管理,要按照档案管理要求及时以电子形式归档并向档案部门移交,除法律、法规另有规定外,不再以纸质形式归档和移交。符合档案管理要求的电子档案与纸质档案具有同等法律效力"[2]。新修订的《档案法》第三十七条规定:"电子档案应当来源可靠、程序规范、要素合规。电子档案与传统载体档案具有同等效力,可以以电子形式作为凭证使用",电子档案的法律效力进一步得到明确,电子档案仅以电子形式进行保存有了更加坚实的法律保障。

---

① 国家档案局:《国家档案局第 14 号令〈国家档案局关于修改《电子公文归档管理暂行办法》的决定〉发布》,2019 年 1 月 11 日,见 http://www.saac.gov.cn/daj/tzgg/201901/6e8c79c-08ff449bcb24fc285c6442d70.shtml。

② 中国政府网:《中华人民共和国国务院令第 716 号》,2019 年 4 月 30 日,见 http://www.gov.cn/zhengce/content/2019-04/30/content_5387879.htm?_zbs_baidu_bk。

正是在国家有关电子档案管理的法规标准日益完善的情况下,国家档案局联合有关职能部门,在某些专门领域开展了电子档案单套管理的多个试点。例如,从 2013 年开始,国家发展改革委联合财政部、农业农村部、商务部等多个部门提出"推动电子商务企业会计档案电子化试点工作"。2018 年 8 月,海关专用缴款书实现直接以电子形式归档,不再打印成纸质形式。进入 2020 年之后,国家档案局推动电子档案单套管理的力度明显加大。3 月,国家档案局与财政部发布了《关于规范电子会计凭证报销入账归档的通知》,会计凭证类的电子文件可以仅以电子形式报销、入账、归档,不再打印成纸质形式。4 月,国家档案局与交通部、财政部、税务总局又发布了《关于收费公路电子票据开具汇总等有关事项的公告》,收费公路电子票据也可以仅以电子形式报销、入账、归档;同时,国家档案局联合国务院办公厅电子政务办公室、国家电子文件管理部际会议办公室再次发出通知,在 30 家左右的党政机关中开展电子文件与电子档案单套归档与管理试点。

虽然电子档案全面单套制管理尚未实现,但各地在探索过程中也接收了数量相当可观的原生数字档案进馆。根据全国档案事业基本情况统计年报的数据,截至 2018 年底,纳入国家档案局统计范围的全国各级各类档案馆、机关档案室和企业事业单位档案部门保存的文书类电子档案数据容量达2483410.8TB,保存数码照片的数据容量达到了 110298.7TB,数字录音录像的数据容量达到了 91603.2TB。[1] 越来越多的电子文件实现规范形成和管理,越来越多的电子档案被接收进档案馆保存,原生数字档案资源越来越丰富,为开展新媒体环境下的档案公共服务奠定了坚实的基础。

2. 大规模档案数字化的开展

传统档案资源数字化是数字档案资源建设的重要内容,也是近些年来国家档案局和各地档案部门大力推动的一项重要工作。档案数字化在 20 世纪

---

① 中国统计局:《档案统计数据》,2019 年 6 月 30 日,见 http://data.stats.gov.cn/easyquery. htm? cn=C01&zb=A0Q0Y&sj=2018。

80 年代后期已经开始,当时多是各个单位小规模地进行探索。当前,推动档案数字化已经成为国家档案行政管理部门推动全国档案事业发展的重要内容。2002 年的《全国档案信息化建设实施纲要》中,国家档案局提出要加快全国档案信息化建设,推动实现馆藏档案数字化。在此之后的三个五年规划中,档案数字化都是其中的重要内容。《全国档案事业发展"十一五"规划》中提出,要在 2006—2010 年间建设全国性、系统性、分布式、规范化的档案信息资源库群,建设数字档案馆,实现档案信息资源社会共享。《全国档案事业发展"十二五"规划》中提出,要在 2011—2015 年间加快数字档案馆及电子文件(档案)备份中心建设。《全国档案事业发展"十三五"规划纲要》中提出,在 2016—2020 年间,全国地市级以上综合档案馆要全部建设功能完善的数字档案馆;全国 50%的县建成数字档案馆或启动数字档案馆建设项目;全国省级、地市级和县级国家综合档案馆馆藏永久档案数字化的比例,分别达到 30%—60%、40%—75% 和 25%—50%。在每年一度的全国档案局长馆长会议上,推进档案数字化都是重要内容之一。

为推动档案数字化工作的开展,各级党委和政府给予当地档案部门大力支持,档案数字化工作在一些地方取得重要成果。2013 年国家档案局召开了全国数字档案馆(室)建设推进会,时任国家档案局局长杨冬权在会上的讲话中介绍:"不但太仓这样的东部地区档案馆完成了馆藏全部档案的数字化,而且作为西部地区和民族地区的内蒙古伊金霍洛旗档案馆,也完成了馆藏全部档案扫描任务。"[1]近几年,国家档案局开展了数字档案馆系统测试工作。目前通过国家档案局组织测试的"全国示范数字档案馆"有 32 家,"国家级数字档案馆"有 60 余家。地方档案行政管理部门也认定了更多的数字档案馆。通过"国家示范数字档案馆系统"测试的数字档案馆,其档案几乎全部完成了数字化。在通过"国家示范数字档案馆系统"测评的档案馆中,有 3 个是省级

---

① 国家档案局:《杨冬权在全国数字档案馆(室)建设推进会上的讲话》,2013 年 10 月 21 日,见 http://www.saac.gov.cn/daj/yaow/201310/3c6c792f028b4042a52b0b507fc77407.shtml。

档案馆,云南省档案馆完成了2.3亿页档案的扫描,馆藏档案几乎全部实现了数字化,在全国省级档案馆中,数字化的比例最高;山东省档案馆、浙江省档案馆完成了大量馆藏档案数字化工作,总数达到馆藏档案的70%以上。截至目前,有越来越多的档案馆接近完成馆藏全部档案的数字化。

在国家综合档案馆大规模开展档案数字化的同时,机关档案室和企业事业单位档案部门,也开展了档案数字化工作。全国县级以上尤其是省级以上机关单位和中央企业档案部门,其所产生和保存的档案大多经过了数字化。据调查,一些国有企业传统载体文书档案数字化率接近100%,中央企业的重点产品档案、重大建设项目档案基本实现了数字化。截至2018年底,全国3315个国家综合档案馆馆藏档案75051.1万卷件,已数字化的有36100.3万卷件,数据容量为14247.6TB;照片数字化的数据容量为397.9TB;录音录像影片数字化的数据容量为478.1TB。[①]

(二)我国数字档案资源建设中的问题

综观我国数字档案资源建设,无论是原生数字档案资源,还是馆藏传统档案的数字化,都取得了一定的成绩。但同时也存在一系列问题,这些问题不但影响着我国档案信息化的深入发展,也直接影响着档案公共服务的实现。

1. 我国数字档案资源建设发展不均衡

数字档案资源发展不平衡,主要表现在两个方面。其一是原生数字档案与传统档案数字化方面的不平衡。近些年,档案部门一直加强对电子档案管理方法的探讨,但由于法规、标准准备不足,为了确保档案信息的安全,各地档案部门采取了一种谨慎的过渡办法,即对电子文件的归档与电子档案的管理采取了"双套制"的办法。电子档案管理是新生事物,在探索过程中人们普遍存在谨慎的心理,更加相信和依赖看得见、摸得着的纸质档案,对电子档案形

---

① 中国统计局:《档案统计数据》,2019年6月30日,见http://data.stats.gov.cn/easyquery. htm? cn=C01&zb=A0Q0Y&sj=2018。

式的档案心存疑虑,以致在实际操作中要么纸质形式和电子形式各保存一套,要么只保存一套纸质形式的档案,档案馆中完全以电子形式产生和保存的档案仍然相对较少。虽然最近一段时间,国家有关部门加快了电子档案单套制管理的推进速度,但其档案能够进入档案馆中保存,也还需要很长时间。相比较而言,传统档案数字化工作已经探索多年,数字化的成果也较为丰富。因此,在当前数字档案资源中,产生了原生数字档案资源相对较少、传统档案数字化资源较多的不均衡。

其二是数字档案资源建设在地区上的不平衡。我国各个地区经济发展不平衡,造成了信息化发展上的巨大差别。在我国东部经济条件较好的地区,办公自动化已经非常普及,"互联网+政务服务"和"最多跑一次"的网上审批已经非常普遍,在这些地区有越来越多的电子文件仅以电子形式产生和归档。相比较而言,大多数中西部地区信息化发展水平相对较低,网上产生的电子文件相对较少,能够仅以电子化方式保存的电子档案更少。同时,对于档案数字化建设,整个过程需要大量的人力、物力,也需要大量技术和管理设备,需要有大笔资金的投入。大多数中西部地区还不能像东部地区,投入大量资金、人力和物力,因而多数地方档案数字化的绝对数量和相对比例都较低。

2. 数字档案资源质量有待提高

就原生数字档案资源而言,由于法规标准是在近年来逐步完善的,在之前很长时间的探索时期,各个地方都是根据各自的理解对电子文件进行收集、归档和移交接收,因而一些地方的档案部门虽然接收了部分原生电子档案进馆,但这些电子档案的整体质量并不很高。

档案数字化是一件十分复杂、细致的工作。开展档案数字化之前,需要对档案进行整理,无论是档案的目录、页码还是档案的物理状况,都必须满足档案数字化的要求;档案数字化开始之后,扫描的图像是否清晰、分辨率是否适当、档案是否漏扫、扫描完成后图像挂接是否准确、数据库管理是否科学、档案著录项是否齐全等,任何一个环节出现问题,都会影响档案数字化的质量,都有可能对数字化成果的应用产生影响。当前的档案数字化成果是长期逐渐积累下来的,早期的档案数字化成果用今天的标准来衡量,许多都存在问题。在近几年国家档案局进行的数字档案馆系统测试评估中,参加测试的单位都是档案信息化水平相对较高的单位,并且在测试之前相关系统和基础工作都经过了自查、整改,但是即便如此,在实际测试过程中,扣分最多的项目仍然是数据质量。据参加测试的人士介绍,在已经通过"国家示范数字档案馆"测试的档案馆中,只有少数单位的数据质量令评审专家满意,其他多数单位的档案馆,数据质量成为测试中失分最多的项目,可见数字化成果的质量亟待提升。

3. 数字档案资源共享程度不高

纵观世界各国,开展档案数字化最主要的目的是为档案信息化利用创造条件。在我国,推动档案数字化的直接动力除了方便档案利用之外,还有一个目的就是要通过档案数字化使传统档案有一个数字复制件,以数字复制件提供利用,把档案原件封存起来,从而确保档案原件的安全。在实际工作中,就导致不少档案部门存在着重资源建设、轻档案利用的倾向。同时,由于网络固有的风险,安全问题难以解决,在方便档案利用和确保档案安全的较量中,确保档案安全往往会占据上风,因此把档案数字化成果放到网络上共享利用,一直是档案部门非常慎重之事,导致数字档案资源网上共享程度不高,数字档案馆(室)的建设成果尚未真正释放"红利"。

(三)数字档案资源建设的推进策略

在新媒体环境下,档案公共服务的实现更加依赖数字档案资源。结合我国数字档案资源建设的发展,针对当前我国档案数字建设中存在的问题,可从以下几个方面推进我国数字档案资源建设。

1. 推动和加强原生数字档案资源建设

在原生档案数字建设方面,虽然在长期的实践探索中,取得了一定的成果,但在未来发展中仍面临极大的挑战。随着信息技术的飞速发展,各行各业与互联网的深度融合,原生数字档案资源不断呈现新特点,其表现形式、内容特点等难以预测,对原生数字档案资源的有效控制和长期保存都面临着更大的挑战。而在新媒体环境下,公众对原生数字档案资源的需求不断增加,因此,及时有效积淀数字档案资源,成为未来深化档案公共服务的先决条件。数据档案化是实现数字档案资源有效积淀、推动原生数字档案资源建设的重要思路和方法。数据档案化的过程,是对实践活动中的关键动态数据和规则进行捕获,使之沉淀下来,并通过合理的方式对其进行存储并传承下去。这一过程具有以下层面的含义:首先,数据档案化的过程将动态游离的有价值的数据沉淀为高质量的静态数据集,是一个多元立体的去伪存真、去粗取精的积淀过程,其所形成的静态数据集具有内容纯净、结构合理、功能完整等特点;其次,数据档案化在将动态数据沉淀为静态数据集的过程中,不仅仅是数据的简单聚集,也是建立"有机联系"的过程,通过揭示数据的各种属性,多维联系的构建,使静态数据集成为一个有意义的有机整体,使数据在未来活动中可解释、可重用、可信任。① 可见,通过数据档案化,可以有效实现对原生数字档案资源的捕获和积累,确保未来档案公共服务具有高质量的资源基础。

2. 完善和优化档案数字化建设

当前我国档案数字化建设取得了巨大的成绩,但也存在突出问题,面对我国丰富的档案资源,数字化在未来仍任重道远。应结合时代发展的需求,结合档案数字化建设中的经验教训,完善和优化我国数字档案化建设。在未来的档案数字化建设中,应改变全面数字化战略,坚持循序渐进原则,不唯数量、唯比例,确保档案数字化成果和数字化工作的实效。

在 2012 年底召开的全国档案局长馆长会议上,杨冬权在讲话中提出,到 2020 年全国各级综合档案馆纸质档案数字化的数量比 2010 年翻两番。为了确保这个任务的完成,在 2013 年召开的全国数字档案馆(室)建设推进会上,

①　李颖:《数据时代档案服务实现的动力原理研究》,《档案学通讯》2018 年第 5 期。

杨冬权又提出,在国家档案局发布的数字档案馆测评指标体系中,将把传统档案数字化数量比例作为"一票否决"的硬指标。① 在 2014 年 11 月发布的《数字档案馆系统测试办法》中,国家档案局规定馆藏纸质档案在 50 万卷以下但数字化率低于 70%的,馆藏纸质档案在 50 万—100 万卷但数字化率低于 60%的,馆藏纸质档案在 100 万—150 万卷但数字化率低于 50%的,馆藏纸质档案在 150 万卷以上但数字化率低于 40%的,不能被评定为"国家示范数字档案馆"。在该文件的影响下,不少地方档案馆把馆藏全部档案作为数字化范围。但是,是否档案馆中的全部档案都有必要进行数字化,是一个值得关注的问题。比如,一些档案馆保存了大量的会计凭证,其中一些只需保存十几年,一般也不会超过 30 年,因此,对于超过了保管期限但没有进行处理的档案是否也要纳入数字化范畴,值得关注。如果把已经到达了保管期限、没有继续保存价值的档案也全部列入数字化范围,不但浪费了大量的金钱,而且增加了数据噪声。因此,在今后的档案数字化推进过程中,应考虑成本和效益的对比,有必要改变馆藏档案全面数字化、不唯数量、唯比例的导向,确立科学的数字化范围,做到应扫尽扫,而不是凡档必扫。

同时,也应正确认识到,我国历史悠久,档案资源丰富,当前我国档案馆中保存的档案数量巨大,对这些档案数字化不可能一蹴而就,"大跃进式"的数字化难以保证质量,极易造成浪费。因此应该坚持实事求是的原则,根据档案部门的人力、物力和财力,科学安排档案数字化的进度,循序渐进地完成档案数字化工作。比如,长春市档案馆根据自己的实际,采用"常用先扫、现用现扫、以用定扫"的"三扫"模式,循序渐进地进行档案数字化工作,取得了较好的效果,其经验值得总结推广。在新媒体环境下,档案部门也应探索档案数字化的新的实现形式,比如有的国外档案馆针对公众需要利用的档案,如果尚未数字化,就鼓励公众对其进行数字化,借助公众力量,通过公众参与,推动档案

---

① 国家档案局:《杨冬权在全国数字档案馆(室)建设推进会上的讲话》,2013 年 10 月 21 日,见 http://www.saac.gov.cn/daj/yaow/201310/3c6c792f028b4042a52b0b507fc77407.shtml。

数字化的开展。

3.探索和推进档案资源的数据化

在数字档案资源建设中,首先,要保证数字档案资源的质量。质量是生命,档案数据质量是否合格,直接关系到档案公共服务质量的好坏。对于原生数字档案资源,其真实性、完整性、可用性、安全性等都直接影响着未来数字档案资源的状况,应关注保障电子档案的"四性",维护档案的特有品质和多元价值,从源头上保证原生数字档案资源的质量。对于传统档案的数字化,目前档案数据质量问题正在成为档案数字化工作的重要问题之一,各地在进行档案数字化时,应该注重设定科学的扫描分辨率,选择合适的存储格式,严把质量检查关,确保档案扫描之后的纠偏、去污、数据挂接等符合国家有关规定,从细节、程序等多方面提升档案数字化质量。其次,在此基础上不断推动档案资源的数据化。档案资源的数据化是将"档案信息转化为可被计算、可供重用、易于共享、便于传递的数据",是对档案的一种"解聚",通过解聚将档案信息变为颗粒度较小的信息,进而根据需求与其他档案数据或不同来源的各种数据进行重聚,为档案公共服务提供丰富的"素材"。数字化是数据化的基础,数据化是数字化的发展,二者都是档案资源深层开发利用的必然要求,是新媒体环境下档案公共服务实现的保障。

二、完善多元档案资源结构

档案资源是档案事业发展的基础,是档案公共服务实现的根本保障。档案资源建设是一个长期的、持续的过程,不同时期,档案资源建设的着力点不同,档案资源体系的特点也不同,"档案资源体系不是自然形成的,而是文件、档案的形成者、管理者有目的有意识地构建起来的"①,在不同的时代,权力、利益、人财物力等各种要素共同支配着"意识",不同意识形态支配下的存与

---

① 冯惠玲:《档案记忆观、资源观与"中国记忆"数字资源建设》,《档案学通讯》2012年第3期。

毁、取与舍直接影响了关于"哪些人物、事件、观念"以及何种形式的记录被存留,记录原本的"多元"面貌被"部分"的传承和积淀,"浩瀚的人类文件宇宙,如今保存下来的只是沧海一粟"①,不同时期的档案资源体系不可避免地被打上时代的烙印并呈现出不同的特点。在新媒体环境下,从档案资源的产生、形成到公众的需求,都呈现出明显的多元化特点,多元表现在来源多元、形式多元、内容多元、呈现多元等不同维度和层面。不断完善多元化的档案资源结构,建设具有多元性的档案资源体系,是新媒体环境对档案资源建设的必然要求,也是档案公共服务实现的重要保障。

(一)丰富"基础性"档案资源

基础性档案资源主要是指馆藏档案资源,既包括文件档案,也涵盖相关图书、资料等;既包括收藏进馆的一次文献,也涵盖经加工获得的二次文献、三次文献等;涉及纸质、照片、声像、数字档案等不同类型。接收、征集、购买等是丰富基础性馆藏资源的重要途径。我国历来重视档案资源建设,尤其是自 2008 年以来,国家档案局提出了加强两个体系建设的方针,其中第一条就是覆盖人民群众的档案资源体系。当前在我国,档案资源从来源看,兼有政府、企事业单位、民间组织、个人的档案;从种类看,兼有党政档案、业务档案、公众记录等;从内容看,兼有关于党务政务、经济、文化、科技、个人权益、民俗等方面的记录;从载体及形态看,兼有平面档案、多媒体、多图层等类型记录,诸如音频、视频、数据库、网页等,正在从"官方记录"为主向多元丰富的社会资源体系发展,②到 2018 年末,我国国家综合档案馆馆藏档案 75051.10 万卷(件),照片档案 2056.00 万张。可见,我国正在形成覆盖人民群众的档案资源体系,基础

---

① [加拿大]特里·库克:《四个范式:欧洲档案学的观念和战略的变化——1840 年以来西方档案观念与战略的变化》,李音译,《档案学研究》2011 年第 3 期。

② 冯惠玲:《档案记忆观、资源观与"中国记忆"数字资源建设》,《档案学通讯》2012 年第 3 期。

性档案资源建设不断丰富。

但同时,我国档案资源建设也存在一定的短板,面临着时代的挑战,一方面,由于战乱、灾害等因素导致的档案资源的零落散失,旧有官本位管理理念导致的馆藏重官轻民,结构相对单一等,都制约了我国档案资源的多元化。另一方面,伴随着社会的进步,科学技术迅猛发展,人类不断探索新的领域、新类型、新内容的记录不断出现;以及新媒体环境推动的"普适记录"时代的到来,记录林林总总、更加丰富和多维。只有不断推动多元档案资源建设,才能真实完整地积淀人类社会活动发展轨迹的记录,满足公众对档案资源的利用需求,才能更好的实现档案公共服务的目标。推动多元档案资源建设,完善多元档案资源结构,可以从丰富资源内容和关注不同形成过程两大方面来推进。

首先,从资源内容来看,要做到应收尽收、应管尽管,尤其是和人民群众密切相关的各种有价值的记录,都应尽可能做到有效收管。既要按照既定的档案收集的相关制度规范进行"常规"档案资源建设,更要注重根据实践活动的变化发展,以专业的敏感,及时收管新情况、新形势、新事件中的各种有价值的记录。比如,新冠肺炎疫情突如其来,在疫情防控工作中形成了大量记录防控工作的档案,从国家档案行政管理部门,到各地档案馆局,都及时作出反应,通过指导、征集、捐赠等多种形式,及时地对机关、社会团体、个人等不同主体形成的抗疫记录进行收管,有效地留住抗疫记忆,并为未来的利用服务奠定了基础。

其次,从资源形成过程来看,"相伴而生的主动记录"与"不同视角下的被记录",都应该纳入资源建设的范畴。在新媒体环境下,社会结构更加复杂,社会互动性不断增强,在很多社会实践活动中,公众从被动接受向主动参与转变,公众的声音和影响力日益增强,公众的亲历、参与、见证成为记录社会实践活动的重要组成,因此,在多元档案资源建设中,不仅要关注作为事务处理工具与活动相伴而生的文件档案,也应关注该实践活动在不同视角下被记录的内容,比如社交媒体上的各种记录。多元的档案资源,是未来全面呈现过往人类实践活动的依据,是满足不同社会公众多样化需求的生动素材。比如当前各国口述档案项目,就是从"被记录"的视角再现人类实践活动,丰富馆藏资源,以便更好地为公众服务的探索。

(二)重视"拓展性"档案资源体系建设

拓展性档案资源建设,是指将与馆藏档案资源或公众需求相关但却不在馆的档案资源,以共享、资源框架构建、形成目录等方式纳入档案资源体系,以直接或间接满足公众需求。"新的思潮把某些用户带进了档案馆,但在现有馆藏中却找不到他们所需的文件"①。用户找不到所需档案的原因,一是其所需内容确实不存在,二是存在,但不在本馆藏范围内。人类社会实践活动的特点,在很多情况下使得反映某一重大历史事件、某一重要人物的有价值记录,常常被分散保存在不同的部门,甚至不同的国家。这种"分散存在"有其合理性和必然性,档案馆可通过征集、购买等多种途径将其收集进本馆,以丰富馆藏资源,更好地为公众服务,但"一切皆进馆"在现实中也是难以完全实现的。拓展性档案资源建设不强调对档案资源的占有,而是通过逻辑聚集、网罗定位、资源描述等途径,形成一个尽可能完整的、满足公众需求的档案资源体系网。"这个世界有太多的证据、太多的记忆、太多的认同,现有档案馆能够收集的仅仅是它们的一小部分。"②后保管时代的到来,档案资源建设的能力将在很大程度上体现在对档案资源框架的构建、规划和控制能力上,而不仅仅是占有。尤其是在新媒体环境下,对于公众而言,资源在哪里并不重要,重要的是其能够被发现、被获取、被利用。拓展性档案资源建设,是实现资源的逻辑汇集,是档案馆借助信息技术实现档案资源的集中共享,在帮助用户发现资源

---

① [美]弗朗西斯·布劳因:《档案工作者、中介和社会记忆的创建》,晓牧、李音译,《中国档案》2001年第9期。

② [加拿大]特里·库克:《四个范式:欧洲档案学的观念和战略的变化——1840年以来西方档案观念与战略的变化》,李音译,《档案学研究》2011年第3期。

的基础上满足利用需求。在历史上阿联酋曾是英国的殖民地,英国国家档案馆中保存着大量有关阿联酋的档案资料,而阿联酋公众对此也有需求,阿联酋国家档案馆则与英国国家档案馆共同推动建立了"阿拉伯海湾数字档案馆",以英文和阿拉伯文两种语言集中展示英国国家档案馆保存的涉及阿联酋主题和内容的相关档案,以供公众获取和利用,目前该网站已与世界多个国家建立了合作。

三、推动档案资源开放进程

档案公共服务面向全社会和全体社会成员,档案资源只有对社会和社会公众开放、可供利用,服务才有了源头活水。开放的档案资源体系既表达了一种静态存在状态,该状态下的档案资源是面向社会和公众的,是公众可最大限度地接触、获取和利用的;同时,开放更是一种动态过程,它意味着流动,是与外部实现能量交换的过程,蕴含着输入和输出。一方面,它向社会和公众传递和释放,并使公众能够感知档案资源的价值和能量。有开放,才有更广、更深层次的开发,才可能为公众提供更多的公共服务产品;有开放,才有共享,才能更好地满足公众需求并创造更大的价值。另一方面,开放的档案资源建设,应及时输入外部能量、融合外部反馈,即不断顺应时代发展需要、满足公众需求,调整自身结构、丰富自身内容,进而实现自身能量的积聚和增长。新媒体环境本身就是一个更加开放的环境,"开放"在公众理念、公众诉求、公众思维等方方面面都有所体现,整个社会、各个领域的发展也都体现着"开放"的特征。推动档案资源开放,是新媒体环境下档案公共服务实现的重要内容。

(一)我国档案开放的现状

档案开放历来是被社会关注、被档案部门重视的问题。档案馆中的档案资源,可分为两部分:一是开放的档案,二是未开放的档案。无论是开放的档案,还是未开放的档案,都是可以对公众提供服务的。对于开放的档案,提供服务的方式、方法更加多样化,服务的产品和内容也更加丰富;对于未开放的档案,则需要合法合规地为公众提供服务。1987 年颁布的《档案法》和随后颁布的《档案法实施办法》将档案开放原则确定为法定原则,规定"国家档案馆保管的档案,一般应当自形成之日起满三十年向社会开放","档案馆应当定期公布开放档案的目录"。根据当时《档案法》的有关规定,1991 年国家档案局会同有关方面分别发布了《各级国家档案馆开放档案办法》《各级国家档案馆馆藏档案解密和划分控制使用范围的暂行规定》《外国组织和个人利用我国档案试行办法》,对档案开放范围和利用开放档案的办法作出了规定。根据全国档案事业基本情况年报统计,2000 年,我国各级国家综合档案馆开放档案 4072.04 万卷件;到 2010 年,各级国家综合档案馆开放档案的数量达到了 7428.60 万卷件,增长了 82.4%;到 2018 年底,各级国家综合档案馆开放档案数量达到 11222.10 万卷件,再增长 51.1%。如果从 2000 年算起,到 2018 年,在不到 20 年的时间里,我国开放档案的数量增长了 175.6%。进入 21 世纪以来,我国各级档案部门充分利用网络和各种新媒体平台,发布档案开放信息,公布开放档案目录,开放档案原文在网络上的提供利用也得到了发展。2020 年 6 月 20 日公布的新修订的《中华人民共和国档案法》第二十七条规定:"县级以上各级档案馆的档案,应当自形成之日起满二十五年向社会开放",第二十八条规定:"档案馆应当通过其网站或者其他方式定期公布开放档案的目录",同时第二十九条规定:"机关、团体、企业事业单位和其他组织以及公民根据经济建设、国防建设、教学科研和其他工作的需要,可以按照国家有关规定,利用档案馆未开放的档案以及有关机关、团体、企业事业单位和其他组织保存的档案"。①

---

① 中国人大网:《中华人民共和国档案法》,2020 年 6 月 20 日,见 http://www.npc.gov.cn/npc/c30834/202006/14a5f4f6452a420a97ccf2d3217f6292.shtml。

（二）我国档案开放中的问题

1. 开放档案占档案资源总量比例较小

我国原有《档案法》第十九条规定："国家档案馆保管的档案,一般应当自形成之日起满三十年向社会开放。经济、科学、技术、文化等档案向社会开放的期限,可以少于三十年,涉及国家安全或者重大利益以及其他到期不宜开放的档案向社会开放的期限,可以多于三十年。"据此计算,各级国家档案馆每年都应该有一定数量的档案向社会开放。但实际上,档案开放工作步履维艰,虽然各级国家档案馆在档案开放问题上作出了一系列努力,也取得了一定的成绩,但从总体上来看,与社会各方面的要求相比,明显有待推进。根据《全国档案事业基本情况年报》的统计,各级国家综合档案馆馆藏档案总量和开放档案数量如下(见表5-1)。

表5-1　各级国家综合档案馆开放档案情况

年份	开放档案数量 （单位:万卷件）	国家综合档案馆 馆藏档案数量 （单位:万卷件）	档案开放率
2000	4072.0	13314	30.6%
2001	4129.7	13756.6	30.0%
2002	4301.1	14790.7	29.1%
2003	4618.4	15945.9	29.0%
2004	4868.3	17601.5	27.7%
2005	5132.3	18688.7	27.5%
2006	5746.3	21656.5	26.5%
2007	5875.5	23675.3	24.8%
2008	6072.2	25051.0	24.2%
2009	6687.4	28089.2	23.8%
2010	7428.6	32198.6	23.1%
2011	7828.4	35445.5	22.1%

续表

年份	开放档案数量 （单位：万卷件）	国家综合档案馆 馆藏档案数量 （单位：万卷件）	档案开放率
2012	8254.6	40547.7	20.4%
2013	8900.5	42454.5	21.0%
2014	9179.7	53470.3	17.2%
2015	9266.3	58641.7	15.8%
2016	9707.9	65062.5	14.9%
2017	10151.7	65371.1	15.5%
2018	11222.1	75051.1	14.9%

从表5-1可以看出，最近19年来，相对于馆藏档案资源总量，各级国家综合档案馆无论是开放档案的增长速度还是开放档案的比例都不尽如人意。从开放档案的增长速度上来看，2000年各级国家综合档案馆馆藏档案13314万卷件，同年开放档案4072.0万卷件，开放率为30.6%。而到2010年，全国各级国家综合档案馆共有档案32198.6万卷件，同年开放档案7428.6万卷件，开放率为23.1%。在10年的时间中，馆藏档案增长了141.8%，而同期开放档案的数量仅增长了82.4%，相差将近60个百分点。从档案开放率来看，各级国家综合档案馆的档案开放率也在逐年下降，2000年各级国家综合档案馆的档案开放率为30.6%，之后每年都在下降，到了2010年下降到了23.1%，下降了7.5个百分点。到了2018年底，仅仅过了8年，各级国家综合档案馆的档案开放率下降到了14.9%，再降8.2个百分点。从这组数据可以看出，各级国家综合档案馆档案开放的速度一直处于下降的趋势，开放档案的绝对数量与各级国家综合档案馆的庞大馆藏数量比较起来，开放的比例过低。这也表明，我国各级国家综合档案馆接收档案的力度远远大于档案开放鉴定工作的力度。如果按照这种趋势发展下去，档案资源增长速度与档案开放速度之间会形成一个剪刀差，开放档案占馆藏档案总量的比例将会越来越低，档案部门可

以用来开展公共服务的资源将很难得到充分的保障。

2.档案解密问题长期未得到有效解决

在档案形成过程中,执行"公权力"的机关单位对一些文件规定了保密要求,这些文件归档并接收进档案馆之后,档案馆承续着保密的义务。这些带有密级的档案应该在达到保密期限后,履行解密程序并走向开放。但长期以来,这一过程并未理顺,其中的问题并未得到有效解决。关于档案馆中带有密级的档案如何进行解密,以 2014 年为界可以分为两个阶段。

2014 年之前,档案部门拥有档案解密权限。1991 年发布的《各级国家档案馆馆藏档案解密和划分控制使用范围的暂行规定》第二条规定:"各级国家档案馆保存的 1991 年 1 月 1 日前形成的标有'绝密''机密''秘密'字样的档案,其解密工作,由各级国家档案馆负责进行。""各级国家档案馆保存的 1991 年 1 月 1 日后形成的涉密档案,未接到保密期限变更通知的,自保密期限届满之日起,即自行解密",也就是说,按照这个规定,对于 1991 年以前形成的涉密档案,档案部门有权对其进行解密审查,在履行了一定的程序之后,对于可以解密的档案予以解密。对于 1991 年以后的档案,只要定密机关没有提出继续保密的要求,也可以自行解密。

2014 年之后,档案部门不再拥有对到期档案进行解密的权力。2014 年《保守国家秘密法实施条例》颁布实施,该《条例》第十六条规定:"已经依法移交各级国家档案馆的属于国家秘密的档案,由原定密机关、单位按照国家有关规定进行解密审核。"按照这种"谁定密谁解密"的原则,国家档案馆对涉密档案进行解密需要多方的理解、配合与支持。但在实际工作中,档案馆馆藏档案,历经多年,其档案形成单位已经发生了很大变化,有的档案产生机构已经撤销或转变职能;有的档案产生机构仍然存在或者能够找到原机构的继承者,但早已"物是人非",解密审查工作难以真正落实和有效开展,这就使档案部门陷入了两难之境,档案解密成为一个死结。调查发现,近年来,党政机关的文件,标密范围越来越大,这些标密文件日后进入档案部门,如其解密工作难以进行,将会导致更大量无需保密的档案仍然处于保密状态,这种情况必然直接影响到档案开放的进程,使档案公共服务不可避免地受到影响。

3.档案利用权与公布权之间的矛盾问题

在我国,自《档案法》颁布实施之后,利用档案成为公民的法定权利。《档案法》第十九条规定:"中华人民共和国公民和组织持有合法证明,可以利用已经开放的档案",对于"利用"的内涵,《档案法实施办法》第二十二条作出具体规定:"《档案法》所称档案的利用,是指对档案的阅览、复制和摘录。"在《各级国家档案馆开放档案办法》中规定:"利用者在著述中节引档案内容,均应注明档案的收藏单位和档号。"对于在阅览、复制和摘录之后,以何种方式再利用,或者把阅览、复制和摘录的档案在自己的著作、论文中进行引用,国家的法律、法规或有关规定也没有禁止性的规定。2020年6月20日公布的新修订的《档案法》第二十八条规定:要"不断完善利用规则,创新服务形式,强化服务功能,提高服务水平,积极为档案的利用创造条件,简化手续,提供便利","单位和个人持有合法证明,可以利用已经开放的档案。档案馆不按规定开放利用的,单位和个人可以向档案主管部门投诉,接到投诉的档案主管部门应当及时调查处理并将处理结果告知投诉人"。

但是,在我国的法律规定中,档案利用权与档案的公布权是分离的。一个人可以有权利用档案,但他却无权公布档案。关于档案公布权的问题,《档案法》第二十二条规定:"属于国家所有的档案,由国家授权的档案馆或者有关机关公布;未经档案馆或者有关机关同意,任何组织和个人无权公布。""集体所有的和个人所有的档案,档案的所有者有权公布,但必须遵守国家有关规定,不得损害国家安全和利益,不得侵犯他人的合法权益。"在档案部门规章《各级国家档案馆开放档案办法》中也作出了进一步的规定:"各级国家档案馆保存的档案,其公布权属于档案馆以及国家授权的有关单位。利用者摘抄、复制的档案,如不违反国家有关规定,可以在研究著述中引用,但不得擅自以任何形式公布。"按照这个规定,利用者有权利用档案,也有权在其著作、论文中引用档案,但是他却无权公布档案。如此,公民虽然有了档案的利用权,但是在利用了档案之后,只要使用,就非常容易在不经意间违犯法律,产生"擅自公布档案"的行为。而要做到只"利用"不"公布",利用的目的往往也难以达到,比如在研究中,公众的著述往往会公开发表,但如果其中有引用的某些档案原文,就面临着因"擅自公布档案"而承担法律责任。这就限制了公众对档案的利用,档案公共服务也因此大打折扣。2020 年 6 月 20 日公布的新修订的《档案法》中,这个问题仍然存在,其第三十二条规定:"属于国家所有的档案,由国家授权的档案馆或者有关机关公布;未经档案馆或者有关机关同意,任何单位和个人无权公布。非国有企业、社会服务机构等单位和个人形成的档案,档案所有者有权公布。"

(三)推动档案开放进程的策略

1. 树立与时俱进的档案开放理念

新媒体环境具有开放性特征,网络社会具有开放性特点。在新媒体环境下,档案公共服务依托网络实现,这就要求其从服务资源到内容形式,也都具有开放性。档案开放中"开放"的含义必须与时代、与社会发展相吻合。树立与时俱进的档案开放理念,既要解决结合档案管理活动的规律和特点,解决实际问题,又不能囿于档案工作自己的小圈子。新媒体环境的开放、国家发展战略中的全面开放、政府开放、数据开放等都与档案开放密切相关,并且影响着档案开放的理念与活动。

"开放数据是一类可以被任何人免费使用、再利用、再分发的数据——在其限制上,顶多只要求署名和相同方式共享许可协议"①。开放数据的开放精神不仅体现在物理时空的开放,更体现在数据的无限制使用上,以平等、公平、公正的开放许可形式进行数据分享。作为公共数据重要组成部分的档案,虽

---

① 杨孟辉:《开放政府数据概念实践和评价》,清华大学出版社 2017 年版,第 11 页。

然有其自身的特点,但在未来开放中也应秉承当今数据开放的基本原则和理念,确保公民的知情权、利用权、共享权等;应在与政府信息公开、数据开放、经济社会发展等同频的基础上探索推进档案开放。国外部分国家已经进行了积极的探索,比如英国档案部门为政府数据开放平台提供档案数据支持,提供相关档案数据集供公民下载;俄罗斯联邦档案署 2016 年发布《2018 年前俄罗斯联邦档案署贯彻和实施开放机制计划》,提出实施信息透明原则,开放 27 类档案数据集,并明确 2016 年至 2018 年每年的数据开放指标。没有与时俱进的档案开放理念,没有强有力的档案开放做保障,新媒体环境下档案公共服务的实现将无从谈起。

2.健全档案开放的法规制度体系

有法可依,有规可循,才能将档案开放落到实处。健全和完善我国档案开放的法规制度体系,首先,应明确法规制度体系的价值导向。满足公众的档案需求,不断提升公众对档案公共服务的获得感和满意度,最大限度地维护和保障公众利用档案的权利,是档案开放法规制度体系的出发点和落脚点,也是整个制度体系设计的价值导向。其次,应形成科学的档案开放法规制度体系的设计原则。档案开放制度的设计,应该坚持以下原则:一是全面性与深入性兼具。全面性强调尽可能全面地覆盖与档案开放相关的所有活动,深入性强调对所涉及相关活动的深入精准的分析,进而形成可操作性的规范。二是稳定性与动态性。稳定性强调制度一经确立,在一定时间和空间范围内的可持续效力,避免"朝令夕改";动态性是指根据不断变化的环境背景,针对新形势、新问题,对制度进行适时调整,避免"因循守旧"对档案开放活动的制约和阻碍。三是现实性与前瞻性的结合。针对我国当前档案开放中的种种问题,档案开放制度设计,要着力解决历史遗留的老问题,重点解决不断出现的新问题,能够回答可能出现的新问题。

当前,我国除了《档案法》和《档案法实施办法》之外,规范档案开放问题的规章制度主要有三个,即《各级国家档案馆开放档案办法》《各级国家档案馆馆藏档案解密和划分控制使用范围的暂行规定》《外国组织和个人利用我国档案试行办法》。在国家档案法规体系中,这三个规章制度都归属在"部门规章"类别之内,其效力要高于规范性文件。但是这几个规章都是1991年发布的,距今已经30年了,一直没有进行修订。其中的两个规章在发布的时候是"暂行规定"和"暂行办法",现在仍然处于"暂行"状态。此外,近年来,国家发布了多项法规,涉及信息公开问题,尤其是在《政府信息公开条例》确定了"公开是原则,不公开是例外"的原则,有关档案开放的规定有必要进行调整和细化。可见,当前我国档案开放的法规制度亟待健全和完善。2020年6月20日,新修订的《中华人民共和国档案法》已由第十三届全国人民代表大会常务委员会第十九次会议通过并公布,自2021年1月1日起正式实施。新档案法出台后,一系列相关法规制度规范都将进行修订、调整,应以此为契机,推动档案开放法规制度体系的健全和完善,为档案公共服务的实现奠定坚实的基础。

3. 注重解决档案开放中的实际问题

在推进档案开放进程中,应坚持以问题为导向,不断探索解决档案开放问题的新思路和新方法。档案开放表面上看是一项"后端"活动,但事实上,档案能不能开放,能够以何种形式开放,尤其是未来电子档案是否能真正实现开放政府环境中的开放等,在很大程度上受其归档、整理、保管等各个环节多种因素的影响,因此,应从全生命周期的视角关注档案开放中的具体问题。同时,在档案开放中,要注重与其他相关部门及利益相关方协同。一方面,档案来源于不同的组织机构、形成于不同领域的社会实践活动,档案的开放不可避免地受其形成机关的影响;另一方面,档案作为整个国家信息资源的重要组成部分,档案部门作为这个国家组织机构大系统中的子系统,档案工作是不能孤立存在的,档案开放也应充分考虑与保密、政府数据开放与利用、国家信息安全等相关工作的协调。

在新媒体环境下,档案开放的程序、范围等问题都会有不同的表现形式,既要在开放中确保档案信息安全,又要在开放中确保公众的权益,这也对档案开放提出了更高的要求,此外,利用者的救济措施,档案开放的免责机制,如何高效实现对人民群众最关心、与社会效益关系密切的档案开放,如何将先进的信息技术融入档案开放鉴定中以提升工作效率等,在新媒体环境下也更加值得关注,档案开放也正是在这些问题的解决中实现一步步的突破,进而确保档案公共服务的顺利实现。

第二节　赋能:实施三种策略

一、档案叙事赋能

叙事是人类社会与生俱来的一种行为。在漫长的历史中,人类通过口头叙述、文字叙述甚至图像绘画叙述传递信息、交流情感和传承文明。[①] 叙事对于人类社会的发展有重要意义。自 20 世纪六七十年代开始,叙事学伴随着结构主义浪潮首先在法国兴起,随后广泛流行于欧美,20 世纪 80 年代进入我国学术领域,在文学研究以及其他相关领域产生了越来越大的影响。叙事学最初主要集中于文学领域,着重对叙事文本作技术分析,是关于叙述文本的理论。进入 21 世纪以来,"叙事的含义已逐渐超越了文学叙事",叙事学突破文本与结构主义形式的樊篱,与文化层面和鲜活的世界相联系,是它发展的必然趋势。[②] 叙事学与其他相关学科领域之间的关联和交融,不仅推动了叙事学研究范式的创新,也为其他各个领域和学科提供着新的思路和视角。叙事的本质就是叙述事件,美国威廉·拉博夫教授认为叙事是对过去经验进行摘要

---

① 曾斌:《无所不在的叙事与叙事学研究的范式创新》,《江西师范大学学报(哲学社会科学版)》2019 年第 6 期。

② 胡明贵:《全国首届叙事学学术研讨会综述》,《文艺理论与批评》2005 年第 5 期。

重述的一种方法,它用一系列子句构成的词语序列与实际发生的时间序列相匹配。① "叙事在人们的生活世界中无所不在,它构成人们理解事物、认识世界的重要手段。"② 只有把信息作为事件或故事嵌入特定的时空框架,对相关人物、行动与环境等进行有组织的讲述,才有可能形成系统性的集体记忆,便于口口相传和代代相传。③ 好的叙事不仅具有吸引力、感染力,而且能够触及灵魂、影响行为。

（一）档案与叙事

档案与叙事有着千丝万缕的联系(见图 5-2)。一方面,档案是一种叙事方式,档案是"事"被"叙"的结果和表现。"档案被视为关于过去、历史、遗产、文化,关于个人根脉和家族关系,以及关于我们是谁的被建构的记忆",档案记录着国家、社会、组织、个人等的实践活动,其记录过程恰恰是一种"叙事"的表现,其文本也是一种叙事的结果,较之文学叙事、影视叙事等其他叙事方式,档案叙事相对更加真实、可靠。另一方面,档案为叙事提供了丰富的素材,对叙事产生直接影响,同时也为叙事提供了情境、背景知识,对叙事产生间接影响。

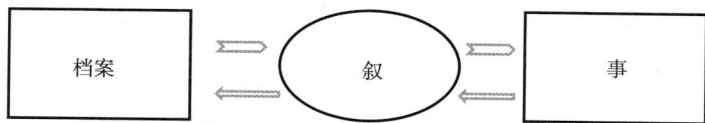

图 5-2　档案与叙事关系图

正因为如此,在档案公共服务中,需要以叙事的方式将档案所叙之事表达呈现、传播传承,以更好地实现档案价值,可称之为档案叙事。档案叙事,就是

---

① 丁钢:《声音与经验:教育叙事探究》,教育科学出版社 2008 年版,第 58 页。
② ［法］罗兰·巴特:《叙事作品结构分析导论》,张寅德译,载张寅德编选:《叙述学研究》,中国社会科学出版社 1989 年版,第 55 页。
③ 傅修延:《论叙事传统》,《中国比较文学》2018 年第 2 期。

将档案所蕴含的事物、事件、事态等(人类实践活动的具体表现)通过科学的叙事方法,运用恰当的叙事策略,全方位、多角度、深层次地展示档案内容,进而实现档案价值。档案叙事通过叙事形象、生动、多维度、多层次地展示内容,展示档案的独特魅力,是一种从不同层面揭示和开发档案内容的方法,也是对档案所包含的态度、观点、价值观的外显,有助于活化档案内容,激活档案价值;有助于公众获取沉浸式体验;并能够拓展公众参与的空间,提升公众对档案服务的获得感。档案叙事为档案服务注入新鲜血液,有助于提升档案服务的吸引力和影响力,是为档案公共服务赋能的有效途径。

(二)档案叙事赋能的关键策略

宏大叙事和微叙事是叙事的两种重要策略。以档案叙事赋能档案公共服务,在实现策略上,可结合宏大叙事和微叙事各自的特点,将二者融合运用。后现代理论认为,宏大叙事是对权力、权威、社会习俗的合法化,这也是宏大叙事的基本功能(见表5-2)。[①] 宏大叙事被认为是一种主题鲜明、目的性强的完整的"官方"叙事,具有总体性、系统性、普遍性和共识性等特征(表现形式)。事实上,宏大叙事可被看作试图给出对社会、文化或者历史的一个总体性的看法[②],是对文化叙事规划的一个无所不包和整体的有条理、知识和经验的解释。宏大叙事往往着眼于大事件、大人物,通常以宏观视野、俯瞰视角来处理题材,以"鸿篇巨制"为展现形式。与宏大叙事相对应的是微叙事,现代社会,尤其是新媒体环境下,"微叙事"已经无孔不入地渗透到日常生活的表达之中,成为最为流行的叙事模式,也是受众最普遍的接受模式。[③] 从叙述方式上看,微叙事之"微"往往借助微语言、微表情、微图像等微型载体;从传播

---

① 杨伯溆:《大叙事与碎片化:全球化进程中互联网传播及其意义》,《现代传播(中国传媒大学学报)》2019年第11期。
② 肖文明:《宏大叙事的探寻与中国中心观的再思考》,《学术研究》2016年第5期。
③ 王昌凤:《作为叙事问题和问题叙事的"微叙事"》,《科教导刊(下旬)》2018年第12期。

媒介上看,微叙事往往借助移动终端等各种新媒体平台;从叙述选材上看,往往集中在普通人物以及与公众生活密切相关的活动和事件,表现为小处着眼,对事物的细微、细节叙述;从叙事主体上看,呈现主体多元化特点,公众更加广泛地参与叙事;从表现形式上看,具有碎片化、细微性等特点。

表5-2　宏大叙事与微叙事特点对照表

	内容特点	叙事主体	叙述方式	表现形式	传播方式
宏大叙事	大主题,主题鲜明、目的性强	"官方"叙事	宏观视野、俯瞰视角	总体性、系统性、普遍性和共识性等	"鸿篇巨制"的展现形式
微叙事	小处着眼,对事物的细微、细节叙述	主体多元化,公众更加广泛地参与	借助微语言、微表情、微图像等微型载体	碎片化、细微性等	移动终端等各种新媒体平台

宏大叙事和微叙事各具特点,各有优劣。宏大叙事演变时间较长,20世纪下半叶以来,宏大叙事受到了极大的质疑和冲击,随后又有为之辩护并推动其发展的探讨,"最好的办法是去阐明、批判地讨论、拆解甚至重建和重写社会理论的宏大叙事,而不是简单地将其禁止,将其驱逐出叙事领域"①。微叙事是现代社会进步和技术发展伴生的产物,也是媒体变革对叙事发展产生影响的直接表现,微叙事在被愈加广泛地应用的同时,也在不断引起人们对诸如碎片化的危害、深度消解等一些现象的担忧和反思。

在档案公共服务中,受传统思想以及整个社会叙事模式的影响,总体上看,所提供的服务产品多以宏观叙事为主;近年来,伴随着新媒体的广泛应用,也开始更加重视以微传播实现档案公共服务的探索。在档案公共服务中,应结合社会发展的趋势、公众的需求、档案资源的特点,探索宏大叙事和微叙事在档案叙事中的融合应用,一方面,传承在档案资源开发宏大叙事中积累的经

---

①　[美]斯蒂芬·贝斯特、道格拉斯·科尔纳:《后现代转向》,陈刚等译,南京大学出版社2002年版,第1页。

验,不断发现更加切合公众视角的档案宏大叙事策略;另一方面,探索微叙事在档案叙事中的有效应用策略,以小见大地隐含叙事的意义指向并实现价值建构。"没有宏观立场的微叙事容易偏于琐碎,没有微观视野的宏大叙事容易空洞。一个社会的常态应该是宏观叙述很硬挺,微观叙事也很丰满"①,档案叙事应该融合宏大叙事和微叙事各自的优势,赋能档案公共服务,充分激活档案的价值,满足公众对档案三镜效应的诉求。

(三)档案叙事赋能的具体方法

以档案叙事赋能档案公共服务,从叙事内容方面来看,档案叙事的内容源于档案,根据公众需求和社会发展,选取相关档案作为基本内容素材,对于选定的素材,可依以下三个方面来实现(见图5-3)。

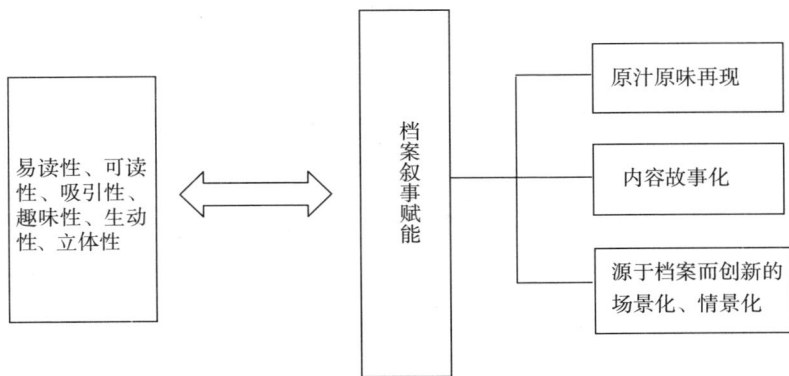

图 5-3　档案叙事赋能方法图

第一,侧重原汁原味的再现,复述、讲述档案中的"事",这是最常见的档案内容呈现。比如,江苏省档案馆馆藏的《南京长江大桥建设档案》,其中包含 1958 年至 1996 年的文书档案 319 件、照片档案 2900 余张以及大量的录音录像、工程图纸等不同载体的档案,这组档案完整地、全面地揭示了南京长江

---

① 王昌凤:《作为叙事问题和问题叙事的"微叙事"》,《科教导刊(下旬)》2018 年第 12 期。

大桥从规划设计到建设竣工,以及后期维修的全部历程,通过论证设计、预算决算、工程配套等相关档案,讲述了我国广大桥梁工作者自力更生、艰苦奋斗,在国家领导和广大人民群众支持下建设大桥的辉煌故事。档案记录着人类的实践活动,每一份档案都蕴含着一个小故事,若干份档案讲述一个大故事,档案公共服务要善于将这些有故事的档案呈现给公众,原汁原味的再现方式更加有代入感,有助于公众历史地、全面地了解人物、事件、活动等。

第二,档案内容的故事化,即将档案内容通过故事的形式,使事实信息具易读性、趣味性,使活动、事件更加生动地全面展示。故事化可以赋予档案可读性、吸引性,使公众更容易理解和感知并认同档案内容。比如,基于所选档案素材,根据用户的年龄、职业特征,有针对性地设计切合不同用户兴趣的故事。"会讲故事意味着能用故事纽带来维系人群,把分散的个体结合成愿意相互合作的共同体。"①故事化可以更加生动形象地展示和传递档案信息,有助于提升档案服务公共服务的效果。2015 年,青岛市档案馆拍摄微电影《历史无言》,依托劳工口述视频、劳工证、劳工名单等反映这一历史的劳工档案,以艺术的手法、故事的形式,深刻揭露日本军国主义在第二次世界大战期间犯下的残暴罪行,让更多的人铭记历史,珍惜今天来之不易的和平。档案微电影是新媒体环境下档案叙事赋能的具体表现形式之一,其通过档案内容的故事化,以公众喜闻乐见的微电影形式,提升档案的吸引性,有效地发挥和实现档案的价值。

第三,源于档案而创新的场景化、情境化内容。《关于实施中华优秀传统文化传承发展工程的意见》中指出,要不断赋予传统文化新时代的内涵和现代表达形式,使中华民族最基本的文化基因与当代文化相适应、与现代社会相协调。"一段广告、一种规划、一场宴席、一段舞蹈等均可视作叙事文本",档案叙事内容可从某份或者若干份档案中提取关键元素、梳理关联,通过规划、

① 王昌凤:《作为叙事问题和问题叙事的"微叙事"》,《科教导刊(下旬)》2018 年第 12 期。

融合,利用新媒体技术,模拟、再现"过去"场景等,为公众创设读懂历史的场景、情境。档案本身不仅蕴含着故事,而且也是理解和读懂其他故事的背景和素材。新媒体环境为这一形式的档案叙事赋能提供了强有力的支持。比如,虚拟现实技术通过构建三维世界,有助于档案服务摆脱过去分散利用文字、图片等的呈现方式,更加生动地、立体地还原档案中记录的场景,使用户产生身临其境之体验。

二、知识融合赋能

早期的知识融合研究和应用,更多地面向军事与遥感测绘领域,伴随着网络技术的发展,尤其是大数据时代的到来,知识融合在各个领域的探索应用不断增多,在档案公共服务中的应用尚处于起步探索阶段,但越来越受到关注。

(一)知识融合的内涵

"知识融合是解决数据多源异构问题的有效途径,可以实现语义层次上对数据的深度加工,形成新的知识,提供新服务。"[1]

在知识融合过程中,知识融合以满足用户不同的知识需求为目的,对分布式的、多源异构的知识,通过组织、提取、转化等不同方式进行融合,从而产生具有更高价值或更能满足用户需求的新知识。它是一个"从多种异构源中定位并获取知识且对所获知识进行转换的过程"[2],其对松耦合来源的知识进行集成,实现资源的合成,形成更加完整的知识,以使其能够回答或解决相关问题。从目标上来看,知识融合的目标"是产生新的知识,知识融合旨在实现知识共享、知识交互、智能提升等目标,从而完成从数据到信息,再生成知识,最

---

① 朱祥、张云秋:《近年来知识融合研究进展与趋势》,《图书情报工作》2019 年第 16 期。

② Alun Preece,et al,"Kraft:An Agent Architecture For Knowledge Fusion",*International Journal of Cooperative Information Systems*,Vol. 10,No. 1-2(2001),pp. 171-195.

终产生智能的飞跃"①。知识融合在数据时代愈发重要,正在为如何使知识得到最大化程度利用、实现知识增值并创造新知识,提供新的视角、思路方法和工具。知识融合正在成为各个领域不断深入研究和拓展应用的前沿主题。

(二)档案知识融合赋能的核心过程

档案知识融合通过知识融合的方法、技术、模型、思想等将多源异构的档案及相关知识融合形成新的知识,在拓展档案知识体系、丰富档案知识内容、深化档案知识层次的基础上,更好地满足社会和公众的需求,并为其提供更优质的服务。档案知识融合是新媒体时代创新档案公共服务视角、丰富档案公共服务产品内容、赋能档案公共服务的有益探索。新媒体环境为档案知识融合提供了丰富的内容、宽广的平台和强大的技术支持。

美国的 Social Networks and Archival Context 项目(以下简称 SNAC)是一个免费的在线资源,帮助用户发现关于历史资源(主要来源于文档)中创建或记录的个人、家庭和组织的生平和历史信息,以及它们之间的联系。该项目通过将散存于不同机构和不同数据库中的个人姓名、社会职业关系和传记历史等档案记录和数据,用统一的著录标准重新整合汇编到一起,再利用这些规范描述的档案记录构建一个可公开访问的系统,该系统将提供对分布式主要资源的集成或联合访问,同时提供相关档案记录的来源和连接,使用户能够识别和了解个人、家庭和组织及其历史,以及他们生活和工作的社交网络。该项目为用户提供的基于档案而展示的人物或联系的信息,是在对不同来源档案资源进行分析整合基础上而形成的帮助用户更好地理解认识事物和进行深入研究的知识,是知识服务的具体体现。

以档案知识融合为档案公共服务赋能,其核心过程(见图 5-4)要着眼于

---

① 祝振媛、李广建:《"数据—信息—知识"整体视角下的知识融合初探——数据融合、信息融合、知识融合的关联与比较》,《情报理论与实践》2017 年第 2 期。

所融合的对象——档案知识,要正确解析档案知识的来源、内容,要关注融合在动态中的实现,而其根本落脚点是更好地满足社会和公众的需求。

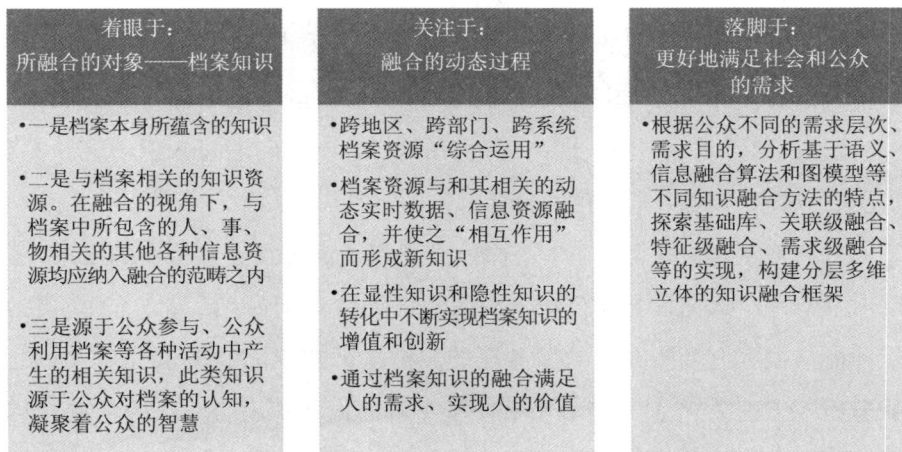

着眼于: 所融合的对象——档案知识	关注于: 融合的动态过程	落脚于: 更好地满足社会和公众的需求
•一是档案本身所蕴含的知识 •二是与档案相关的知识资源。在融合的视角下,与档案中所包含的人、事、物相关的其他各种信息资源均应纳入融合的范畴之内 •三是源于公众参与、公众利用档案等各种活动中产生的相关知识,此类知识源于公众对档案的认知,凝聚着公众的智慧	•跨地区、跨部门、跨系统档案资源"综合运用" •档案资源与其相关的动态实时数据、信息资源融合,并使之"相互作用"而形成新知识 •在显性知识和隐性知识的转化中不断实现档案知识的增值和创新 •通过档案知识的融合满足人的需求、实现人的价值	•根据公众不同的需求层次、需求目的,分析基于语义、信息融合算法和图模型等不同知识融合方法的特点,探索基础库、关联级融合、特征级融合、需求级融合等的实现,构建分层多维立体的知识融合框架

图 5-4 档案知识融合赋能核心过程图

首先,要着眼于所融合的对象——档案知识。达文波特认为知识是一种流动性的综合体,包括结构化的经验、价值以及经过符号化的信息等。知识既存在于文本以及各种系统中,也存在于工作流程、操作演示中,还包含于经验、见解之中。档案知识融合过程中所融合的档案知识应该至少包含以下几个方面的内容:一是档案本身所蕴含的知识。档案是人类智慧的结晶,是人类知识的重要源泉,是一种具有独特品质的知识资源。二是与档案相关的知识资源。在融合的视角下,与档案中所包含的人、事、物相关的其他各种信息资源均应纳入融合的范畴之内,为更好地满足公众需求提供丰富的素材。三是源于公众参与、公众利用档案等各种活动中产生的相关知识,此类知识源于公众对档案的认知,凝聚着公众的智慧。

其次,要关注融合的动态过程。融合是对多源、多元知识发生作用并产生新内容、新知识的活动,"融合的含义中包含更多改变被组合事物的本来属性,融合创新为新事物",它不仅仅是知识相加的物理过程,而且是一个"化学反应"的过程。在档案管理中,档案进馆一定程度上实现了档案资源的集中,但按全宗归档、按地区进馆,又在一定程度上造成了档案资源的分散,社会和公众的档案需求很多情况下需要在对跨地区、跨部门、跨系统档案资源"综合运用"的基础上得到满足;融合需要将档案资源与和其相关的动态实时数据、信息资源融合,并使之"相互作用"而形成新知识;融合还表现为在显性知识和隐性知识的转化中不断实现档案知识的增值和创新,通过知识的融合实现满足人的需求、实现人的价值的目标。

最后,档案知识融合的根本落脚点是更好地满足社会和公众的需求。档案知识融合要"面向社会和公众",面向公众研究、工作、生活等方方面面的需求,才能从根本上为档案公共服务赋能。根据公众不同的需求层次、需求目的,分析基于语义、信息融合算法和图模型等不同知识融合方法的特点,探索基础库、关联级融合、特征级融合、需求级融合等的实现,构建分层多维立体的知识融合框架,为档案公共服务的实现赋能。

三、先进技术赋能

自生命诞生以来,人类的生活就离不开信息的交流,从语言、文字,到造纸术、印刷术,到电报、电话,再到网络等,信息技术不断发展变革。21世纪以来,互联网、大数据、物联网、人工智能等新一代信息技术的发展对人类社会的影响尤为明显。新一代信息技术中的"新"指的是网络互连的移动化和泛在化,信息处理的集中化和大数据化,信息服务的智能化和个性化。当今时代,信息技术创新代际周期大幅缩短,创新活力、集聚效应和应用强能裂变式释放,技术赋能态势在各行各业愈演愈烈。新一代信息技术也正在深刻地影响着档案领域,从档案的形成到档案收、管、存、用,从涟漪泛起到一石激起千层浪,信息技术与档案管理活动不断深入融合。

档案公共服务是连接档案和公众的桥梁,新一代信息技术有助于档案公共服务渠道的拓展,有助于服务内容的丰富,有助于服务效果的提升。在档案公共服务中,应善用新技术,在技术与服务有机深入融合中为档案公共服务赋能,不断推动档案公共服务的发展。信息技术不仅大大丰富了产品内容的供给,其本身也成为传播资源重新配置、传播生态重新建构的结构性力量。在档案公共服务中,信息技术丰富了档案公共服务的内容,革新了档案公共服务的呈现方式、改变着人与档案资源的连接关系、提升着用户的服务体验等。在新媒体环境下,技术将会从多个方面为档案公共服务赋能,其中,利用新一代技术提升档案公共服务的可视可感、增强用户的沉浸与体验具有强大的潜力和可操作性,突出表现在对虚拟现实、增强现实和混合现实的应用以及对可视化技术的应用。

(一)虚拟现实与增强现实的应用

1.虚拟现实、增强现实和混合现实的可用性

虚拟现实技术起源于 20 世纪 60 年代,是通过可以产生三维代入感的设备,利用计算机生成一种模拟环境,让用户产生视觉上的"沉浸感",进而影响人体的其他感官—并认同虚拟事物具有真实存在感的一种技术。虚拟现实具有沉浸性、交互性、多感知性、构想性等特点。增强现实技术是通过计算机系统提供信息以增加用户对现实世界感知的技术,并将计算机生成的虚拟物体、场景或系统提示信息叠加到真实场景中,从而实现对现实的"增强"。增强现实技术将真实世界信息和虚拟世界信息"无缝"集成,把原本在现实世界的一定时间、空间范围内很难体验到的实体信息(视觉信息、声音、味道、触觉等),通过计算机等科学技术,模拟仿真后再叠加,将虚拟的信息应用到真实世界,被人类感官所感知,从而达到超越现实的感官体验。

虚拟现实和增强现实是两个不同的细分领域,虚拟现实重在给用户营造一种在虚拟现实中的身临其境感;增强现实则是在现实环境的基础上强化一种极致体验。混合现实指的是合并现实和虚拟世界而产生的新的可视化环境。混合现实分为两种情形:一种是扩展现实,比如真实的环境加上虚

拟的物体共同组成一幅（组）画面；另一种是扩展虚拟，比如虚拟的环境加上某些真实的物体共同构成扩展虚拟。随着虚拟现实、增强现实和混合现实技术的不断发展，它们被越来越多地应用到教育、医疗、设计、影视、文博等各个行业。在档案公共服务中，探索虚拟现实、增强现实和混合现实的应用，有助于通过破解传统档案公共服务中服务效果不好、服务质量不高等问题，通过利用技术将档案变得"绘声绘色"，在提升公众对档案公共服务的获得感中为之赋能。

2.虚拟现实与增强现实的赋能思路

在档案所具有的多元价值中，公众感知最强烈的是档案的凭证价值，而除此之外，档案还承载着知识和文化，具有文化传承、知识传播、文明延续、社会认同等作用和意义。现代社会，公众对其需求也愈加凸显，档案部门在公共服务中也越来越重视档案多元价值的传播和释放，虽取得了一定的成效，但仍潜力巨大。综观我国档案资源，从内容上来看，档案馆藏资源多为关于"过去"的信息；从形态上来看，档案资源中静态的文本、图片所占比重较大，这就使得档案在发挥作用的时候不可避免地带有一定的"劣势"。虚拟现实、增强现实和混合现实技术在档案公共服务中的应用，恰恰能够打破档案资源的"劣势"，以更能触动公众的、可感知、可体验的方式，满足公众需求，实现对公众的启迪、熏陶和教育。以档案文本信息、图片等为依托，以其独具的关联为线索，选择利用虚拟现实、增强现实或混合现实技术，恢复一段历史场景、再现一个事件情境，将公众代入"当时当事"，使公众在场景体验的沉浸与交互中，以"我"为中心，在动态的体验中品味历史、获取知识、培养情感。

2019年，湖北省档案馆举办的庆祝新中国成立70周年档案史料展，充分利用了VR技术，在其虚拟档案展厅中，设有沉浸式情景体验区，在这一体验区，通过先进技术赋能，帮助用户以"现场亲历者"的身份真切地感受历史事件，比如通过VR技术，用户可以感受枪声、炮声，置身于战士冲锋陷阵战争现

场,感受和平的来之不易。① 在上海浦东新区档案局馆主办的"峥嵘七十年
浦东绘传奇"档案展览中,引入了实景展示、全息投影、口述历史播映、VR 互
动体验等沉浸式观展体验,营造物人有机对话的时空通道;VR 互动体验区特
别设计了"VR 全息时空穿越体验",参观者戴上 VR 眼镜,可以穿越到建于 20
世纪 90 年代的浦东标志性公共休闲空间——世纪公园,一览公园从建造至今
的景致变化。当前,虚拟现实等先进技术赋能档案公共服务还处于一个刚刚
起步阶段,在新媒体环境下,这些技术在线上线下档案展览、档案游戏设计、档
案编研产品的设计等方面,都将有极大的应用空间。

(二)可视化技术的应用

1. 可视化技术的可用性

视觉是人类获得信息的最主要途径,认知科学的研究成果表明,人类
80%以上的信息获取是通过视觉系统,视觉感知是人类大脑的最主要功能之
一,超过 50%的人脑功能用于视觉信息的处理,且视觉信息处理具有高速、大
容量、可并行等特点。1989 年,斯图尔特·卡德、约克·麦金利和乔治·罗伯
逊提出可视化概念,"可视化技术以人们惯于接受的图形、图像等视觉符号系
统辅以计算机信息处理技术,将被感知、被认知、被想象、被推理、被综合及被
抽象化的客观事物属性及其变化发展的形式和过程,通过形象化、模拟化、仿
真化、现实化的技术手段表现出来"②,从而使呈现对象具有简洁直观、真实具
体、高效传播及美观有趣等优势。信息可视化是"在计算机、网络通信技术支
持下,以认知为目的的,对非空间的、非数值型的和高维信息进行交互式视觉
表现的理论、技术与方法"③,通常分为面向数据本身的可视化和面向数据关
系的可视化,前者侧重于对内容本身的解析、展示、交互与演绎,后者侧重于对

---

① 罗倩、项敏刚:《VR 技术在档案展览中的应用》,《北京档案》2020 年第 2 期。
② 刘磊、程洁、田梦:《信息可视化的传播学意义及应用》,《当代传播》2017 年第 1 期。
③ 周宁、张李义:《信息资源可视化模型方法》,科学出版社 2008 年版,第 82 页。

数据之间关系的梳理、表达与可视化展示。

2. 可视化技术赋能的思路

档案信息可视化,有助于帮助公众提高对档案的阅读兴趣、更好地理解档案内容、发现档案所包含信息之间的关系。比如对于档案文本,可以"从文本中抽取关键词,再根据每个关键词出现的频率等来决定关键词的重要程度,最后通过字体、颜色、形状、排版等视觉方式"展示,这是较为基础的对可视化技术的应用,大大提升了档案的可读性和可理解性。当前,信息可视化设计表现形式越来越多样,并从二维空间向多维空间、从静态向动态再到动静相结合的表现形式拓展。视觉是人类发现和探索未知世界最为灵敏、快捷的感觉系统①,它不是对元素的机械复制,而是对有意义的整体结构式样的把握。档案信息可视化,将档案以更加人性化、更加符合公众心理和认知的方式呈现,有助于推动档案公共服务目标的实现。比如,传统家谱档案蕴含内容丰富,但受传统纸媒的限制,表现形式单一,利用可视化技术,可以展示家谱中人、地、时、事、物等要素及要素之间的关系网络,更直观地展现传统家族历史的更迭与文化的传承,能够帮助公众更好地利用家谱档案,更深层地挖掘和实现家谱档案的价值。② 在实践探索中,2017年《苏州年鉴》可视化网络年鉴系统启用,年鉴展示分为走进苏州、多维姑苏、年度分析、深度研阅等模块,每个模块从不同维度进行展示分析,生动形象,为公众提供了良好的阅读体验,同时也是苏州年鉴编纂出版模式由传统出版型向数字出版型转变的尝试。

在新媒体环境下,信息对公众的吸引性,在很大程度上取决于信息的呈现方式,传统的档案文本、图片呈现方式很难满足公众的需求,呈现方式的缺憾掩盖了档案的内在之美,使得档案价值难以充分实现,这也是引发档案有用而不被用悖论的重要原因之一,信息可视化为打破这一悖论提供了强有力的技

---

① 许世虎、宋方:《基于视觉思维的信息可视化设计》,《包装工程》2011年第16期。
② 曾婷、杨帆、王恒:《国土规划数字档案资源的数据挖掘与可视化》,《兰台世界》2019年第S1期。

术支持。在档案公共服务中,应充分借鉴可视化技术在相关领域的优秀成果,实现信息可视化技术与档案的深度融合,以可视化为档案公共服务的实现赋能,并为档案公共服务注入生机与活力。

第三节　释能:实现多种形态

档案释能形态是档案公共服务直接被公众感知的外在表现,是档案公共服务实现的具体方式,是档案公共服务价值能量释放的"出口"。不同时期档案服务的方式有不同的形态,伴随着社会的进步和档案服务的发展,我国档案服务的主要方式也在不断发展和完善。传统档案的服务方式可分为三种①:一是以档案原件提供利用,比如馆内阅览、档案外借等;二是以档案复制件提供利用,比如以复制件代替原件使用、编辑出版文件汇编、档案展览等;三是综合档案内容编写书面资料提供利用,比如制发档案证明,向社会提供加工的档案信息等。伴随着网络的发展,档案服务方式不断拓展和创新,比如传统的展览、借阅充分利用网络技术,打破时空限制,为用户提供在线展览、网上借阅等更加便捷的服务。新媒体环境下,移动化服务是传统档案利用服务方式的重大变革。②"从理论上看,所有新媒介都是公共信息服务形态的可能选择,它们各自具有特征和优势,它们与纸质公共信息宣传品或原始公共文档公开一起共同组成公共信息服务产品集群。"③

新媒体环境,一方面正在赋予着传统档案公共服务方式新的生命力,另一方面又催生着新的档案服务形态。档案公共服务以日趋完善、不断创新的服务形态释放自身的能量和价值,是突破档案公共服务实现的"最后一公里",

①　陈兆祦、和宝荣、王英玮:《档案管理学基础》,中国人民大学出版社 2005 年版,第297 页。

②　赵屹、汪艳:《档案利用服务的移动化形式与泛在化趋势》,《档案与建设》2015 年第10 期。

③　周毅:《公共信息服务的供给侧结构改革研究》,《情报理论与实践》2017 年第 5 期。

是外化服务意义的过程,是全面实现档案公共服务的关键。应在不断探索多样化的释能形态中推动档案公共服务的完整实现。实现多种形态的释能,可以从释能形态的传承与发展、突破与创新两个方面进行具体分析。

一、传统释能形态的完善与发展

在长期的发展中,我国档案公共服务已经形成了一些稳定的服务方式,这些方式在不同时期以不同的表现形式发挥着巨大作用,比如档案借阅、档案展览、档案宣传、档案编研、档案咨询等,在此可称之为传统档案公共服务方式。传统档案公共服务方式从实体档案的管理和开发利用发展而来,多关注和集中于线下服务功能的实现。在长期的实践探索中,这些服务方式积累了一系列的经验,也形成了一定的优势。在新媒体环境下,这些服务方式将继续成为档案公共服务释能的重要形态;但应与时俱进,结合新的服务理念、技术发展、环境背景,在传承中发展,提升其释能功效。新媒体环境下传统档案公共服务释能形态的完善与发展,可基于以下线索开展。

(一)延展传统的线下服务优势

线下服务通常是服务者和利用者在同一空间,通过面对面的方式展开。真实的在场,使用户在满足特定需求的过程中,自然而然置身于档案建筑、服务场景之中,有助于用户全方位地感知、感受档案公共服务;通过面对面的沟通交流,有助于给予用户更加人性化、个性化的体验。坐在安静的阅览室中查阅档案,驻足于老照片的展览前,线下服务带给用户的是档案服务的独特体验,它为用户营造了一个积淀思想、涤荡心灵的带有温度的空间。新媒体环境给人们带来的影响,不仅仅是新媒体技术应用产生的对硬环境的影响,也包括新媒体理念对软环境的影响,开放、包容、互动是新媒体环境赋予时代发展的重要特色。在档案公共服务中,延展线下服务优势,也应充分融入开放互动的新元素。虽然线下服务是历来档案公共服务的重要形式,多年来也有了较大的发展,但仍有巨大的延展空间。当前,我国线下档案公共服务集中表现在以下几个方面。

第一,公众到档案馆查档用档。公众到档案馆查档、用档是档案服务中最传统的服务形态,伴随着我国档案公共服务的发展,档案部门工作理念的转变、人员素质的提高、硬件环境的建设,服务质量不断提升,公众到馆查档、用档的满意度也同步提升。在延展查档、用档服务方面,注重对各种新媒体技术的广泛应用,通过自助查档,优化查档设施等,将有助于进一步提高公众查档、用档的效率和便捷程度。在新媒体环境下,公众查档、用档需求出现了向线上转变的趋势,但线下查档在未来较长时间内仍将同步存在。

第二,档案馆举办档案展览,吸引公众到馆参观。档案展览一直在档案公共服务中扮演着重要角色,2018 年度,全国各级综合档案馆举办档案展览3155 个,接待 486 万人次参观。① 近来我国在档案展览方面也取得了巨大的成绩,积累了丰富的经验,但同时也存在一定的问题,如有些档案展览只是对档案进行简单复制,然后按照一定的顺序"张贴"或者制作展板,只有极简单的说明,有些甚至没有必要的说明,所选取的档案素材不典型不连贯,复制件质量不一,画面、文字不清晰等,直接影响了展览的效果。当前档案部门的展览已开始注重对新媒体等各种先进技术的应用以提升服务效果,尤其是在近两年的档案展览中,很多档案馆采用虚拟现实等技术,增强用户体验感,提升展览的吸引力。在新媒体环境下,作为档案公共服务重要释能形态的档案展览,在形式方面应继续探索将先进技术应用到展览之中;在内容方面,一是应更加注重选择公众喜闻乐见的素材,二是既注重展览内容的广度、时间的跨度,也注重对素材挖掘的深度,三是注重提升展览的"温度",以故事叙述等方式使展览深入人心。

第三,开放档案馆,吸引公众到馆体验。近年来,我国部分档案馆以此作

---

① 国家档案局:《2018 年度全国档案行政管理部门和档案馆基本情况摘要(三)》,2019 年 9 月 23 日,见 http://www.saac.gov.cn/daj/zhdt/201909/768be44569544f30ad6421c391e4d514.shtml。

为 6 月 9 日国际档案日系列宣传活动的重要组成部分,邀请公众走进档案馆进行观摩体验,并为其提供现场服务。比如北京市档案馆已连续多年将其作为档案日活动的内容,邀请公众走进修复室,近距离观看破损档案去污、消毒、修补、托裱、除酸、剪切、装订等完整的修复流程,并指导公众亲身体验修复档案的乐趣等。对很多社会公众而言,档案馆仍然是一个充满神秘色彩之地,除了面向公众开放档案,将档案馆向公众开放,使公众全面了解与自己、与国家历史和发展密切相关的档案资源的收管存用,是公众的权利,也应是档案部门公共服务的重要组成。

综观新媒体环境下线下档案公共服务,除了上述三个方面的继续深化外,还有诸多值得延伸和拓展之处。

首先,在形式上,不断丰富线下服务形式。为公众创造更多与档案馆亲密接触的途径与机会。在世界范围内,很多国家和地区的档案馆都有档案馆之夜类似活动和项目,比如,2014 年 1 月,美国国家档案馆与档案馆基金会第一次举办档案馆之夜,该活动专门为 8—12 岁的孩子及陪伴他们的成人设计,邀请其到档案馆过夜,参与者能够通过该活动探索美国国家档案馆档案库房、穹顶展厅、波音学习中心等地,并通过一系列活动深入了解档案管理活动、档案幕后工作,并能够睡在陈列着全美最珍贵的 3 份历史文献《独立宣言》《美国宪法》《人权法案》"几英尺远"的地方。自 2014 年至今,美国国家档案馆每年定期举办档案馆之夜活动,每次活动主题不同、内容不同,已经吸引了越来越多的家庭参加,并深受公众喜爱。该活动以线下的形式,为公众与档案馆创造了"亲密""深入"接触的机会。每个档案馆都有其独特的馆藏资源,线下服务的体验和在场参与、面对面互动等优势是任何时代、任何其他方式都不可替代的,新媒体环境下,档案馆应注重通过探索不同的活动和方式,提供多种服务,充分释放档案馆馆藏资源、空间等优势。

其次,在内容上,不断深挖线下服务内容。当前我国档案公共服务中线下服务内容较为单一,且对所展示的馆藏内容的开发不够深入,比如多集中在档案原件和编研成果的展示。未来档案公共服务过程中,可在此基础上,不断提升内容的吸引力,比如,在美国国家档案馆人权运动展厅,设置了可供游客分享体验的游戏台,用户可以将自己感兴趣的问题输入,系统就会调出相应的档案和照片,可以进行阅读和观看,还可以实时分享感受。线下服务的内容,可以结合当地特色、当地群众关心的话题、热点等进行内容设计,既关注关系社会发展、国家历史的大主题,又有深入群众日常工作生活的微选题。

(二)同步探索传统服务的线上实现

线上服务最显著的优势是打破时空界限,为用户提供更高效、更便捷的服务。传统的档案展览、档案宣传、档案编研成果传播等服务方式,借助新媒体环境下的线上传播速度快、影响范围广、不受时空限制等特点,可以有效地实现档案公共服务、提升档案公共服务效果。

1. 在线查档

随着我国档案信息化的不断深入,在线查档已成为我国档案部门探索创新服务方式的重要举措,从门户网站预约查档,到移动新媒体的应用,为公众提供了越来越便利的服务。以上海为例,浦东新区档案局(馆)通过"浦东档案"APP、"浦东档案"微信公众号、市民云等移动在线服务平台,为公众提供民生档案预约查档服务;"奉贤档案""最忆杨浦"等微信公众号为公众提供多类民生档案和专题档案在线预约服务;上海普陀档案开设"指尖上的档案"微信服务窗口等。

在线查档是传统档案公共服务在新媒体时代的发展,是档案公共服务顺应时代发展、顺应公众需求的具体表现。在新媒体时代,在线查档的进一步完善和发展可着眼于以下几个方面:一是在线查档范围的拓展,当前我国各档案馆在线查档范围仍相对较窄,主要集中在对部分民生档案的查找,查找之后的在线利用也受到一定的局限,因此,应进一步推动档案资源的数字化,将各类已开放可利用的档案资源"推"到线上;同时,完善电子文件的在线归档,能够及时整合与公众关系密切的电子档案提供在线利用。二是在线查档过程的人性化。微信公众号、APP 等都是在线查档的重要平台,档案部门在利用这些新媒体工具为公众提供服务的过程中,一方面要保证公众的信息安全,另一方面要注重节约公众为查找档案而付出的下载、安装等"操作"成本,以尽可能便捷的方式使公众获取所需档案。

2. 线上展览

线上展览是指将某份、某一主题或者某一系列的档案资源在网络上呈现和展示给公众,以供公众享用。档案线上展览伴随着互联网的发展而发展,从内容上来看,在线上展览起步阶段,主要是档案部门将数字化的特色馆藏资源上传到门户网站,上传资源较为分散、零散;在随后的发展中,网上展览除了各馆的特色馆藏不断丰富外,展览内容也逐渐有了明确的主题,集中表现为与革命历史相关的主题;在深入发展的过程中,展览主题不断多样化,出现了关于城市记忆、与人民群众生活密切相关的老照片等题材的展览。从形式上来看,最初是档案部门在门户网站上开设网上展览模块,将数字化的照片、档案文献上传,形式较为单一;在之后的发展中,线上档案展览融合了音频、视频、三维动态展示、VR 等技术的应用,展览形式不断丰富,也从档案门户网站扩展到微信公众平台、APP 等移动终端。线上展览正在成为备受青睐的档案公共服务的形式。上海奉贤区搭建微信平台,探索"互联网+档案展览"模式,开设"网上展厅"板块,可在线浏览"见证贤城"——奉贤档案史料展、"非物质文化遗产展""见证改革开放 40 年图文展"等主题展览,以图文并茂的形式讲好奉贤故事,更好地发挥了档案宣传教育作用。2020 年 3 月,成都市档案馆与华西都市报封面新闻客户端联合举办档案展览"云观展"活动,在线直播大型档案情景展览《成都故事》,该展览首次亮相网络平台,为广大网友提供了在新冠肺炎疫情期间足不出户看展览的机会,满足了社会公众特别是青少年对档案文化的需求。①

---

① 《成都档案"云观展"受网友好评》,2020 年 3 月 20 日,见 http://cdarchive.chengdu.gov.cn/cdarchive/c138104/2020-03/20/content_218a79b475bf4a0fba125f7f50af9c86.shtml。

在线上展览现有发展基础上,其在新媒体环境下的释能,可重点从以下几方面着手。首先,注重展览内容的丰富性和立体性。展览既有档案原件的再现和展示,也应该通过关联的建立和揭示为用户讲述事件、人物的关系、故事。此外,展览的讲解和讲述,也应该是展览内容的重要组成部分,辅以音视频的讲解,有助于公众深刻理解"展品"内涵,进而提升公众观展的获得感。其次,注重展览的开放性和互动性。在展览过程中,用户不是被动地观展,应该通过多种策划和设计,使用户能够走进档案,深刻地感触历史。比如,在"档案·广州"展中,设计了"民国街档案 DIY"互动环节,通过互动抠像系统,让观众制作专属自己的"民国居民身份证",公众在参与的过程中能够更深刻地了解、体验相关的内容和知识。最后,注重对先进技术的合理应用。根据不同主题、不同内容的展览,选择与之相匹配的实现技术,在技术选择中,适合的才是最佳的。线上展览不是简单地把数字化的照片等档案资源堆砌叠加到线上,而是要根据媒体平台的受众和传播特点,利用先进技术进行"加工"实现。

3. 档案编研的在线化

为公众提供编研成果的利用,是档案公共服务实现的重要途径和方式,丰富的编研成果,将为档案公共服务的实现提供坚实的物质基础。我国历来重视档案编研工作,1979 年 8 月,全国档案工作会议指出,"工作基础较好的档案馆,要着手进行档案史料的编研工作,研究档案内容,汇编档案史料,参加编史修志,为历史研究服务。"20 世纪 80 年代,各级档案馆普遍设立了档案编研机构,经过 40 年的发展,全国各地的编研工作稳步前进,编研成果数量也逐渐增加。① "十二五"期间,全国各级综合档案馆开放档案约 1.3 亿卷(件),公开出版编研资料 6080 种,共计 21 亿字。② 当前我国编研成果多以档案汇编、文摘、年鉴、图集、文献选编等形式存在,往往由编研团队历经较长时间的艰辛

---

① 董思琦、李颖:《数据时代档案编研工作发展策略研究》,《山西档案》2020 年第 1 期。
② 国家档案局:《全国档案事业发展"十三五"规划纲要》,2017 年 12 月 5 日,见 http://www.saacedu.org.cn/war/xiangxi.html? id=94。

工作而成,系统完整,价值重大且意义深远。但是,其影响力和服务力并未完全释放,仍存在较大提升空间。在新媒体环境下,档案编研的在线化是发展和完善传统档案编研工作,使之充分释能的重要思路和方法。

档案编研的在线化包含两个方面:第一,档案编研成果的在线化。档案编研成果在线化是指将编研成果以在线的方式供公众分享和利用,一方面对已有编研成果在线化转化,多年来编研工作的发展积累了丰富的编研成果,但多表现为传统的纸媒和少量的音像成果,可通过数字化、数据化、信息可视化等信息技术,将这些成果转化为适合新媒体平台传播的数字形式,通过微信平台、抖音短视频等提供给公众;另一方面,多年档案信息化的努力已积累并形成了丰富的数字档案资源,应充分利用数字档案资源开展编研工作,利用各种多媒体技术,形成公众喜闻乐见、影音图相结合的编研成果。第二,档案编研过程的在线化。在编研成果形成过程中,利用数据挖掘、数据分析、人工智能等技术,实现对档案素材更加深入、更加充分的利用,形成更高质量的编研成果。同时,利用网络平台、社交媒体工具等,使公众参与档案开发编研的过程,在选题过程中,可在线征求公众意见,形成满足公众需求的选题,提升选题的科学性;在成果形成过程中,为公众提供贡献智慧的在线平台,丰富编研成果内容;在编研成果传播和提供利用过程中,充分借助微信、微博、知乎、豆瓣、QQ 等社交媒体平台优势,使编研成果通过多渠道、多向传播触达公众,提升编研成果影响力。

美国卡耐基自然历史博物馆馆藏丰富,其中有关于鸟类声音的档案,该博物馆以此为素材,设计了一款闹钟 APP,并称之为"黎明协奏曲"。这款 APP以闹钟的形式将鸟鸣的声音推送给用户,并向用户展示自然历史博物馆在保护鸟类多样性方面所作的努力,呼吁人们爱护鸟类,即满足了公众的需求又富有教育意义,是卡耐基自然历史博物馆努力探索如何将馆藏与公众需求相结合的成果。面对我国丰富的档案馆藏资源,通过档案编研的在线化充分实现档案的价值,发挥档案的作用,使档案编研这一传统经典活动在推动档案公共服务释能中更具生机和活力。

对于传统的档案公共服务释能形态,线上和线下并非迭代关系,它们是一种有机融合,既充分发挥各自优势,探索其在新媒体环境下线上实现和线下实现的新路径,同时,更注重线上线下优势的融合发挥。一方面通过线上服务将公众带到线下体验,比如线下活动的线上宣传;另一方面通过线下活动将公众带到线上参与,比如将线下参与体验在社交媒体平台上分享,有助于活动影响力的提升并形成良性循环等。在新媒体环境下,"线上""线下"的界限正在消融,传统档案公共服务的释能形态也应在线上线下的融合互推中不断发展和完善。

二、现代释能形态的突破与创新

网络的发展和普及,新媒体时代的到来,改变着人们工作、学习和生活的方式,改变着人们获取、利用信息的方式,也在催生着新的服务方式。突破与创新的档案服务释能形态主要是为了更好地满足公众需求,结合档案公共服务的规律和特点,在新理念的指导、先进信息技术的支撑下而形成的多种多样的服务手段和方式,可称之为现代档案公共服务释能形态,其体现了档案公共服务具体方式从 0 到 1 的突破,是充满生命力的新生事物,正在成为推动档案公共服务释能的重要力量。

(一)建设档案知识库

1.档案知识库的优势和特点

档案知识库是新媒体环境下,在对档案专题数据库突破的基础上实现的创新。随着信息化的发展,档案专题数据库出现,成为网络环境下档案开发和利用的新形式;档案专题数据库因其有助于档案资源的深层开发、提供便利快捷的服务而备受档案部门的重视和青睐。各级各类档案部门纷纷开展档案专题数据库建设的探索。经过多年的实践,我国档案专题数据库建设取得了一系列成效。这些数据库多以本馆馆藏档案资源为基础,提供简单的目录查找或检索,一定程度上起到了专题资源汇集的作用。但其内容的单调、提供利用方式的单一等亟待打破,档案知识库是一种应运而生的突破与创新。在新媒体环境下,公众对知识的渴望、各种平台与工具的日趋多元化,为档案知识库提供了肥沃的土壤。

档案知识库是指在知识融合赋能的视角下,以档案资源为依托,以特定主题为着眼点,按照一定的标准和规范,通过组织、融合、表达,以满足用户需求、服务公众为落脚点的资源库。档案知识库在知识融合的视角下,形成了自身的特点和优势(见表5-3):在内容上,档案知识库的内容不再仅仅局限于馆藏档案资源,而是以档案资源为依托,吸引各种相关资源,知识库的内容既包括静态历史档案数据,又融合同一主题下的动态实时数据,也融入了档案在利用服务中产生的新数据、知识,并注重公众参与,凝聚公众知识。档案知识库的内容呈现丰富性、多元性等特点,以更加完善、科学的知识体系面向社会和公众,有助于更好地满足公众需求,并为公众提供精准服务。在架构上,档案知识库不再是简单的档案汇集,而是通过数据分析、数据挖掘、知识关联、人工智能等多种技术,既为用户提供大众化普适性服务,又提供个性化精准服务。在形式上,不仅仅具有查询检索功能,而且通过可视化呈现、深度交互等提升知识库的服务效果。档案知识库较之档案专题数据库延展了内容、创新了架构、丰富了形式,将成为更有力的为档案公共服务释能的重要形态。

表5-3 档案知识库的特点和优势列表

内容上	不再仅仅局限于馆藏档案资源,而是以档案资源为依托,吸引各种相关资源
构架上	不再是简单的档案汇集,而是通过数据分析、数据挖掘、知识关联、人工智能等多种技术,既为用户提供大众化普适性服务,又提供个性化精准服务
形式上	不仅仅具有查询检索功能,而且通过可视化呈现、深度交互等提升服务效果

2. 建设档案知识库的探索

档案知识库以档案资源为核心凝聚相关知识,具有真实性、可靠性和系统性等天然优势,对满足公众和社会某一主题知识的需求具有不可替代的价值和意义。比如,面对 2019 年 12 月以来的新型冠状病毒感染的肺炎疫情,张斌、杨文在《关于做好新型冠状病毒感染的肺炎疫情防控工作档案资料管理的建议》(《中国档案报》2020 年 2 月 10 日)一文中指出,新型冠状病毒感染的肺炎疫情防控工作规模空前,其产生的档案资料数量巨大、种类繁多、内容丰富,相关文献积累数量也日益庞大。这些档案资料和文献对于总结和改进防疫工作、进行科学研究、提升社会治理能力、开展宣传教育具有十分重要的价值,并建议筹划建设"新型冠状病毒感染的肺炎疫情防控专题档案与文献数据库"。蔡盈芳在《关于建立国家突发事件档案专题数据库的设想》(《中国档案报》2020 年 2 月 10 日)一文中认为,应汇集全国各地、各部门在各种突发事件应对中形成的档案,建成档案专题数据库,并在突发事件的应对中发挥其应有的参考价值。以"新冠肺炎疫情"或以"突发事件"为主题建立专题数据库对国家、社会和公众都具有重大意义,笔者非常赞同上述建议,但若能以档案知识库的视角和思想进行突破和延展,比如从内容上纳入关联密切的其他信息资源(比如关于新型冠状病毒的科普知识)、专家经验、优秀案例等,从构架、形式等方面突破传统档案专题数据的功能和作用,形成更符合公众需求的知识库,相关档案服务社会和公众的潜力将更能充分释放。

3. 强调"面向公众"释能

当前已有的档案专题数据库、档案知识库的研究和实践仍多集中于面向研究、面向政府决策等特定群体的特定需求,因此真正重视并实现"面向公众"也是档案知识库在建设中需要突破和创新的关键点。在新媒体环境下,公众所需的和感兴趣的各种主题的知识越来越多,所以档案知识库建设在面向公众的建设中,可以选择的切入点也非常多,而当前我国数字档案资源日趋丰富,档案价值体聚积的能量不断增大,为档案知识库建设提供了丰富的素材,档案知识库建设应充分有效利用这些宝贵的素材,在激活档案价值、活化档案资源的过程中满足公众需求,并为档案公共服务释能。

(二)丰富档案游戏

1. 游戏与档案游戏的特点

游戏伴随着人类的文明发展而发展,从中国古代的风筝、空竹,到电子游戏,游戏丰富着人类的生活,也推动着人类社会的进步。游戏具有生动活泼、乐趣性、规则性、目标性、交互性等特点,是一种在规定的场景中,在特定的规则指导下,使游戏者在既紧张又愉悦的情绪下完成特定的任务或实现某种目标的活动。游戏规则被游戏者自由接受,但又有着绝对的约束力,游戏是人类的一种固有冲动,是人们在某一时空范围内进行的自愿活动。① 在新媒体环境下,游戏功能愈发多元,容量日益增大,游戏自身逐渐发展成了一种媒介。游戏中不仅包含了剧情、任务、操作,还包括了情绪、社交互动、知识乃至价值观,游戏可用来传授知识、安抚情绪、传递理念、构建认同。②

档案游戏是充分运用各种现代信息技术,将档案公共服务的内容、方式、手段游戏化的过程和结果,即以游戏的方式或者通过游戏元素的添加,改善用户体验、提升用户参与,实现档案公共服务的目标,是一种新媒体环境下使档案公共服务更具激励性和吸引性的服务释能形态。在对游戏的探索和应用中,通常将游戏分为娱乐游戏和严肃游戏(也称"功能游戏"),前者重在娱乐和放松,比如亚里士多德认为游戏是劳作后的休息和消遣,本身不带有任何目的性的一种行为活动。后者是一种融乐与教于一体的游戏形态,比如索尼在线娱乐的首席创意官拉夫·科斯特认为,"游戏就是在快乐中学会某种本领的活动"。严肃游戏中的"严肃"是突出实用性和功能性,是使用游戏的理念

---

① 石中英:《重塑教育知识中"人的形象"》,《教育研究》2002 年第 6 期。
② 喻国明、杨颖兮:《参与、沉浸、反馈:盈余时代有效传播三要素——关于游戏范式作为未来传播主流范式的理论探讨》,《中国出版》2018 年第 8 期。

和方法让用户以相对轻松、娱乐的方式掌握某种知识、提高某种能力或者丰富某种体验、熟悉某种复杂设计等。

2.档案游戏的功能及实现

档案游戏是以游戏的方式实现档案的价值,为用户提供档案公共服务的一种全新体验,进而推动档案价值的全面释放和深远传播。截至 2019 年 12 月,我国的游戏移动应用规模排在第一位,档案游戏既顺应了新媒体时代的发展,又是档案公共服务的一种创新。白志如在《游戏学:一种媒介的视角》一书中,将游戏的功能概括为:首先,游戏能够满足人们对自由、自足、轻松、快乐的追求;其次,游戏具有传播和沟通的功能,是维系人际和社会关系的纽带;再次,游戏具有政治、经济功能,反映了国家和社会的兴衰;最后,游戏具有传承文化、缔构文化的功能。游戏的功能是多方面的,档案游戏作为档案公共服务的创新释能形态,其功能表现在档案游戏从设计开发到用户参与游戏的全过程。档案游戏将有价值的档案及相关内容,以轻松的参与方式,充分调动用户情感,丰富用户沉浸式体验,在与公众深入互动中实现多种功能,进而推动档案公共服务目标的实现。新媒体环境下档案游戏的生命力正在彰显,但在我国正处于刚刚起步阶段,综合游戏的功能和基本规律,结合国内外已有的实践探索,未来可从以下方面推动我国档案游戏释能的突破与创新(见图5-5)。

(1)设计开发档案游戏,实现知识的传递。依据用户的身份、年龄等特点,结合不同类型档案的内容和特点,进行游戏的开发设计,寓教于乐,使用户在游戏的过程中获取、学习相关知识。在英国国家档案馆网站上,有 19 款面向 5—18 岁少年儿童的小游戏①,其中多款有助于帮助孩子学习历史知识。游戏基于不同历史时期馆藏资源进行开发设计,根据游戏的难度和内容,对适用儿童进行细分,按年龄分为 K1(5—7 岁)、K2(7—11 岁)、K3(11—14 岁)、K4(14—16 岁)、K5(16—18 岁)五个阶段。比如其中的火车游戏,面向 7—11

---

① 英国国家档案馆,2020 年 6 月 20 日,见 https://www.nationalarchives.gov.uk/education/sessions-and-resources/? resource-type＝games。

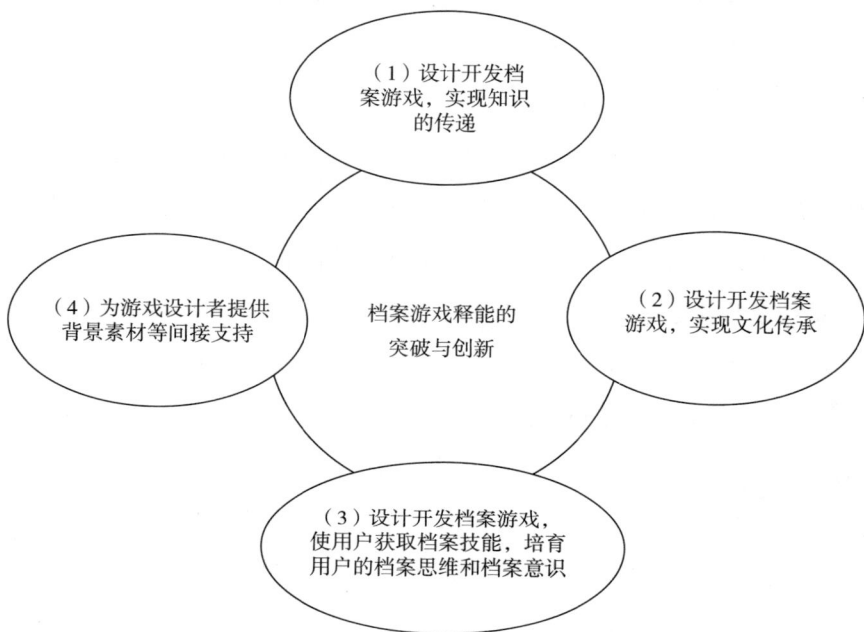

图 5-5 档案游戏释能的突破与创新示意图

岁儿童,游戏提供了关于维多利亚时代的文件档案和相关知识的讲解,通过回答关于维多利亚时代的相关知识,帮助火车行驶抵达海边,问题回答正确火车前行,回答错误火车后退,图文设计生动,帮助孩子在游戏过程中自然而然地理解并掌握了维多利亚时代的历史知识。

(2)设计开发档案游戏,实现文化传承。在游戏过程中,通过情景模拟等使用户在潜移默化的融入中体验、品味不同历史时期的文化。2019 年 9 月,浙江省杭州市富阳区推出以"档案拼图忆发展,比拼手速赢头盔"为主题的老照片趣味拼图游戏,游戏以反映富阳改革开放伟大历程和辉煌成就的老照片为底稿,分为撤县设市、撤市设区、老城区旧址等多个主题,针对不同年龄的参与者,设计不同的难度模块,操作简单、趣味性强,让参与者在拼图中见证富阳的蓬勃发展,感受档案的承载使命。游戏推出 48 小时内吸引了近 2 万余人次参与,可见档案游戏的吸引性及其重大意义。

（3）设计开发档案游戏，使用户获取档案技能，培育用户的档案思维和档案意识，帮助用户在泛记录时代保管好、利用好与自身相关的有价值的记录。2018 年，唐山市档案馆为推广成长档案在全社会的认知和影响，研发了青少年成长档案 VR 游戏——《小小档案员》，游戏采用三维虚拟现实技术，设计交互模式，为青少年营造了一种沉浸式的体验氛围，促使青少年了解成长档案，培养收集成长档案的意识。①

此外，在档案游戏功能实现的过程中，用户并非被动地加入，互动性是游戏的重要特点之一，在互动的过程中，用户一方面从档案中汲取营养，另一方面也贡献自己的知识和智慧，推动整个游戏形成一种内容循环再生机制。

（4）为游戏设计者提供背景素材等间接支持。在新媒体环境下，游戏基于自身的功能和优势，在各个领域都逐步备受关注和青睐，档案资源也应为其他各领域的游戏开发提供素材和资源支持，"游戏框架制造的是一个虚拟的世界，但这个世界中却镶嵌着一个可信任的正解表意模式"②，档案资源应充分发挥其真实性、原始性，为各种游戏的开发提供内容、背景支持，比如利用档案构建游戏场景，利用档案使情境更加逼真等。2016 年 6 月，英国国家档案馆与约克大学举办了一场游戏节，该游戏节以"蒸汽朋克"（steampunk）为主题，要求参赛者用两天的时间设计一款以国家档案馆收藏的档案为创意来源的游戏，档案馆为参赛者提供历史文本，从馆藏中挑选出游戏可能用到的文件和图片等以供使用，并帮助他们理解文件，该活动推动了对维多利亚和爱德华时代形成的视频资料和 Julie 专题档案的利用。2017 年，大英铁路博物馆曾推出一个名为"失踪的乘客"的浸入式探案游戏，游戏场景设置在 1937 年的几节火车车厢中，游戏参与者扮演的角色是乘坐这趟火车的犯罪小说作家，其顺着规定的路线去搜寻证据。游戏充分利用馆藏档案进行情节、场景的设计，

---

①　中国档案资讯网：《河北唐山打造新时代档案服务"四最"品牌》，2018 见 5 月 2 日，见 http://www.zgdazxw.com.cn/news/2018-05/02/content_233843.htm。

②　宗争：《游戏学：符号学术学研究》，四川大学出版社 2014 年版，第 56 页。

游戏中车厢的布置,是按照 1930 年的一张行李车厢遭偷盗后的作案现场照片进行还原的,列车时刻表等文档都成为其游戏情节设计的参照,其中的人物形象也参照了大量的馆藏档案。当前越来越多的游戏开发者正在从档案中寻找素材、激发灵感,并在设计中利用档案设置场景,以提升游戏的吸引性,并充分实现游戏的多种功能。为游戏设计提供多方面的支持,也应成为档案公共服务在现代社会释能的重要途径。

(三)形成社交媒体应用矩阵

1. 社交媒体发展的简要历程

社交媒体是人们彼此之间用来分享意见、见解、经验和观点的工具和平台,美国学者 Antony Mayfield 在其《什么是社会化媒体》的电子书中认为社交媒体"是一系列在线媒体的总称,这些媒体具有参与、公开、交流、对话、社区化、连通性的特点,赋予每个人创造并传播内容的能力"[①]。社交媒体是"一系列建立在 Web2. 0 的技术和意识形态基础上的网络应用,它允许用户自己生产内容的创造和交流"[②]。

在国外,社交媒体的历史是从 1978 年第一个虚拟在线社区的创建开始的,计算机科学家默里·图罗夫(Murray Turoff)和罗克珊·希尔茨(S. Roxanne Hiltz)在美国新泽西理工学院建立了电子信息交换系统(EIES),EIES 能够让用户发送电子邮件,查看公告板并使用列表服务;在 EIES 项目完成的同年,"电子公告栏系统"(bulletin board system)被发明出来,直到 20 世纪 90 年代初,在万维网出现之前,它们一直都是最主流的在线社区;1989 年,蒂姆·伯纳斯·李创立万维网不久,便开启了博客时代;1998—1999 年,陆续出现了一批受欢迎的博客平台;2002—2004 年社交网站出现之前,博客是最受欢迎的社交媒体;2003—2004 年,出现了许多流行的社交网站;2004 年马克扎

---

① 谭天、张子俊:《我国社交媒体的现状、发展与趋势》,《编辑之友》2017 年第 1 期。
② 赖炜:《中外社交媒体发展历史之比较研究》,《青年记者》2019 年第 32 期。

克伯格创建 Facebook；2005 年，三位 PayPal 的员工创建了视频分享网站 You-Tube；2006 年，另一个非常受欢迎的社交网站 Twitter 建立，Twitter 可以用来发送和接收短消息（不超过 140 个字符）；2010 年，Instagram、Pinterest 创建；2012 年，Google 推出了 Google+。

在国内，页面时期的社交媒体主要表现形式有论坛、博客、社交网站、即时通信工具等；移动互联网时期则围绕图片分享、视频分享、问答等诞生了一系列社交应用。在我国，第一个真正意义上的网络 BBS 站是 1994 年创建的曙光 BBS 站；1998 年后，国内各类论坛如搜狐社区、新浪、网易论坛等开始涌现；1999 年腾讯推出即时通信软件 QQ，迅速占领中国社交应用市场；2000 年 8 月 19 日，博客进入中国，开启了生活的线上记事簿；借助"移动梦网计划"，腾讯的"移动 QQ"的业务量猛增；2005 年前后，校内网、豆瓣网等一批社交网站先后上线，腾讯借助 QQ 的优势，推出 QQ 空间、QQ 校友等；2011 年，腾讯公司推出微信；2016 年，抖音以短而美的创意短视频掀起了社交分享的新潮流。

2.档案公共服务对社交媒体的应用现状

社交媒体带给各个领域与行业的，是机遇和挑战，是反思和变革，更是创新与发展。近年来，我国档案部门工作理念不断转变，对新技术、新事物的敏锐度不断提升，对如何利用社交媒体提升档案公共服务作出了积极的尝试。①近年来，笔者一直追踪社交媒体在档案公共服务中的应用，综观我国各级各类档案部门的实践探索，成功的经验与失败的教训并存。以下以一站（门户网站）、两微（微博、微信）、一端（APP 客户端）等为线，对社交媒体在档案公共服务中的应用现状进行梳理。

（1）档案门户网站

档案网站建设在我国档案部门已经有了较长时间的历程，网站从功能、内容、设计等方面不断完善和发展。在档案网站发展初期，人们首先关注档案资

---

① 李颖：《档案公共服务与社交媒体的深度融合研究》，《山西档案》2017 年第 2 期。

源服务的建设情况,解决线上档案资源的有无和多少问题,随着档案网站建设逐步推进,档案网站的资源服务能力得到了明显好转,以我国省级档案网站为例,该指标平均得分率由 2007 年的 39% 提升到了 2015 年的 50%。[①] 从 2020年 5 月的跟踪调研情况来看,当前我国省级档案部门均已建立起门户网站,且部分省份进行了几次改版更新,以凸显网站的人性化和特色化。聚焦其公共服务,首先,在服务资源建设方面,可供公众查找利用的数字档案资源数量不断增多,质量不断提高,这主要得益于多年来我国档案数字化建设的成果。但同时,也普遍存在目录资源多、全文资源少的情况。其次,在与公众互动方面,互动服务有了显著提升,90%以上的网站具有与公众互动交流功能,且多能做到及时关注和处理公众诉求;同时,互动的实现方式也不断增多,如广东省、湖南省档案信息网设有智能问答、智能互动等,实时在线回答公众问题,江西省档案信息网在互动交流中含有在线访谈、视频点播、咨询统计等板块。再次,在服务功能方面,传统的文化服务、基本的查档服务不断完善,同时服务功能不断拓展,吉林、江苏、安徽、甘肃等省设置网上课堂,为公众传播档案知识和档案技能,拓展了传统档案公共服务的范围。最后,在网站设计方面,网站外观与设计理念更加人性化,北京、湖南、甘肃三省市档案信息网设有无障碍浏览,河北省档案信息网提供风格切换,为不同人群提供个性化服务和便利;内蒙古档案网站提供英文、蒙文,重庆提供简体中文、繁体中文、英文,西藏提供藏文、中文、英文,多语言阅读模式为公众提供了阅读便利,有助于满足不同公众阅读习惯,方便其深度理解和充分利用网站资源;北京、天津等多家网站首页提供微信公众平台扫码、手机端链接等,方便用户多终端利用。

（2）档案微博

笔者通过微博高级检索功能,输入"省份名称+档案",选取经过认证的官方微博进行关注,并结合相关文献,对档案微博进行持续追踪。到 2020 年 5

---

① 夏天、张宁、王大众、何俊花、沈瑶、黄晓瑞:《Web 3.0 时代的档案网站评价指标体系构建》,《档案学通讯》2019 年第 6 期。

月,共发现档案局(馆)微博228个,从开设数量来看,其中浙江省29个、河南省26个、四川省22个,位居数量前三;从粉丝数量来看(见表5-4),浙江省档案馆粉丝数量达到10万人以上。从博文总数(见表5-5)和日均发文量来看(见表5-6),截至2020年5月,江苏省秦淮档案自2016年开设以来,共发博文28000余条,日均发文20条,推文总数和日均发文量均最高。从发文内容来看,档案微博博文内容呈现多元化趋势,转发与原创兼具,可归结为两类:一类是以介绍档案工作、档案资源为主,多为原创,比如浙江档案通过博文讲述档案故事,中山档案方志微博创建了"当年今日""美丽乡村"等话题板块,突出了档案特色;另一类内容多元,随意性较大,不局限于与档案相关,与其他微博互动性强,转发类消息较多,比如福州档案与福州发布、人民日报等官方微博关联,微博内容包括档案信息以及公众生活相关信息,视频微博数量比较多;昆明档案内容涉及覆盖面较广的便民信息。从内容更新情况看,部分档案微博更新频率波动较大,即在一定时间内频繁发文,但也有较长时间停止更新的状况。

表5-4 档案微博粉丝数量前十排序表(2020)

认证机构	粉丝数量 (单位:人)
浙江省档案局	105888
福建省福州市档案局	56054
辽宁省抚顺市档案局	55456
湖南省档案局(馆)	50283
云南省昆明市档案局	42288
广东省中山市档案局	34097
北京市石景山区档案局	29358
四川省档案局	27876
江苏省档案局	27730
上海市浦东新区档案局	18737

表 5-5　档案微博发文总数前十统计表（2020）

认证机构	博文数量 （单位：篇）
江苏省南京市秦淮区档案局	28116
甘肃省陇南市两当县档案局（馆）	16155
河南省漯河市舞阳县史志档案局	15040
甘肃省陇南市康县档案局	11946
浙江省杭州市档案局	8652
甘肃省陇南市礼县档案局	8132
天津市武清区档案局	7032
浙江省档案局	6617
浙江省杭州市临安区档案馆	5950
甘肃省陇南市文县档案局	5501

表 5-6　档案微博日均发文前十统计表（2020）

认证机构	日均发文数量 （单位：篇）
江苏省南京市秦淮区档案局	20
天津市武清区档案局	12
河南省漯河市舞阳县史志档案局	9
甘肃省陇南市两当县档案局（馆）	7
浙江省建德市档案局	7
甘肃省陇南市康县档案局	5
浙江省长兴县档案局	4
陕西省西安市未央区档案局	4
甘肃省陇南市礼县档案局	4

注：日均发文＝微博数量/运营天数；

　　运营天数：发布第一条微博时间到统计时的最新更新时间。

（3）档案微信

在新媒体环境下，微信的应用在各个领域备受关注，在档案部门也不例外,尤其是档案微信公众平台的应用。近5年来,档案部门微信公众平台蓬勃发展,以省级档案部门为例,2016年9月,共发现省级档案局(馆)开设的微信公众号12个,截至2020年4月,共发现省级档案局(馆)微信公众号28个,即除台湾、香港和澳门外,省级档案部门微信公众平台覆盖率已达90%。在持续追踪的过程中发现,我国档案微信公众号建设正在逐步完善,从更新频率来看,在2016年的调查统计中,当时所发现的110家各级档案部门的微信公众平台中,在3—5天内持续更新的仅占33%,僵尸和类僵尸账号(主要指通常在一个月以上偶尔有过更新或者自从开通平台之后无更新的账号)达30%;到2020年4月,其更新频度普遍提高,僵尸和类僵尸账号比例明显减少。从微信公众平台功能看,档案微信公众平台的功能可分为传播档案信息(包括档案政务和档案知识等相关信息)、展示与呈现档案资源、提供档案服务等不同类型。在档案微信公众平台建设初期,其功能较为单一,集中在传播档案信息,展示与呈现档案资源的板块内容较为单调;2016年,开设网上展览的省级档案微信公众平台仅占20%,且多以图片呈现,到2020年4月,开设网上展览的省级档案微信公众平台达54%,且采用图片、音频、视频多种形式,部分开设了虚拟展厅;对于提供档案服务的功能,在初期建设中,档案微信服务功能较为罕见,至今,仍然处于起步探索阶段,部分微信公众号设置了服务板块,主要涉及查档预约等简单功能,有待进一步深化和拓展。

(4)档案APP

截至2019年12月,我国国内市场上检测到的APP数量为367万款,移动应用规模排在前4位种类的游戏、日常工具、电子商务、生活服务的APP数量达57.9%,社交、教育等10类共占比42.1%。笔者通过检索安卓手机和苹果手机应用程序商店,查阅关于档案APP研究的各种文献、新闻,访问档案部门网站等多种途径,到2020年4月,先后发现18家档案部门的APP(含可直接下载、有条件下载、关于APP开设介绍等多种情况)(见表5-7)。

表 5-7　档案 APP 梳理简表

名称	开设机构	功能与特色
浦东档案	上海浦东新区档案局	设有市民办事和官方信息两大板块,包含业务咨询、微门户、办事指南、查档预约、档案验证、档案培训管理、城建档案信息报送和浦档动态等栏目,设有用户登录和游客登录入口
西青档案馆	天津市西青区档案馆	设置馆藏资源、档案馆业务、教育培训、网上展厅等模块,为用户提供查档预约、动态信息发布、在线学习、馆藏介绍等服务,并提供了在线征集、问题解答、公众留言等交互功能
掌上档案通	衢州市档案局	宣传衢州档案文化,提供介绍档案文化、档案制度、法律法规、档案新闻等服务,设有预约查档、咨询问答、本地动态、业内动态、重点工作、登记备份、年检自查、统计分析等功能
档案云阅读	温州市档案局	设档案资讯、温州大事记、微课堂、深度阅读、我的书架、预约查档、个人管理、办事指南和档案资讯等栏目
黄山档案馆	黄山市档案馆	提供档案新闻、移动查档、预约服务、图书资料、办事指南、语音查档等功能
漳州档案	漳州档案局	提供漳州记忆、查档指南、编研成果、工作动态、学会工作、实物档案、展览信息等功能
绍兴档案	绍兴市档案局	设有档案资讯、绍兴大事记、精品典藏、查档指南、预约查档、公开文件、档案征集、监督指导、家庭档案等模块
遂宁档案	遂宁市档案局	设有档案查询、政务公开、新闻资讯、网上展厅等栏目
顺德档案史志	佛山市顺德区档案馆	提供城建前期照片采集、档案验证、异地库房管理、微信稿管理等功能
淳安档案	淳安县档案局	提供档案资讯、大事记、精品馆藏、查档指南、预约查档、公开文件、档案征集、通知公告等服务
巫山档案局	重庆市巫山县档案局	设有工作动态、行业动态、局馆概况、网上展厅、办事指南、政务信息、在线查档等功能,可对移民档案、扶贫档案进行相关了解,用户还可以发布有关档案信息
智慧档案	济阳县档案局	设有工作动态、档案政策、政务公开、查档指南、档案征集、业务导航、特色展览、馆藏珍品、现行档案、在线查档、联系我们、兰台天地功能,并提供电话、短信、留言等服务
广州市国家档案馆	广州市档案局	面向社会介绍广州市档案馆建筑的基本情况,为参观者提供场馆地图和攻略,并对广州市档案馆在馆内开办的档案展览提供语音导览,让档案馆走出了政府机构的深墙大院,面向社会公众提供信息公开、公共服务和文化服务

续表

名称	开设机构	功能与特色
浙江档案	浙江省档案局	面向公众的档案信息推送与阅读功能、内部各栏目馆藏信息的阅读功能,还提供专家答疑、咨询的交互功能
广西档案信息网	广西壮族自治区档案局	设有广西档案、互动交流、档案服务三大模块,包含多个栏目,为用户提供信息发布、业务指导等服务,支持文章转发至新浪微博、微信朋友圈等其他移动社交媒体平台进行开放共享
湖北省档案局	湖北省档案局	设有馆藏介绍、网上查档、预约查档、档案检索、服务指南、档案解密、网上展厅模块,用户可开启音频听读档案模式
天津档案	天津市档案局	为用户提供信息发布、法规政策介绍、教育培训、档案展示等服务,设置你与档案、微信平台等交互功能
武汉市档案	武汉市档案局	面向公众解密历史档案、订阅报纸、阅读报纸、档案及政府公开信息查询功能和互动评论、使用帮助、意见反馈功能

随着智能手机的愈加普及,人们在沟通、社交、工作、学习和生活中越来越多地使用不同类型的 APP。不同的 APP 具有不同的功能特点,档案 APP 为档案公共服务的实现提供了便利,较之微信公众平台、移动终端门户网站,档案 APP 能够更加深入地实现查档、展览、档案游戏、与公众互动等服务。但是当前档案 APP 在我国档案公共服务中的应用仍处于起步探索阶段,上表所列 APP 中,部分并非真正意义上的 APP,部分操作下载困难,部分难以发现、难以应用,真正体验效果较好的比例非常小。档案 APP 应该在将档案公共服务的特点融于 APP 的功能和优势的基础上进行开发设计,才能真正实现其在公共服务中的有效应用。

3. 以"深度融合"实现释能形态的创新——建设社交媒体应用矩阵

伴随着互联网和新媒体的不断发展,社交媒体的功能不断丰富、形式不断多样,它既是一个大众交流的平台,又正在成为提供各种服务的必备工具,并形成了一个复杂的社会交往生态圈。时至今日,社交媒体特点、优势以及对各行各业的影响愈加显而易见。从上述档案公共服务对社交媒体应用现状的分析中可以看出，一方面，社交媒体日益广泛的应用，正在为档案公共服务提供巨大的空间，档案部门也在不断地积极探索与尝试，并初见成效；另一方面，综观档案公共服务对社交媒体的敏感度、全面关注度以及深入度，不难发现，档案公共服务对社交媒体的使用存在浅表、粗放、单一、随意等问题，还存在巨大的突破和创新空间。档案公共服务必须实现与社交媒体的"融为一体、合而为一"的"深度融合"，实现多种社交媒体的融合应用，才能形成立体的社交媒体应用矩阵，真正实现社交媒体在突破和创新中为档案公共服务的有效释能。

（1）不同内容、目标的档案公共服务与相应社交媒体平台的匹配

社交媒体是一个集合概念，档案公共服务也是一个整体概念，二者的深度融合是指将不同内容、不同目标的档案公共服务过程，与最适合的社交媒体平台和工具精准切合，实现二者的有效匹配。不同的社交媒体有不同的特点，决定了其有不同的优势，在推动档案公共服务的实现中发挥着不同的作用。当前社交媒体的主要模式有平台型、社群型、工具型、泛在型等。① 平台型社交媒体的功能主要是聚合资源、响应需求、创造价值，比如微博、微信等都属于典型的平台型社交媒体，其中微博侧重于内容的聚合，微信侧重于服务的实现，因此可以利用微博发布与公众密切相关的档案博文信息，利用微信平台为公众提供基本的预约服务等；社群型多是由有共同爱好、共同需求等的人形成的各种圈群，既有基于强关系建构的，多为对现实关系的一种补充，比如家庭群、工作群等，也有基于弱关系形成的，比如源于共同兴趣和需求等，圈群是去中心化和再中心化在网络中的演绎，可以利用圈群讨论公众关心的热门话题、档案热点，分享圈群成员兴趣爱好的档案故事等。工具型社交媒体强调用社交的思维做工具产品，"社交"作为手段和工具，服务才是目的，不仅包括各种APP，也拓展了 APP 的边界和应用，"工具型社交媒体的模式，是建立在满足用户刚需的基础上，再根据应用场景开发出适合的社交应用"②，对于档案公

---

① 谭天、张子俊：《我国社交媒体的现状、发展与趋势》，《编辑之友》2017 年第 1 期。
② 谭天、张子俊：《我国社交媒体的现状、发展与趋势》，《编辑之友》2017 年第 1 期。

共服务而言,其有助于公众查档用档等需求的全面实现,并能够实现公众对档案的深层利用。泛在型模式则强调一种无处不在的社交连接。档案公共服务内容丰富,必须尽可能为其匹配适合的社交媒体平台与工具,根据内容、目标精准选择平台。

（2）在充分考虑公众需求特点、公众对社交媒体使用偏好的基础上,确定档案公共服务的社交媒体工具

在当前档案公共服务社交媒体平台建设的过程中,档案部门多是从自身需求出发来进行社交媒体平台的选择和建设。缺少对公众需求的关注,缺少与公众选择社交媒体偏好的同频共振。应用社交媒体平台提供的档案公共服务,应该是一种更加个性化、人性化的服务。

社交媒体自身的特点,以及公众长期对社交媒体使用的经历,已经形塑了公众对不同社交的偏好,比如公众获取信息往往选择门户新闻和搜索,沟通交流则倾向于各种即时通信、空间、微博,娱乐休闲则选用网络视频、网络游戏等,使用服务则选用各种 APP 等。在档案公共服务中,应对公众已有的偏好顺势而为,精准把握公众对档案服务的需求,将满足公众获取相关信息、咨询沟通、丰富知识、品味文化、查阅获取等不同的需求,对应不同的社交媒体平台和工具。此外,从年龄上考虑,青少年、中年、老年对档案公共服务内容、呈现形式等需求具有鲜明的特点,比如,青少年往往对于抖音、短视频等颇为青睐,因此,面向青少年提供的档案文化服务、知识服务等,可以以更加活泼、轻松的形式,通过拥有丰富青少年用户群的社交媒体平台来实现。当前,我国很多档案部门在利用社交媒体平台进行档案公共服务时,只是将数字化的编研成果、消息新闻等"机械"地搬到社交媒体平台上,未充分考虑社交媒体平台微传播、碎片化等特点,对公众的需求和使用偏好也关注不够,影响了服务效果。在未来档案公共服务中,应充分考虑公众需求特点,结合公众对社交媒体使用偏好,选择与之相匹配的社交媒体工具,为公众提供更加个性化、人性化的服务。

（3）实现多种社交媒体的融合应用

社交媒体以其数字化、便捷化、互动性、多元化等特点，打破了传统媒体的传播局限，以独特的传播优势影响着整个社会。技术的飞速发展，使社交媒体不断丰富和多样。在档案公共服务中，应对社交媒体持续关注，并探索如何将新出现、新形式的社交媒体及时应用到档案公共服务中，不断创新档案公共服务的实现形态。伴随着对社交媒体应用的深入，应逐步形成多种社交媒体融合应用而形成的档案公共服务社交媒体矩阵。在档案公共服务社交媒体矩阵中，不同形式的社交媒体，充分发挥各自的特点和优势，匹配档案公共服务的内容和目标，面向公众需求，在共同活跃中推动档案公共服务的完整实现。

当前我国档案公共服务对社交媒体的应用，尚处于较为零散的状态，亟待形成形式多样、结构优化的社交媒体矩阵。强大的社交媒体矩阵的形成不是一蹴而就的，既需要通过顶层设计、统筹规划，确保其在长期可持续发展中不断完善，也需要对社交媒体的应用敏感反映、灵活应对，实时创新推动。

首先，加强顶层设计，统筹规划，根据现有基础与未来目标，确定社交媒体矩阵的结构、框架，并保证其长期可持续发展。当前档案公共服务实现过程中，对社交媒体的选择随意性较强、跟风现象、昙花一现现象明显，整体上来看，既缺少对某一媒体持续深入的应用，又缺少对多种媒体融合的合理搭配应用。在国外，当前美国国家档案馆使用的社交媒体工具共有 14 种，其最多时曾达到 17 种；英国共使用 12 种；澳大利亚共有 9 种，基本形成了较为强大的社交媒体矩阵。其矩阵不仅体现在使用社交媒体种类多样，更体现在不同社交媒体的优势互补以及针对用户所提供的不同服务，有的侧重信息发布，有的侧重信息共享，有的侧重互动交流，文字、图片、音视频等也会选择不同的平台，每种社交媒体平台下还会根据不同的用户群细分不同的频道。

其次，既用好已有的成熟社交媒体平台，又要探索新的社交媒体工具在档案公共服务中的应用。在当前的档案公共服务中，档案部门对不断新兴的社交媒体工具的及时运用能力仍有待提升，比如微信小程序，2017 年 1 月发布上线,不需要下载安装即可使用,操作便捷,且近几年来不断完善,深受用户喜爱,用户活跃量极高;与此同时,其开发门槛和成本也相对较低,但是,档案部门对其的探索应用仍较少。又如各种直播平台,在近两年内发展迅速,直播内容不断丰富、直播方式多种多样,给用户带来了全新的体验,颇受用户肯定与偏爱。但档案公共服务对其应用也较少。在 2020 年的国际档案日宣传活动中,已有部分档案馆应用网络直播,尤其是天津、陕西、北京、福建、湖北、四川、宁夏七省市档案馆联动接力直播,展示各馆最具代表性的珍贵档案,讲述档案背后的故事,吸引了大量的用户,赢得了社会公众的一致好评,可见直播平台在档案公共服务中的生命力。

小　　结

新媒体环境下档案公共服务的实现路径,直接决定着档案公共服务能够以何种方式实现,影响着档案公共服务的实现程度。本章以储能—赋能—释能的思路探讨档案公共服务的实现路径,在储能研究中,针对当前我国档案资源建设的情况,从加快数字档案资源建设、推动档案资源开放进程、完善多元档案资源结构等方面提出了具有可操作的建议;在赋能研究中,从档案叙事、知识融合、先进技术三个方面,提出了赋能实现策略和方法;在释能研究中,在分析现有档案释能形态现状的基础上,提出了传统释能形态发展与完善的对策,对档案查询、阅览、档案展览等线上、线下发展以及线上线下融合发展进行了深入探讨;提出了现代释能形态突破与创新的具体实现方式,重点研究了档案知识库、档案游戏、社交媒体应用矩阵的建设等。

第六章　新媒体环境下档案公共服务保障体系

新媒体环境下档案公共服务的实现,离不开强有力的保障体系。保障体系直接或间接地影响着档案公共服务能否顺利实现。本章主要从档案公共服务共识、档案公共服务中的权责关系、档案公共服务质量评估以及档案公共服务的社会力量四个方面对档案公共服务的保障体系进行研究。

第一节　培育深厚的档案公共服务共识

一、档案公共服务共识的内涵和现状分析

共识是对事物共同的认识和看法,在任何领域内,共识都是非常重要的。有共识,事物发展才有坚实的基础;基于共识所产生的行为才能有助于推动事物朝着既定的目标协调发展。共识度越高,越有助于形成合力推动事物的发展。

档案公共服务共识是指社会成员对档案公共服务及其中相关要素、要素间关系等的大体一致或者相近的看法。对档案公共服务的认识,包括诸如服务主体、服务对象、服务手段、影响因素等基本问题,对这些问题基本一致的看

法,即为档案公共服务的共识。对于档案公共服务的共识问题,从认识主体的角度来看,包括档案部门及档案工作者的共识、社会公众的共识、以及双方的共识。从共识的内容来看,包括对于档案公共服务的必要性、重要性的认识,档案公共服务的理念、谁提供服务、为谁服务、提供什么服务、以什么样的方式服务等各个基本问题的共识。没有共识,就难以建立信任,缺乏信任,档案公共服务就难以被选择,尤其是在新媒体环境下,共识对公众行为的影响更为突出。

(一)社会层面:档案公共服务重要性的共识初步达成

从整体上来看,当前在我国,对于档案公共服务的重要性已初步达成共识。无论是档案部门及档案工作者,还是社会公众,一致认为档案公共服务是非常重要的。尤其是档案部门及档案工作者,将档案公共服务作为档案工作的重要内容。2014 年,中共中央办公厅和国务院办公厅印发的《关于加强和改进新形势下档案工作的意见》中指出:"各级党委和政府要把提供档案信息服务作为公共服务的一部分,统筹安排档案服务、政府公开信息服务和其他公共服务,努力提供一站式服务,做到便民利民。"[1]在《全国档案事业发展"十三五"规划纲要》中提出,要提高档案公共服务能力,拓展档案馆开展普及型教育、专业型利用服务和定制型政府决策参考的能力,为"五位一体"建设提供便捷便利的档案服务,提高档案馆公共服务的认知度和用户满意度。浙江省在 2017 年印发《关于贯彻落实党的十九大精神推进新时代全省档案公共服务能力和水平再提升的意见》,进一步明确了档案公共服务的发展目标和方向,并将档案馆建设、档案公共文化服务等内容写入《浙江省公共文化服务保障条例》。在社会公众的视域中,在现代社会,档案发挥着愈加重要的作用,

---

①　国家档案局:《中共中央办公厅国务院办公厅印发〈关于加强和改进新形势下档案工作的意见〉》,2014 年 5 月 4 日,见 http://www.saac.gov.cn/daj/yaow/201405/9a74ac4774cd4f259-76328ab6aca3ed6.shtml。

档案的凭证作用、信息价值、文化滋养等正在成为其工作、生活、学习的重要保证,高质量高水平的档案公共服务有助于确保其需求的满足,因此,社会公众愈加意识到并认可档案公共服务的重要性。

(二)部门层面:档案公共服务中某些关键问题的共识度有待提升

当前,在我国档案系统内部,对档案公共服务中某些关键问题尚未达成高度一致,整体共识度有待提升。档案部门作为档案公共服务的主体,如果其系统内部对服务中某些关键问题仍存在过多分歧,必然影响我国档案公共服务的全面快速发展。在当前我国档案公共服务的实践探索中,在观念意识上,有些档案部门和档案工作者仍过多地关注和强调档案的保密,对档案的正常开放和利用过于审慎,而有些则认为应该在更大范围、更深层次上推动档案开放;在为公众提供公共服务产品方面,有些部门坚持传统的档案开发利用方式(比如形成系统化、大部头的编研成果),有些部门认为应该将新媒体传播各种特点与档案开发利用相结合(比如开发碎片化、微传播的服务产品);而面对信息浪潮的扑面而来,有些仍然坚持档案部门提供"纯档案"公共服务,有些部门大力探索将档案数据与其他各种数据关联融合而提供服务。档案系统内部对档案公共服务基本问题认识的差异,直接影响着整个档案公共服务水平的提升。伴随着信息技术的飞速发展、社会的进步,档案公共服务的情境正在发生着变化,档案公共服务也处于一个转型期,不同部门及不同的档案工作者对"变化"的感知不同、反应不同,导致对档案公共服务中某些问题表现出不一致的认识。

(三)公众层面:档案公共服务中诸多基本问题的共识度较低

社会对档案公共服务中诸多基本问题共识度较低,主要表现在公众对档案有什么样的价值、自己应该有什么样的利用权力、档案公共服务究竟是什么、能给自己带来什么等问题的认识存在一定的模糊性和不确定性,且已有的认识与档案公共服务的应有之义之间存在很大程度的不匹配。这主要源于传统的重藏轻用,在利用服务中重机关、轻个人等各种观念遗留下来的影响,公众对档案"高冷"的刻板印象根深蒂固。近些年来,虽然档案部门在面向社会、服务社会等方面积极努力,并且取得了一定成效,但仍未从根本上彻底改变公众对档案及其相关活动的理解和认识,尤其是对于档案公共服务,不同的公众往往依其个人体验或者惯性思维作出判断,不同人的认识差异较大,与档案公共服务应有之义之间也存在着一定差距,上述种种原因导致社会对档案公共服务中的一些基本问题的共识度仍然较低,也成为制约公共服务顺利发展的瓶颈。

二、档案公共服务共识的凝聚和培育

从上述分析可以看出,档案公共服务共识对于档案公共服务的实现意义重大,而当前我国档案公共服务共识度亟待提升。档案公共服务共识的凝聚和提升是一个持续的过程,从事物发展的进程来看,其既蕴含于档案公共服务实现的事中,也孕育于档案公共服务实现事前和事后;从策略路径来看,既需要长期潜移默化的培育,也需要短期的集中凝练;从手段方式来看,既需要公众的自觉,也需要有关方面有意识地培育和凝聚,并使二者互相促进。

当前我国档案公共服务共识度不高的一个重要原因,源于公众对档案公共服务的"认知茧房"现象,即公众对档案及档案公共服务相关信息不知晓、不了解,但又无从或不方便获取,因而只能在自己的认知框架中做出判断,久而久之形成了对档案公共服务的"认知茧房"。因此,在凝聚和培育档案公共服务共识的过程中,打破公众不科学的"认知茧房"是尤为关键的环节,要帮助公众形成对档案、档案价值等基本问题的正确理解,知晓档案公共服务是什么、与自身有何关系,并能深刻理解其对社会和公众个人的意义及价值。针对我国档案公共服务共识的现状以及形成原因,打破公众对档案公共服务的

"认知茧房",凝聚和培育社会档案公共服务共识,可遵循以下思路进行。

(一)细分公众并深入宣传

宣传是通过多种内容和形式,阐明观点,传播一定的观念,以影响人们的思想和行动的社会行为,具有激励、鼓舞、劝服、引导等多种功能。通过不同的宣传途径和方式,向社会和公众全面地解释和阐明档案及档案活动的基本问题、立体地展示档案公共服务全景、清晰地描述服务的目标宗旨等,这是推动档案公共服务共识达成的最重要的途径。宣传整体上是面向全体社会公众的,不同的公众群体有不同的特点,因此,细分公众,有针对性地开展宣传,有助于提升宣传效果(见图6-1)。

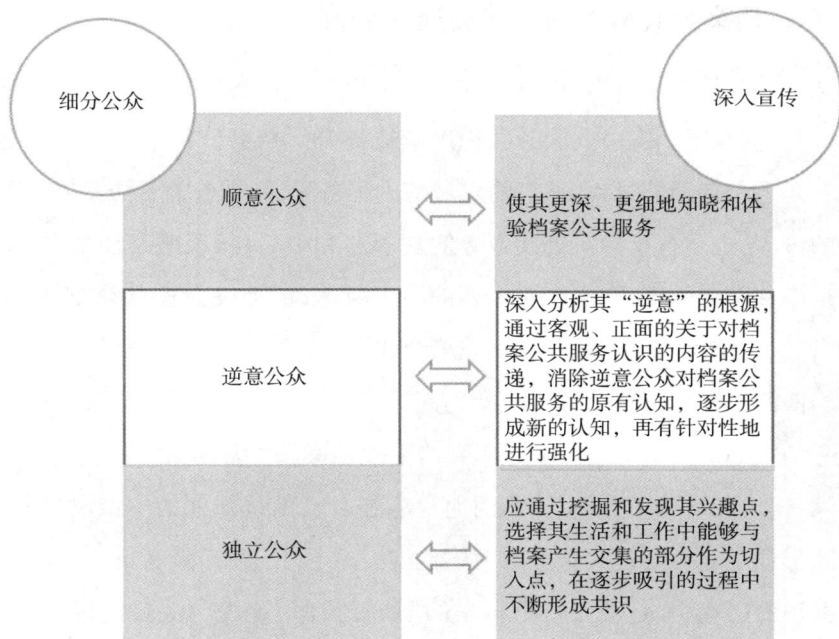

图6-1 共识培育细分公众图解

按照当前公众对档案公众服务的认可度和态度,可以将其分为顺意公众、逆意公众和独立公众,顺意公众是指对档案公共服务认可度相对较高、持肯定支持态度的公众。他们通常拥有较好的档案公共服务体验,或者因兴趣爱好、职业等对档案及其相关工作有较多关注和科学的认识和理解。对于此类公众,共识的培养和凝聚已经具有了较好的基础,且公众也具有较高的自觉性和意愿,可以通过使其更深、更细地知晓和体验档案公共服务,而进一步培养和凝聚共识;并应积极借力,使其影响和带动周围公众。逆意公众是指对档案公共服务持冷漠、否定态度的公众,这种态度可能因其自身不愉快的体验或者需求未被满足而产生,或者受他人影响而形成。面对此类群体,应深入分析其"逆意"的根源,通过客观、正面的内容的传递,消除逆意公众对档案公共服务的原有认知,逐步形成新的认知,再有针对性地进行强化,比如通过典型案例、现场体验等消融其逆意态度,为达成共识奠定基础。独立公众是指对档案公共服务持"无所谓"态度,不关心也不关注档案公共服务的公众。针对此类公众,在宣传的过程中,应通过挖掘和发现其兴趣点,选择其生活和工作中能够与档案产生交集的部分作为切入点,在逐步吸引的过程中不断形成共识。

（二）推动档案公共服务品牌建设

推动档案公共服务品牌建设,有助于培育和凝聚档案公共服务共识。品牌是"一种名称、名词、标记、符号设计,或者这些要素的组合,其目的是借以识别某个销售者或者某些销售者提供的产品或服务,并使之与竞争对手的产品和服务区别开来"[①]。品牌使得所提供的产品或服务在某个方面与用来满足统一需求的其他产品或服务有所差异。它不仅仅是一个代号,更是一种理念、一种态度,是一种方式的展现。品牌可传递多种意义,比如产品和服务的属性、属性可转换的功能或情感型的利益、产品和服务生产者的文化以

---

① ［美］菲利普·科特勒、凯文·莱恩·凯勒、卢泰宏:《营销管理》,吕一林、王俊杰译,中国人民大学出版社 2009 年版,第 227 页。

及价值观等。在现代社会,品牌并不仅仅局限在商品流通领域,其内涵和作用也不断丰富,通过品牌建设,可以提升产品和服务的知名度、影响力以及组织的美誉度,从而更好地实现产品和服务的价值,实现组织的目标。在新媒体时代,各种各样的大量信息包围着公众,各类信息服务日趋多样,档案纵然具有不可替代的优秀品质,但如果缺少公众的认知,档案的价值就难以被发现,缺少公众的认可,档案价值就难以被选择,没有公众的认知和认可,就难以形成公众对档案公共服务的共识,档案公共服务的实现过程将阻力重重。档案公共服务品牌建设,是将档案的品质、档案的价值、档案公共服务的内容和特点、档案公共服务的理念和愿景、档案公共服务机构的文化等以标记、符号或设计等易感知、易理解的形式传递给公众,通过品牌建设,使公众能够识别档案公共服务的特色与优势,深化公众对档案公共服务的认知。在档案公共服务品牌的建设中,通过富有感染力的品牌识别系统显示档案公共服务与其他服务的差异,是吸引公众、留住公众的过程,也是公众对档案公共服务产生偏好的过程。而这一系列过程恰恰同步实现了凝练和培育公众的共识。

第二节　厘清档案公共服务中的权责

　　档案公共服务是档案工作目的得以实现、群众需求得以满足的重要途径。要确保档案公共服务工作的顺利开展,需要档案工作者与档案利用者的共同努力。在档案公共服务实现的过程中,档案部门及档案工作者、档案利用者,有各自的权利、义务与责任,明确并履行各自的权责,避免纠纷,是档案公共服务实现的重要保障。尤其在新媒体环境下,档案公共服务主客体关系更加复杂,服务的手段和方式更加多样,在档案公共服务中档案信息泄露、个人隐私被侵犯、应有的权利得不到保护等风险不断增多,这就更加需要在档案公共服务中厘清各方责权,确保服务的顺利实现。

一、平衡好服务者与被服务者的权利与义务关系

在档案公共服务中,服务者和被服务者有各自的权利和义务,双方不仅要明确各自的权利和义务,也应该知晓对方的权利和义务,才有利于在服务过程中实现二者的良性互动,更好地实现档案公共服务的目标。

(一)明确档案部门的权利与义务

目前,我国绝大多数档案馆,尤其是各级国家档案馆都是依靠公权力设立的,其拥有管理档案的权利,同时也具有向公众提供档案公共服务的义务。

1. 提供档案

提供档案即确保公众能够利用馆藏档案资源。档案馆馆藏档案资源必须面向社会、面向公众,在公众需要之时,以恰当的方式进行提供。新修订的《档案法》第二十七条规定,县级以上各级档案馆的档案,应当自形成之日起满二十五年向社会开放。对于可以开放的档案,第二十八条规定,单位和个人持有合法证明,可以利用已经开放的档案,并提出档案馆不按规定开放利用的,单位和个人可以向档案主管部门投诉,接到投诉的档案主管部门应当及时调查处理并将处理结果告知投诉人。对于未开放的档案,第二十九条规定,机关、团体、企业事业单位和其他组织以及公民根据经济建设、国防建设、教学科研和其他工作的需要,可以按照国家有关规定,利用档案馆未开放的档案以及有关机关、团体、企业事业单位和其他组织保存的档案。这一系列的规定,明确了档案部门提供档案的义务。提供档案不仅涉及提供的内容,也涉及提供的方式,在新媒体环境下,档案利用者有了更多的线上利用档案的需求,虽然近年来随着我国档案信息化的发展,档案在线提供利用有了一定的发展,但是,档案目录开放、全文数据库建设都有待提升,未开放档案合规在线利用的途径也有待探索,档案部门在新媒体环境下履行线上提供档案义务的能力亟待加强。

2.简便手续

简便利用手续是档案部门提供档案公共服务时必须履行的义务之一。新修订的《档案法》中第二十八条明确规定,档案馆应当通过其网站或者其他方式定期公布开放档案的目录,不断完善利用规则,创新服务形式,强化服务功能,提高服务水平,积极为档案的利用创造条件,简化手续,提供便利。档案部门在提供档案公共服务过程中,履行一定的手续是必要的,但必须尽可能简化程序以方便利用。例如在登记利用者个人信息时要尽可能地最小化,不过度收集利用者个人信息;档案利用目的的审查,必须符合法律法规的规定,不得超越法律法规规定的界限;程序设计应该尽可能地清晰、合理、简化,坚决避免重复、烦琐和过度;利用登记尽可能地利用现代设备,实现相关信息的自动采集,并适当考虑特殊人群的需要。

3.提供必要的软硬件环境和智力支持

在档案利用过程中,有些档案需要到档案馆查阅利用,档案馆有责任和义务为公众提供适宜的环境,比如利用传统的纸质档案必须有阅档桌,有干净、安静的阅览环境和氛围;利用档案缩微品须有胶片阅读机,如有必要还需要缩微胶片拷贝机、打印机;利用现代电子档案必须有计算机设备、打印机;利用多媒体档案,需要有视听设备;等等。在线上档案服务的过程中,人性化的网站、社交媒体平台和工具等都是服务必备的。提供必要的软硬件环境支持是实现档案公共服务必不可少的,是档案部门应尽的义务。同时,在服务过程中,服务者有义务为公众提供必要的智力支持,以帮助其更好地获取、利用档案。比如,从当前的档案检索工具来看,其通常具有较强的"专业性",不同于公众常用的其他检索工具,没有经过专门的训练或者专业知识培训,往往很难熟练应用。档案管理人员有义务对利用者提供必要的帮助,如指导利用者正确使用档案检索工具,使其具备使用检索工具的技能。

4.保障档案安全

在档案利用过程中确保档案的安全是档案部门的重要责任。档案利用过程中可能存在的安全问题表现在两方面:一是档案实体安全;二是档案信息安全。前者指的是在档案利用过程中,对于已经面临严重损毁风险的档案原件提供给利用者要慎重,并需要对利用者进行档案安全教育或提醒,确保档案在利用过程中不被损坏。后者是指在档案利用服务过程中或在档案利用后,如涉及未开放档案,档案管理人员必须严格把关,对不能开放或限制利用的档案,不能提供利用。对于依法提供利用的档案,要对利用者进行教育提醒,防止信息泄露。尤其是在新媒体环境下,因信息泄露而给个人或国家利益带来损失的风险更加不可控,档案部门保障档案安全的责任更加重大。

5. 告知义务

在档案公共服务过程中,档案管理人员有义务将档案部门和利用者的权利与义务、有关档案利用的规定、利用档案应注意的事项以及档案部门对于档案利用行为的监控等告知利用者。如有必要,可将双方的权利与义务以契约方式固定下来。在此方面,图书馆的做法很值得档案部门借鉴。比如英国国家图书馆就提示读者:请注意,我们不能保证通过 Internet 传输个人信息的安全性。因此,除非您接受这样做的安全风险,否则请不要联机提交个人信息给我们。《江西省图书馆门户网站关于用户隐私的保护声明》也作出了"免责"规定:"本网站采取了尽量完备的技术措施保护用户信息的完整性和秘密性。但由于不可抗力或者因计算机病毒感染、黑客攻击等特殊外力侵扰,导致用户信息破坏、泄密并受到损失的,本网站不承担责任,但我们将采取必要措施尽力减少用户的损失。"①严格履行告知义务可以提升利用者的安全意识,也有助于避免档案部门在可能的纠纷中承担不必要的法律责任。

（二）明确档案利用者的权利与义务

中华人民共和国的公民依法享有利用档案的权利,按照《档案法》的规

---

① 王肃之、翟军平:《美、英国家图书馆读者个人信息保护政策的启示》,《图书馆》2019 年第 2 期。

定,同时也具有保护档案的义务。在利用档案过程中,利用者的权利和义务主要表现在以下方面。

1. 提供必要的个人信息

在很多国家,利用登记是档案利用中必要的流程。利用者提出档案利用需求之后,首先要阅读档案利用规则,填写利用档案登记表,提供利用者的姓名、住址、所在公司或机构、研究课题名称等基本情况。档案工作者要对信息进行核对。在我国,利用者利用档案也要出示合法有效的身份证件,并进行登记,登记内容涉及利用者的姓名、身份证件及号码、住址、联系方式、查档内容、查档用途等。对于档案部门需要用户提供的必要信息,公众应予以配合,并保证信息的真实、可靠。

2. 保证档案利用目的合法

无论是中国还是外国,在提供档案进行公共服务之前都需要对利用档案的内容进行合法性审查。在档案公共服务中,一些档案可被广泛利用,没有限制或者限制极少,但也有很多档案只有在一定目的之下才能提供,还有一些有严格的利用范围,只能向本人提供。比如,我国的婚姻登记档案,其利用就有一定的限制,利用目的必须合法。只有婚姻当事人,或者经过当事人的合法委托才能查阅利用;除此之外,人民法院、人民检察院、公安和安全部门为确认当事人的婚姻关系,持单位介绍信可以查阅婚姻登记档案;律师及其他诉讼代理人在诉讼过程中,持受理案件的法院出具的证明材料及本人有效证件可以查阅与诉讼有关的婚姻登记档案。其他单位、组织和个人要求查阅婚姻登记档案的,婚姻登记档案保管部门在确认其利用目的合法的情况下,经主管领导审核,可以利用。也就是说,利用者必须保证利用目的的合法。很多档案往往与社会组织或个人关系密切,涉及利益、安全、隐私等,虽然鼓励档案利用,但公众也有保证档案利用目的合法的责任和义务。新修订的《档案法》第二十八条也指出,"利用档案涉及知识产权、个人信息的,应当遵守有关法律、行政法规的规定"。

3.遵守档案管理和利用规定,保证档案安全

新修订的《档案法》第五条规定,一切国家机关、武装力量、政党、团体、企业事业单位和公民都有保护档案的义务,享有依法利用档案的权利;第四十九条明确指出,利用档案馆的档案,有本法第四十八条第一项、第二项、第四项违法行为之一的,由县级以上档案主管部门给予警告,并对单位处一万元以上十万元以下的罚款,对个人处五百元以上五千元以下的罚款。其中第四十八条第一项、第二项、第四项违法行为涉及丢失属于国家所有的档案的;篡改、损毁、伪造档案或者擅自销毁档案的;明知存在档案安全隐患而不采取补救措施,造成档案损毁、灭失等行为。因此,在档案公共服务中,利用者有义务保证档案安全,同样也包含档案的实体安全和信息安全两方面。利用者在利用档案时必须遵守档案部门有关档案利用的规定,要服从档案工作人员的管理,爱护档案;利用的档案中,如包括有不宜向外透露的信息,档案利用者也有义务保守档案秘密。如果利用者在著作、论文或展览展示中全部或部分地公布档案原文,需要按规定履行相关手续。

二、处理好档案利用权和隐私权之间的关系

向公众提供档案公共服务是档案部门的法定义务,国家法律规定了国家档案部门所保管的公共资源要向公众提供利用,但同时也对特定档案的利用提出了限制。这种限制的初衷源于对档案中公民个人的隐私信息进行保护。在档案公共服务中,既要保障公民的档案利用权,同时又要保护档案中涉及的公民隐私,处理好二者之间的关系,才能更好地推动档案公共服务的顺利开展。

(一)重视对隐私权的保护

虽然在国家法律中尚没有专门的隐私权利法,但在民法、刑法以及其他一些法律法规中,都有一些对个人的隐私权利进行保护的规定。例如,《政府信

息公开条例》在对各级政府必须主动公开信息的范围作出规定的同时，也强调对个人隐私权利的保护。《条例》第八条规定：行政机关公开政府信息，不得危及国家安全、公共安全、经济安全和社会稳定。公开包含个人隐私的信息在一定程度上可能对社会稳定构成威胁，因此这类信息属于不得公开的范围。《条例》第十四条规定：行政机关不得公开涉及国家秘密、商业秘密、个人隐私的政府信息。但是，经权利人同意公开或者行政机关认为不公开可能对公共利益造成重大影响的涉及商业秘密、个人隐私的政府信息时，可以予以公开。这一条比较明确地把个人隐私信息纳入了控制使用的范围。

2020 年 5 月，十三届全国人大三次会议通过了《中华人民共和国民法典》，作为"社会生活的百科全书"，其在总则编中强调了对公民个人人身权利的保护，明确规定自然人的人身自由与人格尊严受法律保护，并全面列举了人身权利。在民法典的人格权编里，强调了隐私权和个人信息的保护，并将"生活安宁"纳入隐私范畴，对个人信息的收集、处理原则以及信息控制者的特定义务，对刑事法律难以调整的行为加以规制，为权利人提供了寻求民事救济的基础。① 我国法律不但对个人隐私信息进行正面保护，而且对侵犯个人隐私行为也进行打击、惩处。2009 年通过的《刑法修正案（七）》对有关公民个人信息保护问题进行了规定，这个规定实际上也是对公民隐私的保护。规定指出："国家机关或者金融、电信、交通、教育、医疗等单位的工作人员，违反国家规定，将本单位在履行职责或者提供服务过程中获得的公民个人信息，出售或者非法提供给他人，情节严重的，处三年以下有期徒刑或者拘役，并处或者单处罚金。"这里虽然不是针对档案部门作出的规定，但这里所说的"公民个人信息"都是依附一定的载体而存在，并且包含在了单位的档案之中。因此在将这些信息"出售或非法提供给他人"时，很大程度上出售或非法提供给他人的就是档案。因此，此规定与档案提供利用也密切相关。

---

① 《民法典：〈社会生活百科全书〉》，《人民日报》2020 年 5 月 28 日。

我国的档案法律法规中,虽然没有明确地提出有关公民隐私保护问题,但其中的一些规定直接或间接地涉及这个问题。原《档案法》规定:涉及国家安全或者重大利益以及其他到期不宜开放的档案向社会开放的期限,可以多于三十年;新修订的《档案法》规定:涉及国家安全或者重大利益以及其他到期不宜开放的档案,可以多于二十五年向社会开放。无论是之前的可多于三十年,还是修订后的可多于二十五年,实际上这个规定都包含着保护公民个人隐私权利的含义。此外,新修订的《档案法》第二十八条规定:利用档案涉及知识产权、个人信息的,应当遵守有关法律、行政法规的规定;第三十二条规定:公布档案应当遵守有关法律、行政法规的规定,不得损害国家安全和利益,不得侵犯他人的合法权益。其中也都包含了保护个人隐私之意。

(二)对隐私权利的保护尚需进一步完善

在档案公共服务中,利用权与隐私权之间的博弈一直进行着。但针对档案利用与隐私保护,无论是在法规层面,还是在档案规章制度中,我国对有关档案公共服务中保护个人隐私问题的规定都有待进一步完善。

一是对个人隐私权利保护的规定有待进一步明确。在档案法规和档案部门规章中,比较强调保护国家安全利益,面对个人隐私保护的明确规定并不多。档案部门规章中规定的对一个类别的档案,即"涉及各级党和政府领导人及社会各界著名爱国进步人士"的档案需要进行限制利用,可以比较明显地看到具有保护个人隐私权利性质,其他的相关规定都没有直截了当地表述要保护公民个人的隐私权利。总体上来看,我国的档案法规涉及隐私权利保护问题,表述多比较含蓄。

二是对涉及个人隐私保护的档案,其范围仍有一定局限性。在现有的规定中,因涉及个人隐私而限制利用的档案,主要保护的是特定的人群,主要包括"各级党和政府领导人及社会各界著名爱国进步人士""民国时期军、警、宪、特组织及人员"等,除此之外的其他档案,尤其是普通公民的权利保护没有明确涉及。

此外,目前有关档案利用与个人权利保护的规定多是 30 年前制定的,当时的规定比较重视的是国家安全,个人权利保障问题还没有得到充分的重视,对于个人隐私权利的保护关注也较少。伴随着社会的发展,公民的权利意识不断提高,尤其是新媒体环境下,个人隐私的保护日趋被关注,档案部门在公共服务中保障公民档案利用权的同时,也要重视保护公民个人的隐私权利。因此,档案部门有必要适时修订有关档案工作中保护公民隐私权利的规定,不但要强调公民档案利用权的实现,而且还要关注公民个人隐私权的保护;隐私权利保护的民事主体不但要包括有影响的重要人士,而且还要包括中国境内具有民事权利的全体公众;不但要涉及历史档案,而且还要包括现时刚产生的档案。只有处理好档案利用权实现与个人隐私权保护之间的关系,实现档案利用权与个人隐私权之间的平衡,才能真正实现档案公共服务的目标。

第三节　科学评估档案公共服务质量

公共服务质量的研究源于 20 世纪 80 年代的新公共管理运动,20 世纪 90 年代初,西方国家积极推进公共服务质量的发展。在我国,近些年来,随着政府行政理念的变化,对公共服务质量的理论研究和实践探索逐步深入。党的十九大以来,高质量成为中国经济社会发展的鲜明指向,同时,社会的转型变迁、公共服务供应链的变化都对公共服务的质量建设提出了新的更高要求。①

公共服务质量是指公共服务满足规定或潜在要求(或需要)的特性的总和②,是满足公众需求的程度,是服务的卓越表现及公众的满意程度,它既包

---

① 　兰旭凌、范逢春:《政府全面质量治理:新时代公共服务质量建设之道》,《求实》2019 年第 4 期。

② 　唐果、林聪、阎永哲、贺翔:《我国公共服务质量改进研究的现状、评价与展望》,《经营与管理》2018 年第 8 期。

含客观质量,即各种公共服务本身的产出质量和结果质量,也包括主观质量,即主要通过公民的满意度和感知的评价。关于公共服务质量,有规范质量说、满意质量说、绩效质量说等多种观点,通过对公共服务质量的过程、结果和价值考量等对公共服务进行研究和探索。

　　档案公共服务质量是指档案公共服务满足公众档案需求的程度。对档案公共服务质量的评估是揭示并分析档案服务实现程度和效果的重要方法。档案公共服务质量的高低,折射着档案公共服务的成效。"现代公共服务体系的完善与公共服务质量的提升都离不开质量评价所提供的方向性导引与过程性纠偏"①,对档案公共服务质量的评估是通过对服务的测评,推动和改善档案公共服务,更好地满足公众需求,不断提升档案公共服务质量。科学评估档案公共服务质量是档案公共服务质量提升的重要保障,是推动档案公共服务可持续健康发展的重要的动力。

一、由谁评——以公众为中心

　　在公共服务质量评估过程中,"由谁评"也就是评估的主体直接影响着评估的结果,影响着评估的科学性。通常,评估主体可分为内部评估者和外部评估者,内部评估者主要是在活动领域内,由政策制定者和政策执行者开展,内部评估者的优势是他们较为全面、深入地了解活动的来龙去脉、背景和现状等;但存在着既是游戏规则的制定者、又是游戏的参与者、还是游戏的裁判员多重角色的重合,会对评估结果的客观性、科学性产生一定影响。外部评估者,主要包括除上述内部评估者之外的所有机构、组织和个人,比如专业评估机构、社会公众、科研机构、相关学会协会等。外部评估者专业性、独立性较强,有助于确保评估结果的公正性。在档案公共服务质量评估中,"我国目前的国家档案馆评估或评价主要采用政府主导——上级评价的运行模式,评估

---

　　①　沈亚平、陈建:《虚化与重塑:公共服务质量评价的价值理性研究》,《长白学刊》2017 年第 2 期。

主体主要是档案馆自身,社会公众的参与度不高,专业评估机构参与更少"①。因此有人提出可将档案行政管理机构、档案协会、各档案馆同行、第三方评价机构和公民等纳入国家档案馆评价主体体系,建立多元的评价主体体系,以提升评价结果的科学性,推动档案事业的科学可持续发展。②

因此,档案公共服务评估应该以外部评估为主,在外部评估中,又应以公众为主,即由外部评估专家、专业组织或机构(比如专门评价机构、档案学会等),在充分了解档案公共服务机构状况的基础上,遵循档案公共服务的规律和原则,结合公众的需求特点、认知特点,形成评价方案或评价指标体系,由公众来完成具体的评价过程。也就是说,对档案公共服务质量的评价,最终是由公众来完成的,反映的是公众的意志及其对档案公共服务作出的具体判断。当前我国档案公共服务质量的评估中,多局限在内部自评;外部评价多源自专家学者的研究和项目推动,而在这两种评价过程中,都存在着明显的公众缺位。档案公共服务首先是面向公众,档案公共服务质量如何,公众应最具发言权,公众的需求是否得到了满足、公众利用档案的权利是否得到了维护、公众是否在档案公共服务中体验到了对档案的获得感等,公众在对服务的期望和服务实际感知的对比中作出判断,也是对档案公共服务质量的判断与评价。档案公共服务的目标是最大程度地满足公众需求、维护公众权益,因此,由公众作出的质量评价,对审视档案公共服务、提升档案公共服务质量有重要意义。

二、评什么——评价内容

在对公共服务质量的评价中,从服务结果来看,提供的公共服务产品是否

---

① 李宗富、张瑞瑞:《新时期国家综合档案馆公共服务能力评估的价值取向与理论框架构建》,《档案管理》2020 年第 2 期。
② 吴加琪、周林兴:《论我国国家档案馆评价主体体系的构建——基于公共受托责任视角》,《档案》2012 年第 2 期。

充足,民众获取公共服务产品的"渠道"是否通畅和便利,服务态度上是否自觉主动,公共服务是否按照规范流程提供以及公共产品分配能否公平均衡,等等,这些都是公共服务质量评价的重要内容;从服务过程来看,服务的可靠性与透明度、服务机构及其工作者与公众的交互性与友好性、服务过程中的有形设备及其他物质元素、公共服务价值伦理的体现等,也都是公共服务质量评价的重要组成部分。"公共服务质量评价重在公众满意度,具体体现在满足基本公共需求,既能够使人们获得基础性民生的获得感、安全感、幸福感,又能够在个体发展上体现公共服务精神,特别是在公共服务分配均衡方面展现公平正义,在实现最大社会公共利益的同时,能够促进人性的全面发展。"①可见,对档案公共服务质量的评价涉及多方面、多维度、多层次的内容。

在档案公共服务质量评价中,应结合档案价值的实现规律、档案公共服务的特点和目标,将公共服务质量评价的内容细化、具体化,通过科学合理的评价内容,全面反映档案公共服务质量。对档案公共服务质量评价的内容,从层面上看,应该包括对服务的总体综合评价和具体细分评价;从维度上看,应该包括关于服务主体的评价,主要表现为服务主体的价值理念和态度、对公众需求的识别、与公众的交互;关于服务内容的评价,具体表现在服务内容的有用性和有效性、服务内容的精准度等;关于服务形式的评价,具体表现为服务形式的丰富性、公平性、便捷性、可实现性等。此外,对档案公共服务质量的评价,不应该仅仅聚焦于狭义的满足公众特定需求的某一过程,而应该着眼于全程评估,即延伸至服务开展之前和拓展至服务之后,前者主要表现在档案公共服务是否被知晓,比如公众在何时何地能够获取何种服务,服务动态是否及时向社会公布;后者主要表现为对于服务过程中的问题事后是否及时处理,对公众的反馈是否及时回应等。

---

① 陈爱妮:《社会治理视域下公共服务质量评价问题研究》,《产业创新研究》2019 年第 10 期。

三、怎样评——评价方式

对档案公共服务质量的评价总要通过一定的具体实现形式来实现。当前的评价方式多集中于通过问卷调查收集数据,然后对数据进行分析和处理,进而得出评价结果。伴随着大数据、云计算、物联网等技术的发展,面向当前的新媒体环境,档案公共服务质量的评价方式可更加多样、更加科学和完善。

首先,充分利用新媒体工具,将评价过程和服务过程有机结合,有助于评价更加准确、更具价值。比如,浙江省将档案服务纳入全省政务服务"好差评"体系,并通过及时处理移动政务服务平台"浙里办"的"政务服务好差评"栏目里的相关评价,不断改进和优化档案公共服务。同时,好差评服务数据有助于"运用大数据等技术对企业和群众反映集中的问题进行跟踪分析和综合挖掘,有利于及时发现档案政务服务的堵点难点,找准档案服务的切入点和着力点,推进档案决策科学化、档案治理精准化、档案服务高效化"①。其次,在评价过程中,将定性评价和定量评价有机结合。定性评价侧重运用分析和综合、比较与分类、归纳和演绎等方法,对事物进行"质性"解释和分析;定量评价侧重将问题与现象用数量来表示,对事物进行"量化"描述和分析。定性往往"为了追求对世界可理解的复杂性的挖掘",定量往往"为了对世界简约的解释",二者各有优劣。档案公共服务质量内涵丰富,内容多元,表现在多个方面,涉及多种影响因素,对档案公共服务质量的评价是一个复杂的过程。因此,应采取定性评价和定量评价相结合的方式,充分运用各自的优势,通过定性评价对档案公共服务中柔性内容进行分析,通过定量评价使刚性内容客观明确,通过二者结合运用尽可能保证评价的科学合理。

---

① 浙江省档案局:《浙江档案服务纳入全省政务服务"好差评"体系》,2020 年 1 月 17 日,见 http://www.zjda.gov.cn/art/2020/1/17/art_1378485_41743500.html。

四、对评价结果的应用

对档案公共服务质量的评估,是一种以评促发展的手段和方式,其最终目的是通过对当前档案公共服务的分析和审视,不断提升档案公共服务质量,推动档案公共服务的可持续健康发展。

档案公共服务质量评估结果的作用,不在于知和比,而在于改进和发展。对于档案公共服务质量评估的结果,第一,理性对照,正确对待评估结果的好与坏。评估结果的好与坏应该是基于档案公共服务部门发展的综合现状而作出的判断,我国档案事业发展不平衡,处于起步期、成熟期、完善期等不同阶段的档案公共服务往往表现出不同的特点,这些特点会对档案公共服务质量产生一定的影响,因此对于质量评估结果,不仅仅是单纯的横向、外向的对比,更要重视在纵向、自身的对照中,认清成绩与不足,并确定未来改进方向。

第二,深入分析,透过结果探究问题实质。所有的评估过程均不可避免地带有一定的主观性,档案公共服务评估,涉及的内容多,评估主体成熟度不同,因此,对于评估结果要全面深入地分析,避免个别点上的放大或者缩小,以免影响对档案公共服务整体质量的认识。同时,档案公共服务质量的提升是一项长期系统的工程,某些服务效果的产生需要假以时日,某些服务效果具有一定的潜在性,也就是说某些有助于档案公共服务质量提升的效果可能并未通过当下的评价得以反映,不能因此而否定相关投入和有益探索。

第三,充分发挥评估的导向和激励作用,推动档案公共服务的可持续发展。梳理档案公共服务质量评估中反映出的问题,以问题为突破口,在解决问题中进一步满足公众的需求,在未来规避同类问题中提升公众的满意度;以移情换位的视角深入分析评估结果,识别并研判公众需求,优化服务,提升公众对档案公共服务的获得感。此外,评估结果是档案公共服务部门及其员工共同努力的结果,凝聚着档案服务工作者的智慧和劳动,应注重通过表彰宣传等途径扩大优秀成果、优秀工作者影响力,通过榜样和示范作用为档案公共服务的可持续发展凝心聚力。

第四节　发展和壮大档案公共服务社会力量

当前,新媒体环境不断催生着公众对档案公共服务的新诉求,同时为社会力量参与档案公共服务提供了更加广阔的平台。伴随着社会治理思想的不断深入,档案治理理念的创新发展,必将推动档案公共服务朝着共建共享方向纵深发展。社会力量将成为档案公共服务的强大推动力。

参与档案公共服务的社会力量主要包括不同类型的社会组织和公众,比如档案社会化服务机构、学会协会、档案志愿服务组织、档案志愿者等。纵观我国档案事业的发展历程,社会力量参与档案事务无论是在理论研究还是在实践探索中,仍处于起步阶段。当前的社会力量参与档案事务,尤其是参与档案公共服务有呼声、有动力,但是实力有待提升,"纵观档案事业的发展历程,长期以来公众都被视为档案服务的被动享用者,其参与档案事务的主体性价值往往被忽略,无论是在档案事务管理决策上,还是在档案资源建设和档案利用服务的提供上,都很少看到公众的身影,公众的参与十分有限,更没有成熟的公众参与组织"①。因此,要充分发挥社会力量参与档案公共服务的作用和优势,最为关键的是从根源上培育和发展各种社会力量,不断增强其参与能力。

一、档案志愿服务

(一)档案志愿服务的意义

志愿服务无论在我国还是在西方,都有着悠久的历史,其内涵伴随着人类

---

① 金波、晏秦:《从档案管理走向档案治理》,《档案学研究》2019 年第 1 期。

文明的进步和社会的发展不断丰富,其表现形式在不同的国家、不同的历史时期既有共性又有不同的特点。志愿服务已成为现代社会文明进步的重要标志。志愿服务是指志愿者、志愿服务组织和其他组织自愿、无偿地向社会或者他人提供的公益服务①,档案志愿服务是志愿服务精神与档案事业的融合,是指志愿者、志愿服务组织和其他组织自愿无偿提供与档案活动相关(如档案管理、开发、利用等)的公益服务。

档案志愿服务有助于实现档案公共服务的多元化、满足公众需求的个性化、提升档案公共服务的深入可持续化,其意义主要表现在:首先,从服务内容来看,来源于不同专业领域的档案志愿者,"各有所长",在对档案资源进行开发和传播的过程中,根据自身的专业知识,有助于从新的视角、更加深入地发现档案资源的价值并将其外化,形成多元的档案服务产品;从服务方式来看,众多的档案志愿者参与到档案公共服务中,有助于扩大服务范围,使档案公共服务惠及更多的社会公众,而在服务过程中,志愿者的加入能够更好地实现与公众的互动,了解公众的个性化需求,并及时提供更加有针对性的服务;从服务时空来看,档案志愿者的参与,为档案部门的公共服务提供了更多的时间节点和机会,拓展了档案部门的服务空间,档案志愿者的角色可以走到哪里就将档案服务延伸到哪里;从服务影响来看,档案志愿者的志愿活动可以影响和改变他人的思想和活动。档案志愿者本身是社会公众的一员,招募档案志愿者、创造档案志愿服务平台,本身是一种提升社会档案意识、扩大档案影响力的行为和方式;而档案志愿者通过档案志愿服务能够以"现身说法"对更多的人产生积极的影响,这种影响是潜移默化的、自觉的、持续的,其效果是"官方"档案服务不可替代的。

当前,随着我国社会文明和公民意识的不断进步,志愿服务正在从一种朴素的情感上升为责任意识、权利意识,越来越多的人不仅出于情感,而且也出

---

① 中国志愿服务网:《志愿服务条例》,2017 年 9 月 6 日,见 https://www.chinavolunteer.cn/show/1038608.html。

于责任和权利,参加志愿活动。推动档案志愿活动的开展,是档案公共服务更好地维护和实现社会公民档案权利的体现。对于档案志愿者而言,通过多种多样的档案志愿服务,能够更多地接触和利用档案资源,更好地实现公民获取信息、利用信息的权利;同时,档案志愿服务平台的搭建,使志愿者在参与过程中更深入、更直接地了解并影响档案部门的管理和活动过程,档案部门的"开放、透明"得到更好的体现。

此外,现代社会,越来越多拥有档案相关知识、技能、精力等的社会公众,渴望通过档案志愿服务更好地实现自己的价值。在档案志愿服务过程中,档案志愿者通过分享档案知识、传播档案文化等方式为档案部门或其他社会成员提供帮助和支持,极易与服务对象形成和谐良好的互动关系,有助于实现人们对情感和归属的需求;在档案志愿服务过程中,志愿者不断提升自我认知、自我完善,在完成志愿服务任务的同时,"在自我尊重和被他人尊重中获得了一种成就感和价值感"[1],志愿活动中所获得的被尊重、被信赖,是其他任何社会活动不可替代的;最为关键的,在档案志愿服务中,志愿者的个人价值和社会价值相辅相成、良性互动,自我实现的需求被真正满足。

(二)档案志愿服务的提升

1.深层激活档案志愿者的能动性

自愿性、无偿性、公益性、组织性是志愿服务四大基本特征。[2] 志愿者是指以自己的时间、知识、技能、体力等从事志愿服务的自然人。近年来,伴随着各级各类档案部门对档案志愿服务的探索开展,我国档案志愿者的队伍不断壮大,档案公共服务部门应尽可能为档案志愿者提供有助于发挥其价值和作用的平台和支持,不断提升档案志愿服务水平。首先,为档案志愿服务者提供多种学习的机会。档案志愿者通常具有对档案的浓厚兴趣或者与档案相关的

---

[1] 魏娜:《志愿服务概论》,中国人民大学出版社 2018 年版,第 43 页。
[2] 魏娜:《志愿服务概论》,中国人民大学出版社 2018 年版,第 14 页。

某种技能、知识或特长,但档案公共服务也具有一定的专业性、规范性,档案公共服务部门可通过培训、研讨等不同形式进行档案专业知识传授,一方面帮助档案志愿者更好地实现自身价值,另一方面也有助于确保档案志愿服务的良好效果。其次,建立健全档案志愿服务激励制度。虽然档案志愿服务具有自愿性、无偿性等特点,但也应以不同方式对志愿者的劳动付出作出肯定,比如情感、荣誉激励等,以推动档案志愿服务的良性循环。最后,明确档案志愿服务者的责权利,保护档案志愿者的权益。比如英国国家档案馆在开展档案志愿服务过程中,在志愿服务手册中,详细规定了档案部门和志愿者等各方的责权利,明确了档案部门和档案志愿者应该如何实现良好的合作。

2. 发展档案志愿服务组织

在当前的志愿服务事业发展中,存在着多种类型、多种模式的志愿服务组织,通过志愿服务组织,为他人和社会提供服务,公共服务会更有序、更长效。在调查中发现,当前我国仅有10%的档案部门曾与志愿组织合作开展档案志愿服务。档案志愿服务组织在资源、管理等方面有其独特的优势,档案部门应积极探索与其合作,并形成档案志愿服务组织,以更好地推动档案志愿服务持续、高效地开展。

3. 拓展档案志愿服务活动的内容

档案志愿服务的内容包括:一是宣讲类志愿活动,即通过展示、讲解、宣传,向公众传播档案内容以及有关档案与档案工作的知识等,通常表现为讲解导览、宣传图册发放、咨询问答等;二是专业服务类志愿活动,即开展与档案馆藏建设、档案资源开发利用等档案业务有关的活动,比如对数字档案资源进行转录、原文识别,对开放的档案资源进行描述、注解等,协助档案编研、专业研究等;三是辅助管理志愿活动,主要表现为协助档案部门进行相关的行政管理、信息咨询、环境秩序维护等。当前我国档案志愿服务主要集中在第一类即宣讲类的志愿活动,比如现场档案讲解、宣传,向公众传播档案内容和档案相关知识。在档案公共服务实现过程中,丰富的档案资源和不同的工作环节均为志愿服务的实现提供了广阔的操作空间,在开展档案志愿服务的过程中,应拓展视角、拓宽思路,从不同维度设计志愿服务项目,为档案志愿服务价值的实现提供多样化的路径。

4.探索档案志愿服务"线上+线下"实现形式

线上档案志愿服务是指志愿者或志愿服务组织借助档案部门所提供的数字档案资源以及相关平台,不受时空限制地开展志愿服务;线下服务是指志愿者或志愿服务组织在档案部门、活动现场等特定场所开展资源服务,比如档案展览中的志愿讲解、档案宣传活动日现场宣传等。而当前我国档案志愿服务形式主要集中在线下。线上和线下的志愿服务各具特点,档案部门应充分利用各自优势,推动档案志愿服务活动的创新开展。尤其是当前我国数字档案资源的不断增多,为线上档案志愿服务的开展提供了有力的支持,线上服务打破时空的限制,为志愿服务提供了更多的便利。档案部门可充分利用线上优势,积极推动线上档案志愿服务的开展。

二、档案社会化服务机构

(一)我国档案社会化服务机构的发展

档案社会化服务机构是指从事与档案事务相关的以盈利为目的的各种社会组织。在《档案服务外包工作规范》(DA/T68-2017)中提到,档案服务外包是某一机构将不属于国家法律法规限制范围内的档案,给其他机构进行管理,委托其为本机构提供档案服务的行为,其业务类型通常包括档案寄存服务、档案数字化服务、档案整理、档案管理咨询、档案开发利用、档案销毁等。档案开发利用服务是指承包方按照一定原则对发包方将其保存的档案通过多种途径、手段和技术、方法进行开发,形成各种形式的信息、知识产品,提供利用,发挥档案价值的服务过程。社会化服务机构是伴随着人类社会分工的不断细化、我国政治经济体制的改革而产生并不断发展和壮大的,国家治理体系和治理能力的现代化推动着其迅猛发展。尤其是伴随着我国公共服务体制改革的深入发展，当前我国公共服务供给主体和供给方式多元化格局已基本形成，即基本形成了党委领导、政府负责、市场分担和社会参与的多元化公共服务供给主体格局，市场主体和社会主体针对公共服务供给的政府失灵领域，分别发挥市场机制和社会机制作用进行弥补，市场主体凭借其在竞争、资金等方面的优势，社会主体凭借其在资源整合、公益服务、意愿收集等方面的优势，促进公共服务效率与质量的提升，"基本形成了市场化和社会化的公共服务供给方式"①。近年来，在档案领域，档案社会化服务机构正在迎来其良好的发展机遇，一方面，档案治理理念的提出和实践的探索，为我国档案社会化服务机构的顺利发展提供了肥沃的土壤。档案治理是治理理论在档案领域的应用和实践，有助于推动我国档案事业的健康发展，也是国家治理体系和治理能力现代化的重要组成部分。档案治理视域下的档案事务必将更多地借助市场和社会力量。另一方面，机构改革后，"局馆分设"，局馆职能进一步清晰明确，但二者职责的履行和实现都离不开与档案社会化服务机构的协同。

但整体来看，我国档案社会化服务机构处于起步发展阶段，比如"目前来看，服务于档案事务的社会组织和中介组织发展缓慢、实力弱小、规模偏小、能力偏弱"②，要真正发挥其参与档案事务的作用，尤其是发挥其在档案公共服务中的作用，仍有诸多亟待提升和完善之处。

（二）推动我国档案社会服务机构的壮大

结合我国档案事业发展的动向，以及我国档案公共服务发展的需要，可从以下几个方面来推动我国档案社会化服务机构的发展和壮大。

第一，档案部门应该发挥在档案治理中的"元治理"作用，培育、引导、扶持档案社会化服务机构的健康发展。这本身就是档案治理的表现，同时也有

---

① 俞可平：《中国的治理变迁》，社会科学文献出版社2018年版，第16页。
② 李海啸：《对政府购买档案公共服务问题的研究》，《浙江档案》2014年第7期。

助于档案治理的良性发展,是从源头上确保档案治理实现的举措。比如,当前我国的档案社会化服务机构多集中在提供数字化、档案整理等范围内,涉及咨询服务、开发利用服务等业务相对较少,这就使得档案部门在面向市场、面向社会寻求社会化服务机构之时受到了局限。因此,档案公共服务部门应通过适当的渠道和方式,向社会和市场释放需求信息,促使档案社会化服务机构整体发展结构的合理和优化。

第二,不断完善档案社会化服务的相关标准和规范。档案事务的各项活动都具有较强的专业性,健全的标准规范使档案社会化服务机构有据可依,有助于提升其所提供产品和服务的有效性。

第三,档案社会化服务机构自身应结合内外部环境,构建科学的发展愿景,不断提升实力。其中最为重要的是对档案专业人才的重视和吸引,伴随着社会的发展,档案的来源、种类越来越多,内容越来越丰富,结构越来越复杂;公众对档案需求越来越多元化、覆盖范围更广;尤其是数字时代的到来,使得档案的收、整、存、用等各项工作日趋复杂,对档案活动中相关问题的解决愈加需要专业知识。当前我国档案社会化服务机构中档案专业人才比例相对较小,面对诸多档案专业问题难以满足"客户"需求,因而束缚了机构的发展,也埋下了影响档案事业发展的隐患。

小　　结

新媒体环境对档案公共服务的影响,不仅表现在技术、工具方面,也表现在理念、思想等方面,新媒体环境下档案公共服务的实现,更加依赖于强有力的保障体系。本章从培育深厚的档案公共服务共识、厘清档案公共服务中的权责、科学评估档案公共服务质量、发展壮大档案公共服务社会力量四个方面对我国档案公共服务的保障体系进行了研究。培育深厚的档案公共服务共识,有助于为档案公共服务的实现营造和谐场,为档案公共服务创造良好的内外部环境。厘清档案公共服务中的权责关系,平衡好服务者与被服务者的权利与义务,处理好档案利用权与隐私权的关系,有助于保护主客体的利益,使之形成良好的互动关系,并为其解决后顾之忧,进而保证档案公共服务的顺利实现。科学地评估档案公共服务质量,既是着眼于当下,也是着眼于未来,是确保档案公共服务良性可持续发展的重要举措。发展和壮大档案公共服务社会力量,有助于突破传统档案公共服务的发展瓶颈,为档案公共服务在新媒体环境下的创新发展提供支撑。

第七章　新媒体环境下国家一体化档案公共服务平台构建

国家一体化档案公共服务平台是新媒体环境下实现档案公共服务的空间，是社会和公众感知、获取和享用档案公共服务的场域，是新媒体环境下档案公共服务实现的有效形式。平台顺应网络技术开放与互联的趋势，具有强大的功能性、适应性和灵活性。国家一体化档案公共服务平台的构建顺应经济社会信息化发展的需要，是档案事业发展走向开放、走向现代化的重要内容和表现，是新媒体环境下档案公共服务目标实现的创新实践探索。国家一体化档案公共服务平台在国家统筹规划下，利用云计算、大数据、互联网、物联网、人工智能、区块链等新一代信息技术，通过高速、移动、安全、泛在的基础设施和技术应用，实现云化、服务化的开放构架，以平台聚内容、融技术、凝智慧、提质量，进而更好地满足公众的档案需求，提高公共服务的质量和效率，全面实现和释放档案价值，推动社会进步和人类文明发展。

本章基于当前我国档案公共服务的建设状况，分析新媒体环境下国家一体化档案公共服务平台构建的必要性，提出构建设想，并从平台特点、建设原则、框架构建等方面进行深入阐述，以平台创新推动新媒体环境下档案公共服务目标的实现。

第一节　新媒体环境下国家一体化档案公共服务平台构建的必要性

一、顺应我国经济社会信息化发展的需要

从 20 世纪 80 年代开始,我国各地党政机关开始了以办公自动化(OA)为核心的电子政务建设。1993 年底,国家启动金桥、金关、金卡"三金"工程,"三金"工程是由中央政府主导的以政府信息化为特征的系统工程。以"三金"工程为起点,我国开始快速推进经济社会信息化。2006 年国家发布了《国家电子政务总体框架》,电子政务的发展突破了部门和地域的限制,向交互性和互联网的方向发展。在这个文件的推动下,我国县级以上政府机关大多建立了政府网站,越来越多的政务活动从办公室走向了网络空间。2013 年国务院发布的《关于促进信息消费扩大内需的若干意见》提出,要培育信息消费需求,丰富信息消费内容,提升公共服务信息化水平,促进公共信息资源共享和开发利用,并要"加快推进国家政务信息化工程建设,建立完善国家基础信息资源和政府信息资源,建立政府公共服务信息平台,整合多部门资源,提高共享能力,促进互联互通,有效提高公共服务水平"。在国家一系列政策的指引下,我国各行各业信息化发展迅速。浙江推出了"最多跑一次"改革,大量的政务活动在网络上一次完成。党的十九届四中全会审议通过的《中共中央关于坚持和完善中国特色社会主义制度　推进国家治理体系和治理能力现代化若干重大问题的决定》,从推进国家治理体系和治理能力现代化的战略高度,把推进全国一体化在线政务服务平台建设作为完善国家行政体制、创新行政管理和服务方式的关键举措。按照党中央、国务院的决策部署,2019 年全国一体化政务在线服务平台框架初步形成,该平台的开通,使我国电子政务发展步入了快车道。据统计,全国一体化在线政务服务平台注册用户已达 3.39 亿,全

国 9.04 亿网民中,平均每 3 个网民就有 1 个成为全国一体化政务服务平台的用户。① 2019 年上半年,我国 297 个地级行政区政府已开通了"两微一端"等新媒体,总体覆盖率达 88.9%。各级政府加快办事大厅线上线下融合发展,"一网通办""一站对外"等逐步实现。②

按照当前我国档案工作体制,在中央一级,国家档案局、中央档案馆是一个机构、两块牌子;在地方一级,档案主管部门大多纳入地方党委办公厅(室)管理;地方各级国家综合档案馆作为地方各级党委的直属事业机构,履行同级党委、政府档案保管、利用职能。各级档案管理部门和各级国家综合档案馆作为国家设立的行业主管和档案管理部门,履行着国家事务管理职能,也和其他党政机关一样,要纳入国家整体信息化战略之中,也要适应经济社会信息化的发展,加入国家经济社会信息化的大潮,一方面要使自身工作方式、管理方法信息化,同时也要为经济社会信息化提供服务。国家一体化档案公共服务平台的建设,是我国经济社会信息化发展对档案公共服务提出的必然要求,也是档案公共服务更好地服务经济社会发展的必由之路。

二、推动档案事业信息化发展的需要

近年来,国家和各地档案部门都非常重视档案信息化。国家出台了一系列政策,促进全国档案信息化的开展,并指出实现以信息化为核心的档案管理现代化的目标,做好档案公共服务工作是其重要内容。《国民经济和社会发展信息化"十一五"规划纲要》中明确提出要"加强数字档案馆建设",从国家层面对档案信息化建设提出了要求,其目的就是要通过建设数字档案馆提高档案公共服务的质量和水平。在 2011 年实施的《全国档案事业发展"十二

---

① 中国政府网:《全国一体化政务服务平台框架初步形成　全面推进"一网通办"进入加速期》,2020 年 5 月 26 日,见 http://www.gov.cn/xinwen/2020-05/26/content_5515135.htm。
② 中国网信网:《在线政务普及率近六成,服务水平持续向好》,2019 年 8 月 30 日,见 http://www.cac.gov.cn/2019-08/30/c_1124939723.htm。

五"规划纲要》中明确提出要加强档案信息化基础建设,实施公共档案资源共享服务工程项目,打造"一站式"档案信息资源共享和服务平台,为社会提供全方位的档案信息服务。在此文件精神的指引下,各地不断加大数字档案馆建设步伐,相继建成一批数字档案馆,并依托数字档案馆的档案资源和管理系统开展档案公共服务。在 2016 年实施的《全国档案事业发展"十三五"规划纲要》中提出:要"采用大数据、智慧管理、智能楼宇管理等技术,提高档案馆业务信息化和档案信息资源深度开发与服务水平"。此外,还有许多国家规定、行业规章和规范性文件对档案公共服务都提出要求,如《关于加强信息资源开发利用工作的若干意见》《电子文件管理暂行办法》《数字档案馆建设指南》《数字档案馆系统测试办法》等,都把促进档案公共服务开展作为其重要考量。

在新媒体环境下,面对档案事业信息化发展要求,要做好档案公共服务,既需要强化对信息化成果的应用,又需要释放信息化建设成果的价值,其中最重要的一方面就表现在充分发挥和释放数字档案资源的价值和作用。通过国家一体化档案公共服务平台建设,有助于将现阶段分散的数字档案资源整合,并进行深层挖掘,通过平台面向公众,满足公众档案需求,实现档案公共服务目标,彰显档案事业的价值,这是落实国家经济社会信息化部署、推动政府信息公开、促进信息共享、提高执政能力的要求,也是落实档案部门促进档案工作与信息化业务融合、推动档案资源共享的要求。

三、满足人民群众档案利用需求的需要

自新中国现代档案事业建立时起,提供档案利用便是档案工作的根本目的,即便是"文化大革命"的十年内乱,档案利用工作也一直没有停止。改革开放以后,中国的档案利用工作掀起了几次高潮,经历了几次大起大落。在20 世纪 90 年代,新一轮的编史修志高潮过去之后,档案利用陷入了低潮。21世纪以来,尤其是随着覆盖广大人民群众的档案资源体系和方便广大人民群

众的档案利用体系的不断建立,民生档案利用需求的急剧增加带来了档案利用数量的逐步回升。在一些地方,民生档案利用已经成为档案利用的主体。民生档案利用的增加也带来了档案利用总量的增加。根据全国档案事业基本情况统计年报提供的数字,将2000—2018年各级国家综合档案馆利用档案的数量制表(见表7-1)进行分析,可以更直观地发现近20年来我国档案利用的增长变化。

表7-1 各级国家综合档案馆档案利用增长率统计表

年份	利用量 (单位:万卷)	增长率	年份	利用量	增长率
2000	494.35	——	2010	1417.30	186.7%
2001	575.36	16.4%	2011	1564.50	216.5%
2002	548.85	11.0%	2012	1521.10	207.7%
2003	602.60	21.9%	2013	1477.80	198.9%
2004	813.90	64.6%	2014	1688.80	241.6%
2005	868.00	75.6%	2015	1978.30	300.2%
2006	1166.40	135.5%	2016	2033.70	311.4%
2007	1244.90	151.8%	2017	2077.95	320.3%
2008	1257.40	154.4%	2018	1819.10	268.0%
2009	1308.00	164.6%	——	——	——

注:增长率的计算以2000年的利用数据为基点。

从表7-1可看出,在进入21世纪之后,各级国家综合档案馆档案利用的数量呈现出两个特点:一是利用档案的绝对数量有较大增长。以2000年为基点,到利用数量最大的2017年,利用档案的数量增长了320.3%。到2018年,虽然较上一年略有下降,但其总增长也有268%。二是各级国家综合档案馆利用档案的数量呈逐渐增长的趋势。除去2002年、2012年、2013年和2018年4个年份,其他年份的档案利用数量都比上一次利用档案的数量有所增加。由此可见,广大人民群众对档案利用需求逐年加大,满足社会各方面的档案利用需求日趋成为档案工作的重要任务。

信息时代的到来,伴随着大量电子档案的接收和大规模档案数字化工作的开展,我国档案资源越来越多,为加强对这些数字档案的管理和利用,许多档案馆都建立了数字档案管理系统和档案网站。但是,随着社会公众需求的不断多样化,随着新媒体环境的发展,各自为政的档案馆的数字档案服务越来越难以适应环境发展和公众诉求。比如,公众渴望打破馆际局限和空间局限,便捷地查找获取档案,但是由于缺乏统一的标准和规范,缺乏统一的平台支持,档案公共服务难以满足公众愿望。建设国家一体化档案公共服务平台,有助于为公众提供更便捷、更人性化的查找、获取、享用档案资源的空间,满足公众档案需求并维护公众权益。

第二节　档案公共服务平台建设现状

在档案公共服务的发展进程中,伴随着档案事业的推进,顺应信息化时代发展的需要,档案部门在不同程度、不同范围内开展了档案公共服务平台建设的探索,对方便广大人民群众利用档案起到了非常重要的作用,也为国家一体化平台建设奠定了基础。但是,这些平台还存在诸多问题,尤其是新媒体环境下,现有平台难以满足公众和社会需求的现象更加突出,亟须建设更加科学的、优化的新平台,以充分实现档案公共服务的目标。

一、现有档案公共服务平台的类型

近年来,档案部门建设、运行的可以应用于档案公共服务的平台已有一定积累。目前,我国副省级市以上档案部门基本能够通过局域网、政务网、互联网"三网"平台开展电子档案信息服务,许多地市级和区县级档案馆建成局域网平台或启动了局域网平台建设,大多数区县级以上档案馆都在互联网上拥有网站或主页,以开展不同程度的档案查询利用服务。当前存在的档案公共服务平台表现形式多样,按不同的标准可以划分为不同类别(见表7-2)。依平台的开放程度,可划分为全开放型服务平台、封闭型服务平台、半开放半封闭型服务平台;按覆盖范围,可划分为国家档案公共服务平台、区域档案公共服务平台、部门档案公共服务平台等。不同的平台,在档案公共服务中所发挥的功能和作用也不相同。在国家一体化档案服务平台建设的过程中,要充分沿袭不同平台的优势、规避其问题及劣势,以提升国家一体化档案服务平台的效能。

表7-2 现有档案公共服务平台类型

划分标准	类型	特点
开放程度	全开放型服务平台	部署在互联网上,面向全体社会成员
	封闭型服务平台	部署在局域网上,仅在档案部门内部,面向工作人员和特定用户
	半开放半封闭型服务平台	介于开放型平台和封闭型平台之间的一种档案利用服务平台,部署在政务网上,面向网内组织和用户
覆盖范围	国家档案公共服务平台	由国家档案部门建立的、由各级档案部门共同支撑、面向所有社会公众提供服务的平台,通常部署在互联网上
	区域档案公共服务平台	由若干个档案馆共同支撑、可以对社会各方面提供跨馆档案服务的平台,这类平台可以部署在互联网上,也可以部署在专用网(如电子政务内网、电子政务外网或行业专网)上
	部门档案公共服务平台	由一个档案部门建设和支撑的档案公共服务平台,这类平台可以部署在互联网上,也可以部署在专用网或局域网上

(一)全开放型服务平台

全开放型服务平台是指部署在互联网上,面向全体社会成员,供其查询和利用档案的平台,是档案公共服务平台中最重要的形式。我国全开放型档案公共服务平台的建设和发展经历了漫长的历程。

从 20 世纪 90 年代中期开始,我国各级各类档案馆开始建设档案网站,尤其是 1999 年被确定为政府上网年之后,档案网站建设也呈蓬勃发展之势。国家档案局 2002 年发布的《全国档案信息化建设实施纲要》(以下简称《纲要》)提出:要"充分利用和发挥网站的作用,使档案网站成为宣传档案工作、开展档案信息服务的窗口。省级以上档案馆应尽可能建设自己的档案网站……丰富网站内容,有计划地上载开放档案目录,有条件的可上载已公开的档案全文信息,向社会提供网上查询和利用服务"。该《纲要》还进一步要求各地"建立链接本地区各级各类档案网站的门户网站,积极探索实现馆际互联的路子""在逐步推进地区性馆际互联的基础上,不断促进全国范围内的档案信息资源共享";并指出,"以国家档案局网站为龙头,逐步与各地档案网站实现链接,最终构建全国档案工作信息网,为全社会提供方便、快捷、优质的档案信息服务"。

2010 年,国家档案局发布《数字档案馆建设指南》(以下简称《指南》),要求"数字档案馆网络架构一般应面向不同对象、立足现有不同网络,构建三个服务平台,并提供相应层级数字档案信息资源利用共享服务"。其中一个平台就是"利用公众网建设的面向广大社会公众和进行馆际交流的公共档案信息服务平台"。该《指南》进一步解释说,这个平台是"档案馆实现公共档案服务和档案信息资源社会共享的有效途径之一,它依托公众网,通过档案网站建立满足公众查阅档案需求的利用窗口,同时,采集具有重要保存价值的各类数字信息,进行资源整合,实现公众档案信息资源的社会最广泛共享"。在《纲要》和《指南》的指导下,各级各类档案馆的档案网站纷纷建立并逐步完善,多地也开展了数字档案建设,并不断深化面向公众的服务平台的建设。

以档案网站为依托的服务平台,是很长时间内我国全开放型档案公共服务平台的重要表现形式。随着新媒体时代的到来,微平台开始蓬勃发展。微平台是指以微信、微博、APP、微视频等为依托,实现档案公共服务的平台。近年来,我国档案部门非常关注各种新媒体平台利用,借助微博、微信、APP 等与公众进行交互、为公众提供服务。2018 年,全国副省级市以上档案部门共建设有 48 个档案网站,其中有 28 个档案网站上可以看到有微信、微博、APP 等,如浙江省档案局(馆)运行的微信"掌上查档"小程序和浙里办 APP"档案查阅服务"等,极大地丰富了档案公共服务全开放型平台的形式。2019 年 9 月,国家档案局发布《档案移动服务平台建设指南》,该"指南"基于移动互联网广泛应用的背景,指导各级国家综合档案馆借助智能移动设备,建设具备移动性、互动性和个性化特点的档案移动服务平台,以进一步拓展档案服务渠道,实现档案信息资源社会化共享利用,以更好地满足社会公众对档案服务的需求。

(二)封闭型服务平台

封闭型服务平台是指部署于局域网上,仅在档案部门内部,面向工作人员和特定的用户,供其查询和利用档案的平台。封闭型服务平台是相对于开放型服务平台而言的,因其部署在特定的局域网上而被称为封闭型。当前,我国大多数的档案馆都建设有数字档案管理系统或数字档案馆系统,通过该系统可对馆内数字档案资源进行管理,同时也可以对数字档案进行查询和利用。这些系统通常不与其他网络连接,是一个相对独立和封闭的系统。在《指南》中提到的三个平台,其中一个是基于局域网的档案服务平台,也就是"基于局域网面向档案馆工作人员和来馆利用档案人员的馆内档案利用服务平台"。这个平台要"具备馆藏数字档案传输、交换、存储、安全防护的功能,承担档案馆'收集、管理、保存、利用'四项基本功能,满足日常数字档案馆业务管理和提供利用服务的需要"。《指南》发布之后,对于各地数字档案馆建设起到了巨大的推动作用。在机关数字档案室和企业单位数字档案馆(室)建设上,国家档案局也分别于 2014 年和 2017 年发布了《数字档案室建设指南》和《企业数字档案馆（室）建设指南》，为机关、企事业单位的数字档案馆（室）建设提供了遵循，促进了机关、企事业单位数字档案馆（室）的建设。在三个《指南》的指导下，各级各类档案馆和机关企事业单位档案室相继建成了数字档案管理平台，这些平台部署在单位的局域网上，供档案馆工作人员或者来馆利用档案人员查询时使用，相对于开放型平台，其面向特定的群体，局限于单位的局域网。

（三）半开放半封闭型服务平台

这类平台是介于开放型平台和封闭型平台之间的一种档案利用服务平台，指的是部署在政务网上，面向网内组织和用户提供查询服务的平台。国家档案局2010年发布的《数字档案馆建设指南》将这类平台定义为"利用当地政务网建设的面向本级党政机关各立档单位的电子文件归档和档案信息共享平台"。该《指南》进一步解释："政务网档案服务平台是数字档案馆连接本级各党政机关立档单位的主干平台。它依托本级政务网，能够接收各立档单位电子文件，能够为政务网用户提供在线档案查阅利用、档案业务指导或其他档案工作服务，实现党政机关的档案信息资源共享和资政服务工作。"近年来，随着电子政务内网和电子政务外网向各级机关单位的延伸，建设这类平台的档案馆越来越多，其上部署的档案利用系统也越来越多。这类平台相对于部署在互联网上的全开放型服务平台来说是封闭的，服务对象和服务范围有一定的限制；但是，相对于部署在局域网上的封闭型服务平台，又是相对开放的，打破了用户要"到馆"的局限。

二、档案公共服务平台建设状况

对于现有档案公共服务平台，按覆盖范围，可划分为国家档案公共服务平台、区域档案公共服务平台、部门档案公共服务平台三类。国家档案公共服务平台主要是指由国家档案部门建立的、由各级档案部门共同支撑、面向所有社会公众提供服务的平台,通常部署在互联网上,如国家档案局建设的"国家开放档案信息资源共享利用系统"。区域档案公共服务平台指的是由若干个档案馆共同支撑、可以对社会各方面提供跨馆档案服务的平台,这类平台可以部署在互联网上,也可以部署在专用网(如电子政务内网、电子政务外网或行业专网)上。部门档案公共服务平台指的是由一个档案部门建设和支撑的档案公共服务平台,这类平台可以部署在互联网上,也可以部署在专用网或局域网上。

(一)国家档案公共服务平台建设状况

经过长期的探索,在进入 21 世纪后,全国档案信息化迅速发展,数字档案资源不断丰富,数字档案馆建设也取得了一定成就,各种系统、平台有了一定发展,但是由于信息化建设中存在的一些问题,比如标准不一、档案检索与利用途径各异等,档案信息化的优势难以得到充分发挥,档案公共服务的发展也受到制约。这一问题也引起了国家档案主管部门的关注,2011 年发布的《全国档案事业发展"十二五"规划纲要》中提出:要"实施公共档案信息资源共享服务工程项目,打造'一站式'档案信息资源共享和服务平台,为社会提供全方位的档案信息服务"。2012 年,在国家档案局相关部门指导下,国家档案局档案科学技术研究所申报"国家开放档案信息资源共享利用系统建设",开始将《全国档案事业发展"十二五"规划纲要》的设想付诸实践。按照项目规划和构想,该系统利用云计算等先进信息技术和管理模式,从国家层面对我国开放档案信息资源共享服务进行统一规划和顶层设计,依托电子政务外网和互联网,采用"二级部署、多级应用"的方式,通过整合全国范围的国家综合档案馆馆藏开放档案信息资源,建立覆盖中央、省、市、县等各级档案馆的开放档案共享服务云平台,形成标准统一的共享服务平台和互联互通的网络服务体系,为全社会提供不受时间、空间限制的社会化、专业化的开放档案信息资源共享利用服务。该项目在 2013—2015 年之间分三期进行,经过三年建设,2015 年

"国家开放档案信息资源共享利用系统"上线运行。

自该平台上线以来,笔者持续关注平台的运行。在长期的追踪和研究中,发现平台有如下特点:一是平台上的开放档案数量比较少。至2020年,该平台已经运行5年多,按照平台上线之初的规划和要求,从2013年开始,"每个省级和副省级市馆要上传2万件以上已开放档案和已公开政府信息,有条件的地县级馆也要积极上传。同时我们也将让每个上传单位共享这个平台上的所有信息",依此计算,截至目前上传到平台的档案应该不少于五六百万件。但在访问中估算,平台上的档案低于这个数量。二是平台上的档案增加速度较慢。按照国家档案局的规划,平台内容应该不断丰富,每年有一定数量的增长,跟踪调查显示,除开始的两年平台上的档案数量增长较快之外,在较长时间里,平台上的档案数量增长都较缓慢。三是平台上的档案种类单一。平台上的档案基本以文字、图片为主,音频、视频类档案较少。四是向平台上传档案缺乏规划。各单位向平台上传的档案带有较强的随意性,专题较少,特色也不明显。五是平台上各地档案馆档案资源不均。少数省市上传档案资源较多,支撑着整个网站资源的主要构成,多数省市上传档案资源较为有限,有相当数量的档案馆甚至数年内都未向平台上传档案。六是该平台易用性和便捷性不够。作为一个全国性的档案共享利用平台,主要依托在国家档案局档案科学技术研究所的网站上,初期在国家档案局官方网站上曾有链接,但链接的位置很不显眼,平台"曝光度"较低。一个本应面向公众的服务平台,孤立存在,公众难以发现,其访问量、利用率难以提高,应有的价值和意义也难以发挥。从检索利用途径来看,平台检索入口单一,互动性、互操作性相对较差,在档案资源呈现和展示方面形式单调。

(二)区域档案公共服务平台建设状况

区域档案公共服务平台主要是指由一定区域范围内若干档案馆共同搭建的向公众提供档案公共服务的平台。区域档案公共服务平台的建设起步于

2010年前后。2009年,长春市档案局以长春市档案馆为中心,将长春市所辖各市县档案馆组织起来,以互通有无、互查数据、互出证明的"三互"利用服务方式,以计算机网络为平台,以数字档案目录和全文为资源,较早地开展了远程档案公共服务的探索。

此后,陆续有不少地方以行政区划为单位,将行政区域内的国家综合档案馆组织起来,以民生档案为重点,充分利用网络,开展以异地查档、跨馆出证为主要特色的档案公共服务。浙江省档案局从2015年开始就着手推动浙江省内档案馆建立联盟,开展异地查档、跨馆服务。2017年,浙江省档案馆在以往探索的基础上,开通了浙江档案服务网,使省内各个地方的群众查档时"最多跑一次",形成了"一网查档,百馆联动"的浙江档案公共服务品牌。中国西部的四川省也建立了民生档案异地查档、跨馆服务机制。2015年12月,四川省档案局制定了《四川省国家档案馆民生档案异地查档跨馆服务办法》,规定自2016年2月1日起实施异地查档、跨馆服务。从2015年开始,南昌市通过试点率先在全省开通省、市、区县、乡镇、街道民生档案跨馆查阅"一站式"共享服务平台。

与此同时,一些地方开始打破行政区域的限制,和其他一些地方的档案部门建立合作机制,共同搭建档案公共服务平台,在两地或多地的档案部门共同开展异地查档服务。2017年12月18日,浙江省档案局和贵州省档案局签署了合作开展"异地查档、跨馆服务"工作协议。① 河南省档案馆与山西省档案馆签订《民生档案跨馆异地利用服务工作协议书》,协议明确了跨馆提供民生档案服务的范围、流程、联动方式、工作要求、相关制度等内容。② 宁波市档案馆与贵州省黔西南州档案馆于2017年5月30日在贵州兴义市签署《民生档

---

① 浙江省档案局业务指导处:《省档案局与贵州省档案局签订合作开展民生档案"异地查档、跨馆服务"工作协议》,《浙江档案》2017年第12期。

② 杨宝章:《河南山西签署民生档案跨馆异地利用服务协议》,《中国档案报》2019年12月5日。

案"异地查档、跨馆服务"工作协议书》。2018 年 3 月,沪苏浙皖三省一市档案馆签订了《开展民生档案异地查档、便民服务工作合作协议》,依托三省一市民生档案服务信息系统,面向区域内三百多个档案馆,开展联动联查。2019 年,上海、江苏、浙江、安徽召开长三角地区档案工作座谈会,进一步推进长三角地区民生档案"异地查档、便民服务"工作。长三角民生档案共享查询平台建设步入了快车道。

近年来,全国各地都不同程度探讨和开展了依托共享服务平台实现民生档案异地查询、跨馆出证等便民服务。"全国副省级市以上档案部门基本能够通过局域网、政务网、互联网'三网'平台开展电子档案信息服务,许多地市级和区县级档案馆建成局域网平台或启动了局域网平台建设,大多数区县级以上档案馆都在互联网上拥有网站或主页,以开展不同程度的档案查询利用服务。一些地方建立了区域性的档案数据中心,进行'一站式'的远程查询利用。"①

(三)部门档案公共服务平台建设状况

部门档案公共服务平台主要是指由某个档案部门所建设的,面向社会和公众提供服务的平台。20 世纪 90 年代后期,许多地方的档案部门开始建立数字档案馆或启动数字档案管理系统建设,经过 20 多年的建设和发展,数字档案馆或数字档案管理系统在许多地方建立起来,尤其是 2010 年 6 月以来,国家档案局发布了《数字档案馆建设指南》,对数字档案馆建设原则、内容、目标、要求等作出了具体规定,对各地开展数字档案馆建设提供具体指导,极大地推动了各地开展数字档案馆建设。不管数字档案馆的规模有多大,也不管其功能是简单还是复杂,提供档案利用模块是其必须具备的组成部分,也就是说,每一个数字档案馆都有一个开展档案公共服务的平台。数字档案馆的建

---

① 黄丽华:《中国档案数字化的策略与实施及电子档案管理情况》,《中国档案报》2020 年 2 月 6 日。

设,直接推动了部门档案公共服务平台的发展,如北京数字档案馆开放档案查阅系统,云南数字民国档案、政府公开信息查询,上海市的数字档案公共查阅平台等。

全国各级各类档案馆数字档案馆建设得益于《全国档案事业发展"十三五"规划纲要》的颁布实施,《纲要》对数字档案馆的建设作出规划:"到2020年,全国地市级以上国家综合档案馆要全部建设成具有接收立档单位电子档案、覆盖馆藏重要档案数字复制件等功能完善的数字档案馆;全国50%的县建成数字档案馆或启动数字档案馆建设项目。"该《纲要》对企业数字档案馆建设也作出规划:"开展企业示范数字档案馆建设,建成一批具有国际先进水平的企业数字档案馆。"从2015年以后,国家档案局颁布了《数字档案馆系统测试办法》,连续几年开展数字档案馆系统测试。目前,全国共有32家档案馆建设的数字档案馆系统通过了国家档案局组织的测试,达到了"全国示范数字档案馆"标准,还有60余家档案馆建设的数字档案馆系统达到了"国家级数字档案馆"的标准。

在调研中发现,数字档案馆的建设与部门档案公共服务平台的建设呈正相关关系,数字档案馆推动着档案公共服务平台内容的丰富、功能的完善,档案公共服务平台的发展又推动着数字档案馆走向深化,使之成为真正意义上的数字档案馆。

三、现有档案公共服务平台中的问题

综观我国档案公共服务平台的建设,不难看出,为了不断适应时代和社会发展的要求,为了更好地满足人民群众日益增长的各种档案需求,我国档案部门已经开始重视通过平台来实现和提升档案公共服务,从国家到地区、再到部门,都进行了积极的探索。所建立并形成的不同类型、不同范围的档案信息共享平台、查阅平台、开放平台等,都是档案公共服务平台的具体表现,具有档案公共服务平台的性质和功能,但是,从服务内容、服务对象、服务方式等各个方面看又都存在着局限和亟待发展和完善之处,实际上属于"类档案公共服务平台",与真正意义上的档案公共服务平台还有一定差异。

(一)现有档案公共服务平台缺乏整合

我国档案信息推进已经有几十年的时间。20 世纪 50、60 年代,档案界开始将计算机引入档案管理领域,70 年代末 80 年代初,开始尝试使用计算机管理档案。为配合计算机辅助档案管理,从 80 年代中期开始,在国家档案局的主导下,档案部门制订了一系列的标准、规范,进行了大量的档案目录数据准备工作。90 年代以后,档案部门开始将计算机应用于档案实体管理,即对原生的电子档案和扫描产生的档案数字复制件进行管理。为此,制定、发布了一系列有关电子文件和电子档案的产生、归档、检测、安全、管理的标准和规定。

从我国档案信息化发展的历程看,在过去很长的一段时间里,档案部门主要关注和推进的是档案信息化的基础设施建设和档案信息化的基础业务推进,直到 90 年代末,档案部门才开始关注以信息化的视角和手段提供更加便捷的档案公共服务。最初的举措就是档案网站建设,1999 年,我国档案网站共有 12 个;2001 年 7 月发展至 60 多个;至 2002 年底迅速发展到 267 个。当前,全国大部分县级以上国家综合档案馆基本都建立了档案网站,或者依托党委、政府网站建立了自己的主页。档案网站承载了档案公共服务的内容和功能,从其建立至今,在档案公共服务中发挥了巨大的作用。当前,新媒体环境下,档案服务内容的丰富、服务手段和方式的多样化,也都脱离不了档案网站的支持。

但是,当前档案网站应用于档案公共服务有一个明显局限,即这些网站多是各个档案部门独立建设的,在档案公共服务上缺乏互联互通。虽然出现了一些市级、省级甚至跨省级的档案公共服务平台,但数量比较有限,且主要存在于东部地区。网站的"各自为政",导致了资源的分散、服务的分散、公众查阅利用档案的不便,制约了档案公共服务的提升。

《全国档案事业发展"十三五"规划纲要》提出要加快档案信息资源共享服务平台建设。实施国家数字档案资源融合共享服务工程。建立开放档案信息资源社会化共享服务平台，……拓宽通过档案网站和移动终端开展档案服务的渠道。目前，《纲要》中提出的规划和设想还没有见到取得明显成效的举措。国家档案部门一直在为此作出努力，在 2019 年 3 月召开的全国档案局长馆长会议上，时任国家档案局局长李明华在讲话中提出：2019 年将启动全国档案查询利用服务平台建设。近期目标是搭建一个尽可能多地容纳各级综合档案馆的网络平台。"远期目标是将全国各级综合档案馆全部接入平台，并扩大可查档案范围，最终实现全国范围内的一网查档，让利用者足不出户即可实现查档需求。"①在 2019 年 12 月召开的全国档案局长馆长会议上，李明华在讲话中再一次提到这个平台："启动全国档案查询利用服务平台建设，完成平台建设方案和系统功能需求专家论证。"②，并将"继续推进全国档案查询利用服务平台建设，建立联通各级综合档案馆的档案查询利用服务机制，使档案查阅一网通办落地落实"③。虽然目前尚不清楚这个平台最终会是什么样，但从已有信息中能够看到该平台应具有对各分散平台的整合性、对档案范围覆盖的全面性（如名称中没有以"开放档案"的提法进行限制）、面向公众的广泛性以及应用的便捷性等特点。

（二）档案信息孤岛大量存在

从档案资源内容看，目前档案公共服务平台的服务资源有两类：一类以历史档案资源为主，另一类是以民生档案资源为主。当前两类资源的孤岛状况

---

① 李明华：《在全国档案局长馆长会议上的工作报告》，2019 年 4 月 18 日，见 http://www.saac.gov.cn/daj/yaow/201904/2d342fff80f845709782fd023b925536.shtml。

② 李明华：《在全国档案工作暨表彰先进会议上的讲话》，2019 年 12 月 23 日，见 http://www.saac.gov.cn/daj/yaow/202001/afbf92881b5c4f36a311316d1e3690da.shtml。

③ 李明华：《在全国档案工作暨表彰先进会议上的讲话》，2019 年 12 月 23 日，见 http://www.saac.gov.cn/daj/yaow/202001/afbf92881b5c4f36a311316d1e3690da.shtml。

都不同程度存在。对于后一类民生档案资源,一网通办、异地查档、便民服务等区域档案公共服务平台的建设正在打破民生档案资源的孤岛现象,但是,对于历史档案资源的孤岛现象,尚未有效破解。

在国家档案局技术部与中国人民大学信息资源管理学院开展的副省级市以上档案网站绩效评估中,对档案网站上的"资源服务""业务建设""网站设计"进行了评估,"资源服务指标得分75.45,业务建设指标得分76.95,网站设计指标得分77.27。可以看出尽管整体来说我国档案网站建设已取得了一定的成果,但目前我国档案网站建设相对重要的资源服务方面建设反而比较薄弱,低于整体平均分"①,平台资源建设的不到位,将成为制约档案公共服务深入发展的瓶颈,影响着其他各项功能的实现。

当前我国多数档案馆都已不同程度开展数字档案馆建设,数字档案资源日趋丰富,但这些数字档案馆或数字档案系统"各自为政",一方面,数字档案馆系统与服务平台,并无深度互联互通,另一方面,各个档案馆之间数据独立存在,产生了大量的"信息孤岛",形成了大量的档案烟囱,出现了各个档案馆之间的"数据割据"的局面。因此在很多情况下,用户不仅难以一站式获取分散在不同档案馆的具有相互关联的档案资源,并且因档案原文不在线,用户在利用档案时只能再到档案馆,在办理了相关手续之后,由档案馆工作人员查找或提供利用。

(三)现有服务平台公众获取利用档案不便

档案公共服务平台应该通过为公众提供查档、用档、享档等服务,满足公众需求,维护公众权益。但当前我国档案公共服务平台整体检索功能薄弱,导致公众对档案获取利用的不便,直接影响了档案公共服务功能的实现。

国家档案局技术部与中国人民大学信息资源管理学院对全国副省级市以

---

① 国家档案局技术部信息化推进处:《2018年度我国副省级市及以上档案网站建设评估报告》2019年。

上档案网站绩效评估显示,当前我国大多档案网站都开设了网上档案查询,为公众提供在线查档服务。但查询方式以及查询结果却存在明显差异。如天津档案网,"档案查阅"一栏下设"在家看档案""目录检索""档案预约"和"民生档案"四大模块,方便利用者第一时间快速查档;中国第一历史档案馆在"利用查询"栏目下设"目录查询"界面,公众可通过选择全宗目录,进行题名、档号、责任者查询,对于明清历史档案还可根据其"官职爵位""原纪年"进行精确检索,进一步提高检索的精确度与准确性。但是,多数平台的检索服务功能有待提升。即便北京市档案信息网、上海档案信息网、浙江档案网等在网站测评中整体得分相对较高的网站,其检索功能也有待提升。如浙江档案网公开档案的数量相对较多、种类相对较全,但其只能进行单一条件检索,缺少复合条件检索,无法在一次检索结果中进行二次检索,无法使利用者做到检索结果精准化;有的按照设定的检索条件,无法检索出有效的内容;多家网站检索设计不够人性化,比如把"档号"作为检索条件,普通用户对于"档号"含义不清楚,因而更无法使用;有些操作界面不友好、检索速度慢;等等。在档案微信公众平台、档案 APP 中,也存在同样的问题。

就检索结果而言,大部分档案网站仍仅提供该档案的目录、文号、责任者及时间等基本项,极少数直接在网上提供原文查询,获取原文还需预约或直接到馆查阅。利用者通过档案网站进行档案检索,检索出来的多为档案目录,只是勉强解决了知道档案的有无问题,并未真正满足其获取并利用,档案公共服务的功能并未真正实现。

第三节　国家一体化档案公共服务平台的特点和建设原则

当前,国家治理体系和治理能力现代化不断推进,创新、协调、绿色、开放、共享发展理念不断深入人心,网络强国战略、国家大数据战略、"互联网+"行动计划和"数字中国"建设不断推进和实施,在这样的背景下,档案公共服务建设水平也应达到一个新高度。正确认识和把握新媒体环境,构建国家一体化档案公共服务平台,更充分地实现档案公共服务的目标,是必然的选择。

新媒体环境下,国家一体化档案公共服务平台构建应在正确认识和分析现有档案公共服务平台的基础上,立足现实,面向未来发展,遵循档案公共服务实现机理,以科学的理念为指导,依托先进的技术,凝聚各地档案资源和人力资源,以尽可能小的成本,通过恰当的方式,激活、释放并传递档案价值,使档案价值可见可感;全方位满足公众档案需求,维护公众档案权益,提升公众对档案服务的获得感,使档案公共服务可及可享。

一、国家一体化档案公共服务平台的特点

从《全国档案事业发展"十二五"规划纲要》中提出,要建立公共档案信息资源共享服务工程项目,打造"一站式"档案信息资源共享和服务平台,为社会提供全方位的档案信息服务;《全国档案事业发展"十三五"规划纲要》中指出,要加快档案信息资源共享服务平台建设,都显示了国家对于建设一个一体化档案公共服务平台的规划。在 2019 年 3 月召开的全国档案局长馆长会议上,时任国家档案局局长李明华在讲话中提出,要建设一个把全国各级国家综合档案连接起来的档案查询利用平台,笔者认为这将是国家一体化档案公共服务平台建设的一个起步。在 2020 年 12 月召开的全国档案局长馆长会议上,国家档案局局长陆国强提到,要推进档案信息资源共享平台建设。新媒体环境下国家一体化档案公共服务平台的建设,应该体现以下几方面的特点。

一是在覆盖范围上,该平台应该能够将全国各级国家综合档案馆"一网打尽"。目前,全国没有一个在国家层面上能够正常运行的档案公共服务平台,省市级的平台只是涵盖局部地区的档案馆,许多档案馆尤其是中西部地区的县级档案馆没有被涵盖在内。当前我国档案信息化已经取得了巨大成就,从目前情况看,"一网打尽"是可行的。且伴随着数字中国建设进程的加快,

要更好地满足社会和公众的档案需求并维护其权益,必须将全国各级国家综合档案馆平等地纳入其中,从而真正实现打破时空的一站式便民服务。

二是在平台功能上,该平台应该能够全面实现档案知识、档案民生服务、档案技能服务、档案文化服务等,集各个档案公共服务块于一体,能够有助于全面发挥和释放档案证据价值、知识价值、文化价值等多维价值,充分体现档案及档案工作的利民、惠民。通过平台为公众提供查档、用档、享档等不同深度的全方位服务。

三是在平台架构上,区别对待档案资源,协调好开放与安全的关系。新媒体环境下国家一体化档案公共服务平台的建设,仍然注重以资源为王。相对于图书等其他信息资源,档案资源因其对社会、组织、个人社会实践活动的记录性,在利用服务中更为复杂。只有处理好开放与安全的关系,才能确保平台的健康可持续发展。在面向公众服务的过程中,开放档案与依申请可提供利用的档案、涉密档案与非涉密档案等,应区别对待,开放档案可提供全文及多种服务产品,未开放档案通过设置查询入口进行线上申请、身份审核,进一步确定获取方式。因此在平台整体架构中,资源呈现应是一个集不同层次开发产品、全文、目录、查询入口等于一体的多维表现结构。分类对待档案资源既有助于切实保证公民的权益,又有利于保护档案安全。

二、国家一体化档案公共服务平台建设原则

过去几十年时间里,档案公共服务平台建设有许多经验,也有诸多教训。建设国家一体化档案公共服务平台,必须总结经验、吸取教训,坚持科学的建设原则。在国家一体化档案公共服务平台建设的过程中,注重顶层设计,加强统筹规划;坚持以人为本,贯彻以人民为中心的服务理念;滚雪球式推动,循序稳慎发展。

（一）注重顶层设计，加强统筹规划

顶层设计是针对某一具体的设计对象，运用系统论的方法自上而下地规划设计，是关于人类复杂社会活动的一种组织协调技术，[①]它注重整体规划设计与实际需求的紧密结合。档案公共服务平台建设是一项复杂的活动，比如由谁来建，建设过程中如何汇集整合资源，采用何种技术等，都需要通过顶层设计进行统筹。比如，全国一体化在线政务服务平台，由国务院办公厅牵头成立全国一体化在线政务服务平台建设和管理协调工作小组，负责全国一体化在线政务服务平台顶层设计、规划建设、组织推进、统筹协调和监督指导等工作，服务功能不断强化，服务能力不断提升。国家公共文化服务云是由文化部主导打造的公共数字文化服务总平台、主阵地，有效地解决了公共文化服务中公共数字文化平台重复建设、资源不能充分聚拢、服务不能共享等突出问题，极大地提升了公共文化服务效能。

在档案公共服务平台建设中，也应坚持注重顶层设计、加强统筹规划的原则，由国家档案局结合当前我国档案公共服务现状，全面、系统地统筹规划、设计并描述档案公共服务平台建设的愿景目标、总体战略、核心问题、实施路线等，引领、推动并保障档案公共服务平台的有序有效建设。在平台建设中，从整体和全局的视角出发，明确目标，统一标准，沟通协调。国家一体化档案公共服务平台建设，涉及各级国家综合档案馆，各类档案资源，时间跨度长，波及范围大，通过统筹规划，确定近期目标和长期目标，明确为什么做，进而朝着共同目标努力；通过统筹规划建立统一的工作程序，统一响应机制，明确怎么做，确保各方高质量协同，形成合力，共同推进平台目标的实现；同时，通过统筹规划，统一规范标准，从平台建设起步阶段开始消除档案烟囱和打破信息孤岛，不断明晰工作内容，明确做什么。此外，在顶层设计、统筹规划中，也应注意全

[①]　穆勇、王薇等：《电子政务顶层设计：理论、方法与实践》，人民邮电出版社 2019 年版，第6 页。

局性与适用性相结合、稳定性与动态性相结合、权威性与灵活性相结合等问题,确保顶层设计与统筹规划的科学性。

(二)坚持以人为本,贯彻以人民为中心的服务理念

坚持以人为本,贯彻以人民为中心的服务理念,是新媒体环境下国家一体化档案公共服务平台构建的最重要原则,也是平台具有生命力的源泉。平台面向社会和公众提供服务,从设计理念到框架构建,从内容到形式,从点到面都应该体现这一原则。

从用户对档案需求的层次看,平台为用户提供基本档案公共服务,既要满足公民生存和发展的基本档案需求,如以档案维护自身权益的需求;又要尽可能满足用户实现自身全面发展的需求,比如以档案提升自己知识文化素养,发展兴趣爱好的需求等。为民、便民、利民、惠民是坚持以人为本,贯彻以人民为中心的服务理念的具体体现,应通过平台的内容建设和形式设计等方面来表现并实现。

首先,平台内容应以民为本。平台不仅要内容丰富,更为重要的是内容建设应坚持以民为导向,优先将与公众利益关系最为密切的内容嵌入平台,满足公众所需,这是为民的基础;同时,在档案公共服务平台上,不仅要聚合已经开放的档案,如民生档案,对于不能上平台的档案,要通过查询、认证等形式,利用平台将各个档案馆联通,迅速响应公众查档需求,使通过了身份验证、符合档案利用规则的用户都可通过平台实现对档案的获取和利用。也就是说,公众通过该平台利用的档案资源不但有开放档案,而且也应有非开放的档案。

其次,充分利用新媒体优势。将平台内容以公众喜闻乐见的形式呈现,将档案价值以有温度、亲民的方式传递,这是便民的体现;同时,平台应易用、普惠,在提供服务过程中应坚持"至简"思想,尽可能规避因公众信息素养差异而加深数字鸿沟,确保各类公众均能满足需求,最大程度维护和保障公民的档案权利,这是利民的表现。

（三）滚雪球式推动，确保循序稳慎发展

所谓滚雪球式推动是指同理于雪球在滚动中不断增大，国家一体化档案公共服务平台建设应是一个动态的、不断发展前进的过程，平台建成只是形成雪球的第一步，应在持续建设中不断成长，在发展中不断壮大，在融旧纳新的过程优化完善，不断提升服务效能。一方面，档案资源的丰富性、档案价值的多元性、公众档案需求的多样性，决定了档案公共服务平台本身就是一项非常庞大的工程，必然要在分期分阶段的持续建设中完成；另一方面，共建共享是档案公共服务的重要理念和思想，服务平台化也是一个聚内容、凝智慧的过程，平台作为一个开放的系统，在满足公众服务的"利他"过程中，融公众之智慧，也是一个"利己"的生长过程，因此，档案公共服务平台建设应特别强调在滚起来、动起来中的成长。此外，现代信息技术日新月异，在平台建设中即便前瞻性的采用先进技术，也难以避免技术迭代带来的挑战，因此，也需要以滚雪球的方式，不断将新技术融入平台建设之中。在档案公共服务平台建设中坚持滚雪球原则，是要避免僵尸平台、空壳平台，不断丰富平台内容、完善档案功能，强调档案公共服务平台建设的可持续发展，确保平台在融旧纳新中的成长完善。尤其是在新媒体环境下，各种新媒体技术的应用将为档案公共服务平台建设提供创新的工具和方法，但真正将其用活用好又是一个在技术与内容交相辉映中长期深耕的过程。

此外，在国家一体化档案服务平台建设中，尤其是在新媒体环境下，平台建设也面临着一系列的风险，比如尤其值得关注的安全风险。按照国家有关网络安全管理的规定，网络安全的一个基本原则是"谁建设谁负责，谁主管谁负责"，一体化平台服务中，一旦出现档案安全问题，档案部门就要承担责任，而当前档案资源上线的诸多问题还没有解决，有效的档案解密机制一直没有建立起来，涉密档案无法上网；非密敏感信息没有准确界定，影响档案上网的决策；档案开放和划分控制使用范围标准不清，档案开放鉴定进展缓慢等，在

这种情况下,为了将安全风险控制到最小,同时又能够将为公众提供档案服务实现到最大,最可行的就是循序、稳慎推进,合理规划,通过查询、审核、提供目录、提供全文、提供产品等多种方式实现服务。

第四节　国家一体化档案公共服务平台的框架构建与实现

新媒体环境下国家一体化档案公共服务平台的框架构建与实现可从平台支撑层、平台功能层、平台执行层、平台应用层来完成(见图7-1)。

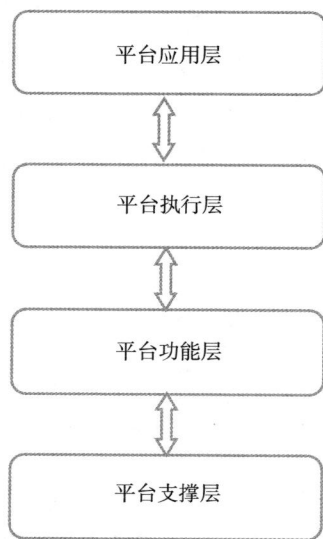

图 7-1　国家一体化档案公共服务平台框架图

一、平台支撑层

国家一体化档案公共服务平台支撑层是档案公共服务平台构建的基础,主要包括基础设施支撑、信息技术支撑和服务资源支撑三个部分(见图7-2)。

基础设施支撑包括计算设备、存储设备、网络设备等物理设备、相关软硬件

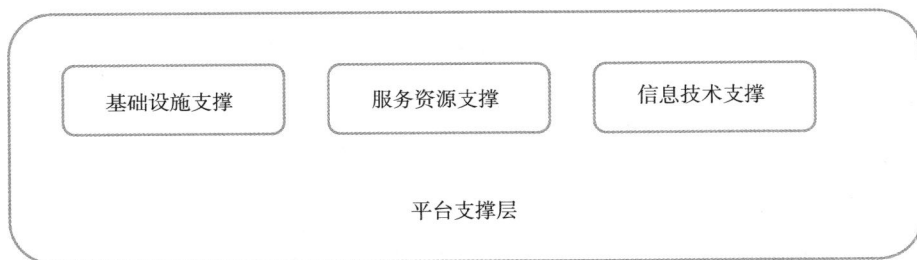

图7-2　平台支撑层框架图

系统以及云计算平台等,与其他各种平台建设相同,这是平台建设的基本保证。

信息技术支撑包括信息采集技术、数据分析与挖掘技术、信息检索与利用技术等。信息技术的支撑推动实现档案资源的汇聚与整合、分析与挖掘、服务的呈现与传递,直接影响着平台的服务内容与服务形式,影响着服务效果与质量。现代信息技术的日新月异,要求平台对技术高度敏感,并结合档案公共服务特点有效应用。

服务资源支撑,即平台依靠哪些资源、什么内容提供服务,资源支撑直接决定着平台具有哪些服务功能。国家一体化档案公共服务平台的资源支撑主要包括:第一,国家各级各类档案馆中的数字档案资源。自21世纪以来,我国数字档案资源建设成果丰富,比如青岛市档案馆馆藏档案基本全部实现数字化。各级各类档案馆丰富的数字档案资源是平台资源的重要来源。第二,各组织机构履行职能中形成的与公众利益密切相关的数字档案资源。平台应该通过网络、连接等形式,将其纳入服务资源的范畴。第三,游离在网络、社交媒体平台上的对于社会记忆构建有重要意义的各种有价值的记录。在新媒体环境下,此类资源数量不断增多、价值不断增大,关注并将其纳入服务资源支撑,才能真正确保服务资源的多元多维。第四,图书馆、博物馆、纪念馆等其他社会组织、团体的相关数字资源。新媒体环境下,在一体化平台上,打破资源实体分散和管理体制的瓶颈,坚持以人为本、以公众为中心,使分散在不同文博机构的相关资源在平台上可发现、可共享。第五,已有的档案专题数据库、档案资源目录库、数字档案编研成果等不同层次、不同形式的可供公众利用的开发成果。第六,平台运行中产生的数据。这部分数据真实记录和反映了用户的行为、用户和平台的交互情况、平台的运行状况等,这些数据是平台功能优化和提升的重要数据资源支持。服务资源层的建设,重在通过技术支持,实现资源的汇聚与整合,在这一过程中,应遵循资源的存在现状,通过物理的或逻辑的方式将资源融入平台,比如资源上传、端口链接等,其重在打破资源壁垒,实现资源可触达。

二、平台功能层

新媒体环境下国家一体化档案公共服务平台功能层是整个平台的重要组成部分,其设计应紧紧围绕档案公共服务的目标,立足于职能框架下的稳定服务和需求框架下的敏捷服务的双导向模式,通过全面、立体、多维的描述,将知识服务、公共文化服务、民生服务、档案技能服务等具体体现出来。源于档案价值的多元性,公众档案需求具有多样性,档案公共服务平台的功能设计就应坚持全面性、多维立体性,一方面,完整系统地涵盖档案知识服务、档案公共文化服务、档案民生服务、档案技能服务四"块"功能;另一方面,要深入分析每种功能的特色与实现路径的差异。

平台功能层可依档案知识服务块、档案公共文化服务块、档案民生服务块、档案技能服务块进行构建(见图7-3)。

在档案知识服务块中,包含专题知识库、知识导航、知识图谱等的具体功能设计,不仅直接传播知识,也为社会公众学习其他专业和领域知识提供支持。

在档案公共文化服务块中,应坚持"多位一体"切入视角,即从档案资源特色、公众需求、时代焦点等多个视角,按时间、主题、事件等梳理并呈现中华民族优秀文化,传播中国特色文化,通过应激回应、滴灌潜入等多种方式实现档案的文化服务功能。

在档案民生服务块中,主要集中在满足公民维护权益的档案利用需求,方

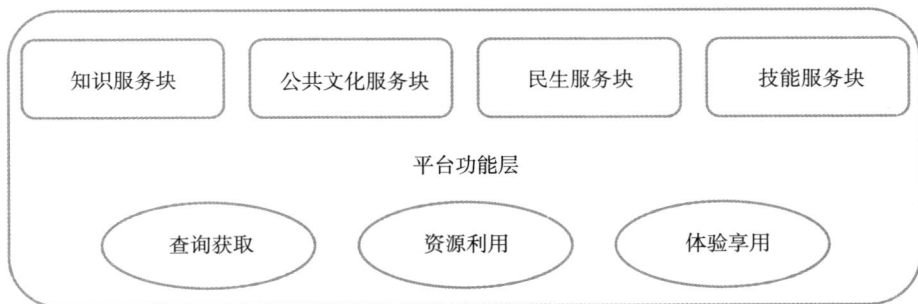

图 7-3 平台功能层框架图

便公众档案事务的办理等,比如当前各馆的在线查档、异地查档等均属于对民生服务功能的探索。

在档案技能服务块中,依托于档案工作者的专业知识、专业智慧,社会公众的知识和智慧,以平台为"舞台",既有显性知识的传递,又有隐性知识的共享,也要包含二者的转化,在互动的过程中充分实现。

不同的平台功能层,功能实现的具体路径也不相同,按功能实现方式可分为查询获取服务、资源呈现服务、体验享用服务等。不同功能根据各自特点和用户需求特点,采用不同路径的实现方式。同时,在平台功能设计的过程中,对于不同功能层应具体问题具体分析,既要有突破有创新,也要充分利用原有的基础;既要为未来功能的拓展预留空间,也要有效吸收已有的建设成果。比如,在档案公共文化服务功能块中,长期以来,档案公共文化服务建设中已经积累了一定的成果,平台功能设计可以将其中的优秀成果纳入并按平台的设计理念和思路完善创新。而在民生服务块中,首先应满足公众查询获取档案的需求,平台应设计统一的查询入口,打破时空限制,一站式满足公众查档、用档要求,在功能实现设计过程中,应充分利用国家政务服务云平台,并与全国一体化在线政务服务平台相关标准一致,同时,有效将各地区分散建设的共享服务平台成果纳入其中。除此之外,民生服务块还应主动"想公众所想",为公众提供有助于提升其幸福感、获得感和满意度的可选服务,比如为公众推荐距离最近的档案馆、人气最高的档案展览等。当前此部分功能在我国档案公共服务中尤为缺失。但它是各类档案公共服务有效实现的必要"前置服务",也是在新媒体环境催生和新媒体环境下才能得以实现的服务,是平台功能创新的重要表现。

三、平台执行层

平台执行层通过对档案公共服务多种释能形态的汇集和组合,直接推动着档案公共服务功能的外显和实现(见图7-4)。

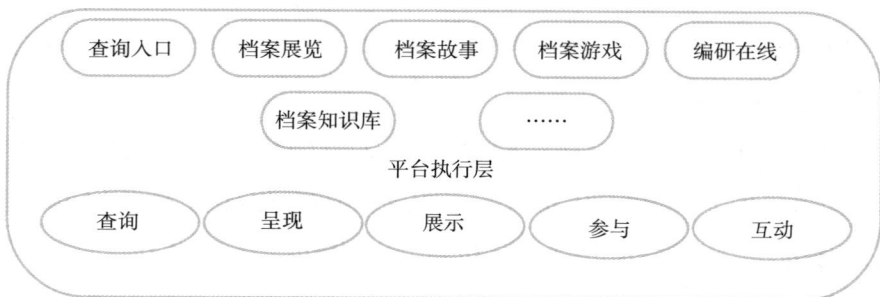

图 7-4　平台执行层框架图

在档案公共服务平台上,用户的需求通常表现为查询、呈现、展示、参与、互动等行为。执行层应以用户为中心,以用户需求为导向,通过查询平台、资源展示与呈现、提供互动参与空间和工具等,匹配并回应公众需求。面向用户的不同需求,执行层在设计过程中可分为显需求和潜需求。显需求面向针对解决具体问题的档案的用户,以满足用户"刚需",服务功能应需呈现,主要以检索查询等设计方式实现;潜需求面向非具体的、迫切的查找利用档案目的用户,满足用户依兴趣爱好而利用档案或以期从档案中汲取知识、传承文化等不断提升自身能力和综合素养的愿望,可表现为档案展览、档案故事、档案游戏、不同类型的知识库、各种编研成果的在线呈现、公众参与等。此外,档案公共服务面向全体社会公众,由于公众需求差异大,因此执行层设计过程中应考虑不同成熟度用户的特点,有针对性地进行设计。在新媒体环境下,平台执行层的设计,还应尤其注重与公众的交互功能的实现。

四、平台应用层

国家一体化档案公共服务平台应用层是联系公众与平台的纽带和桥梁,直接影响着档案公共服务实现的效果(见图7-5)。

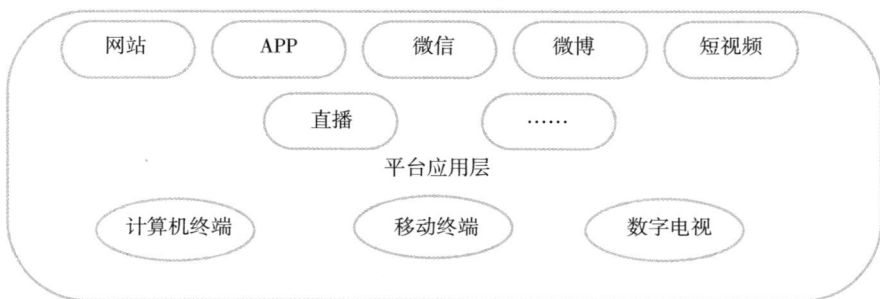

图7-5　平台应用层框架图

档案公共服务平台应用层的设计应充分利用新媒体技术,以手机、电脑等终端为载体,将平台所蕴含的价值和服务功能,随时、随地传递给公众,使平台被感知、使档案公共服务被体验,不断满足公众需求,拓展档案公共服务的辐射范围,增强档案公共服务的影响力。其主要表现为网站、APP、微信、微博、小程序、直播、短视频等各种形态。据《第45次〈中国互联网络发展状况统计报告〉》显示,截至2020年3月,我国网民使用手机上网的比例达99.3%,"互联网应用与群众生活结合日趋紧密,微信、短视频、直播等应用降低了互联网使用门槛,不断丰富群众的文化娱乐生活"①,新媒体环境有助于打破传统环境档案公共服务实现形式单一、服务不易被发现等瓶颈。此外,档案公共服务平台应用层的设计也应充分体现平台的开放性,实现档案公共服务平台与其他相关平台的融合和对接,以更好地满足公众需求,共同推动公共服务的提

---

① 　中国互联网络信息中心:《第45次〈中国互联网络发展状况统计报告〉》2020年。

升。比如,接入国家公共文化服务云,国家公共文化云是为"深入学习贯彻落实十九大提出的完善公共文化服务体系,深入实施文化惠民工程,丰富群众性文化活动的总体要求,努力解决新时代公共数字文化服务中的不平衡不充分的发展矛盾"而推出的。将档案公共服务平台接入该平台,实现两个平台的互联互通,是两个平台的共赢,是从根本上惠民的体现。又如,接入全国一体化政务服务平台,国家政务服务平台整体上线运行以来,实现了建立全国权威身份认证体系、解决地方部门平台间用户信任传递问题、实现地方部门政务服务数据共享需求统一受理和服务、平台安全一体化管理等八方面创新,合理利用该平台,不仅有助于节约成本,更有助于提升服务效率、提高服务质量。

小　　结

新媒体环境下国家一体化档案公共服务平台的构建顺应经济社会信息化发展的需要,是档案事业发展走向开放、走向现代化的重要内容和表现,有助于更好地服务社会和公众,满足其档案需求,并维护其相关权益。本章首先论证了新媒体环境下国家一体化档案公共服务平台构建的必要性,梳理了我国现有档案公共服务平台的类型和建设状况;结合理论与实践,从覆盖范围、平台功能和平台构架上明确了国家一体化档案公共服务平台的特点,提出了平台建设应遵循的原则,指出平台建设应注重顶层设计、加强统筹规划,坚持以人为本,贯彻以人民为中心的服务理念,滚雪球式推动,确保循序稳慎发展。在此基础上,进行了平台框架建构,论述了平台支撑层、平台功能层、平台执行层、平台应用层的主要内容和具体实现。国家一体化档案公共服务平台是立足于我国档案公共服务内外部环境及自身现状,而探索提出的新媒体环境下我国档案公共服务实现的创新举措,其遵循档案公共服务基本原理和规律,具有先进性、可行性、可操作性,符合时代发展趋势。

参 考 文 献

一、中 文

（一）专著

李扬新:《档案公共服务政策研究》,世界图书出版公司 2011 年版。

宫承波:《新媒体概论》,中国广播影视出版社 2007 年版。

匡文波:《新媒体概论》,中国人民大学出版社 2015 年版。

李良荣:《网络与新媒体概论》,高等教育出版社 2014 年版。

［美］阿尔温·托夫勒:《第三次浪潮》,朱志焱等译,生活·读书·新知三联书店 1984 年版。

方玲玲、韦文杰:《新媒体与社会变迁》,复旦大学出版社 2014 年版。

娄策群等:《信息生态系统理论及其应用》,中国社会科学出版社 2014 年版。

陈振明:《公共服务导论》,北京大学出版社 2011 年版。

陈振明:《公共管理学》第 2 版,中国人民大学出版社 2016 年版。

李军鹏:《公共服务型政府建设指南》,中共党史出版社 2006 年版。

王语哲:《公共服务》,中国人事出版社 2006 年版。

俞可平:《中国的治理变迁》,社会科学文献出版社 2018 年版。

［英］尼古拉斯·盖恩、戴维·比尔:《新媒体时代的政府公共传播》,刘君、周竞男译,复旦大学出版社 2015 年版。

张斌:《档案价值论》,中央文献出版社 2007 年版。

丁海斌:《档案学概论》,辽宁大学出版社 2012 年版。

覃兆刿:《双元价值观的视野:中国档案事业的传统与现代化》,中国档案出版社 2003 年版。

大数据战略重点实验室:《块数据 4.0:人工智能时代的激活数据学》,中信出版社 2018 年版。

钱学森:《论系统工程》,湖南科学技术出版社 1982 年版。

卢映川、万鹏飞:《创新公共服务的组织与管理》,人民出版社 2007 年版。

杨孟辉:《开放政府数据概念实践和评价》,清华大学出版社 2017 年版。

丁钢:《声音与经验:教育叙事探究》,教育科学出版社 2008 年版。

周宁、张李义:《信息资源可视化模型方法》,科学出版社 2008 年版。

陈兆祦、和宝荣、王英玮:《档案管理学基础》,中国人民大学出版社 2005 年版。

宗争:《游戏学:符号学术学研究》,四川大学出版社 2014 年版。

[美]菲利普·科特勒、凯文·莱恩·凯勒、卢泰宏:《营销管理》,吕一林、王俊杰译,中国人民大学出版社 2009 年版。

魏娜:《志愿服务概论》,中国人民大学出版社 2018 年版。

穆勇、王薇等:《电子政务顶层设计:理论、方法与实践》,人民邮电出版社 2019 年版。

朱春阳:《新媒体时代的政府公共传播》,复旦大学出版社 2014 年版。

[美]戴维·波普诺:《社会学》第十一版,李强等译,中国人民大学出版社 2007 年版。

[美]罗伯特·B.登哈特、[美]珍妮特·V.登哈特:《新公共服务》,中国人民大学出版社 2010 年版。

[法]罗兰·巴特:《叙事作品结构分析导论》,张寅德译,载张寅德编选:《叙述学研究》,中国社会科学出版社 1989 年版。

[美]斯蒂芬·贝斯特、[美]道格拉斯·科尔纳:《后现代转向》,陈刚等译,南京大学出版社 2002 年版。

（二） 论文

戴志强:《档案公共服务的含义、理念与信息资源整合》,《新上海档案》2004 年第 11 期。

王天泉:《永恒的主题　崭新的课题——天津市档案局局长荣华谈档案公共服

务》,《中国档案》2012 年第 9 期。

何振、易臣何、杨文:《档案公共服务的理念创新与功能拓展》,《档案学研究》2015年第 3 期。

陈辉:《改革新阶段档案公共服务转型策略探析》,《档案学研究》2015 年第 2 期。

陈泳欣、聂二辉:《社会治理视角下档案公共服务体系:概念和关系分析》,《档案管理》2019 年第 1 期。

胡洪彬:《档案馆社会资本:档案公共服务的新视角》,《档案学研究》2013 年第 1 期。

张东华、黄晓勤:《用户体验视野下档案公共服务探析》,《档案学通讯》2013 年第 3 期。

李颖:《档案公共服务与社交媒体的深度融合研究》,《山西档案》2017 年第 2 期。

赵浩华、倪丽娟:《国家治理视角下的档案公共服务探究》,《北京档案》2017 年第 12 期。

聂二辉、陈泳欣:《社会治理视角下档案公共服务体系:实践与不足》,《档案管理》2019 年第 2 期。

王向女、姚婧:《社会治理视角下档案公共服务创新路径探析》,《北京档案》2020 年第 2 期。

安小米、白文琳、钟文睿、孙舒扬:《数字转型背景下的我国数字档案资源整合与服务研究框架》,《图书情报工作》2013 年第 24 期。

刘磊、安小米、钟文睿:《Living Archives 项目及其对数字档案资源整合与服务的启示》,《浙江档案》2014 年第 8 期。

安小米、宋懿、马广惠、陈慧:《大数据时代数字档案资源整合与服务的机遇与挑战》,《档案学通讯》2017 年第 6 期。

孙俐丽、吴建华:《关于国家数字档案资源整合与服务机制顶层设计的初步思考》,《档案学研究》2016 年第 1 期。

周耀林、赵跃:《面向公众需求的数字档案资源建设与服务研究》,《中国档案》2017 年第 9 期。

梁孟华:《基于用户兴趣图谱的数字档案资源交互推送服务研究》,《档案学研究》2019 年第 2 期。

陈永生:《从政务公开制度反思档案开放——档案开放若干问题研究之三》,《浙江档案》2007 年第 8 期。

杨霞:《我国综合档案馆档案开放与利用情况综述》,《北京档案》2009 年第 2 期。

喻玲:《开放政府背景下的档案开放》,《档案与建设》2016 年第 5 期。

何振、易臣何、杨文:《档案公共服务的理念创新与功能拓展》,《档案学研究》2015 年第 3 期。

李明彦:《新媒体环境下档案工作服务思维与方式探究》,《兰台世界》2017 年第 22 期。

孙沁:《"互联网+"时代档案利用服务工作变革的几点思考》,《北京档案》2020 年第 2 期。

赵师校:《浅析新媒体环境下档案利用服务模式的创新》,《陕西档案》2017 年第 3 期。

张小飞、曹航:《新媒体视角下的档案信息资源开发理念创新》,《北京档案》2018 年第 9 期。

陈菲、李灵风:《大众化:新媒体环境下档案利用的发展路向》,《山西档案》2011 年第 1 期。

王兰成、刘晓亮、黄永勤:《论互联网新媒体档案信息资源的建设与服务》,《档案与建设》2014 年第 1 期。

吴青霞:《传统档案管理与"大数据—新媒体"融合途径探索》,《山西档案》2015 年第 6 期。

周耀林、路江曼:《论社交媒体下档案服务的创新》,《档案学通讯》2014 年第 6 期。

朱兰兰、王梦思:《论新媒体时代档案文化价值的发掘与传播》,《档案管理》2016 年第 1 期。

赵屹、陈晓晖:《刍议新媒体环境下的档案信息聚合服务》,《档案与建设》2017 年第 1 期。

陈晓晖、赵屹:《新媒体环境下档案信息自助服务的内容与实现》,《中国档案》2017 年第 5 期。

马仁杰、贾飞:《论新媒体环境下的个性化档案服务》,《档案时空》2017 年第 10 期。

卢珊:《新媒体环境下档案移动终端服务现状与趋势研究》,《档案与建设》2017 年第 8 期。

周耀林、姚丽璇、姬荣伟:《基于社交媒体的档案信息服务创新研究》,《中国档案》2018 年第 2 期。

刘福利:《开发利用的新平台:微信档案信息资源》,《北京档案》2014 年第 9 期。

宋雪雁、张岩琛、王小东、孟欣欣、邓君:《公共档案馆微信公众平台服务质量评价研究》,《图书情报工作》2016 年第 16 期。

周林兴:《象征、意义与社会服务——档案馆微信平台传播影响力及前景分析》,《档案学研究》2017 年第 3 期。

陈祖芬:《档案馆微信推文内容生产:供给主导还是需求主导》,《浙江档案》2020年第 1 期。

赵雪芹、吴明晏:《基于推文内容的档案微信公众号传播策略研究——以我国省市级档案公众号为例》,《档案管理》2019 年第 4 期。

赵彦昌、陈海霞:《档案 APP 查档服务功能探微》,《四川档案》2018 年第 6 期。

陈燕萍:《美国国家档案馆社交媒体战略研究与启示》,《浙江档案》2018 年第4 期。

王丹、黄霄羽:《NAUK 应用社交媒体创新档案服务》,《中国档案》2016 年第10 期。

黄霄羽、孔冠男:《应用社交媒体创新档案服务——NASA 应用 Flickr 公布阿波罗计划照片档案》,《中国档案》2016 年第 1 期。

黄霄羽、郭煜晗、王丹、冯磊、杨洁:《国外典型档案馆应用社交媒体创新档案服务的实践特点》,《档案学通讯》2016 年第 3 期。

魏扣、李子林、张嘉禾:《国外档案馆应用社交媒体开展公共服务实践及其启示》,《档案学通讯》2018 年第 2 期。

袁倩:《关于美国社交媒体战略的人文关怀与档案服务路径创新的思考》,《档案与建设》2019 年第 2 期。

张一帆:《社交媒体实现档案馆公共服务新跨越——以美国国家档案馆公民档案工作者板块为例》,《山西档案》2014 年第 4 期。

匡文波:《"新媒体"概念辨析》,《国际新闻界》2008 年第 6 期。

杨状振:《中国新媒体理论研究发展报告》,《现代视听》2009 年第 5 期。

段寿建、邓有林:《Web 技术发展综述与展望》,《计算机时代》2013 年第 3 期。

张宁:《我国省级档案网站测评项目综述》,《档案学通讯》2007 年第 4 期。

李阳:《新媒体背景下公众参与社会治理体系的构建》,《福建论坛(人文社会科学版)》2019 年第 5 期。

傅才武:《中国公共文化服务的理论范式与政策逻辑》,《人民论坛》2019 年第32 期。

淮建军、刘新梅:《公共服务研究:文献综述》,《中国行政管理》2007 年第 7 期。

马庆钰:《关于"公共服务"的解读》,《中国行政管理》2005 年第 2 期。

［美］丹尼斯·A.荣迪内利：《为人民服务的政府：民主治理中公共行政角色的转变》，贾亚娟译，《经济社会体制比较》2008 年第 2 期。

丁志民：《论档案服务的实现》，《档案学通讯》1986 年第 5 期。

刘守华：《拓展档案馆社会服务的广阔空间——"全国档案馆拓展社会服务功能座谈会"综述》，《中国档案》2006 年第 5 期。

肖峰：《论信息技术时代的三大认识论悖论》，《创新》2016 年第 1 期。

特里·库克：《四个范式：欧洲档案学的观念和战略的变化——1840 年以来西方档案观念与战略的变化》，李音译，《档案学研究》2011 年第 3 期。

周林兴：《论档案馆的公共价值及实现策略》，《档案学研究》2019 年第 5 期。

冯惠玲：《档案记忆观、资源观与"中国记忆"数字资源建设》，《档案学通讯》2012 年第 3 期。

郭利利：《复杂系统理论在旅游业中的应用研究述评》，《商业经济》2015 年第 6 期。

潘沁：《从复杂性系统理论视角看人工智能科学的发展》，《湖北社会科学》2010 年第 1 期。

于骓鸣：《论库恩的"范式"理论及其应用》，《中国校外教育》2010 年第 S2 期。

曾斌：《无所不在的叙事与叙事学研究的范式创新》，《江西师范大学学报（哲学社会科学版）》2019 年第 6 期。

周毅、王杰：《公共信息服务社会共治内涵与运行机理分析》，《情报理论与实践》2018 年第 3 期。

金波、晏秦：《从档案管理走向档案治理》，《档案学研究》2019 年第 1 期。

常大伟：《国家治理现代化进程中的档案制度变迁及因应策略》，《档案管理》2019 年第 5 期。

包心鉴：《制度现代化：国家治理现代化的实质与指向》，《社会科学研究》2015 年第 2 期。

陆阳：《权力的档案与档案的权力》，《档案学通讯》2008 年第 5 期。

丁薛祥：《在中央档案馆国家档案局调研时的讲话》，《中国档案》2018 年第 5 期。

常大伟：《国家治理现代化视野下的档案制度改革》，《档案学通讯》2019 年第 6 期。

金波、晏秦：《从档案管理走向档案治理》，《档案学研究》2019 年第 1 期。

周林兴：《论档案馆的文化治理研究》，《档案学研究》2020 年第 1 期。

《学术前沿》编者：《获得感的理论意蕴》，《人民论坛·学术前沿》2017 年第 2 期。

田旭明:《"让人民群众有更多获得感"的理论意涵与现实意蕴》,《马克思主义研究》2018 年第 4 期。

黄霄羽、管清潆:《国外档案馆公共文化服务的类型、特点和成效》,《档案学研究》2020 年第 2 期。

王锡锌:《公众参与:参与式民主的理论想象及制度实践》,《政治与法律》2008 年第 6 期。

周文泓:《公众参与理念下的档案信息资源开发研究》,《档案管理》2017 年第 4 期。

陈闽芳、陈祖芬:《记忆·情怀·认同:档案微信公众平台的"档案故事"选题策划研究》,《档案与建设》2018 年第 8 期。

蔡盈芳、樊凡、虞香群:《基于公民生命历程的政务档案信息整合利用模型设计》,《档案学通讯》2020 年第 1 期。

宋懿、安小米:《信息惠民视角下的民生档案整合与服务研究》,《档案学研究》2016 年第 1 期。

郑金月:《档案公共服务均等化》,《中国档案》2016 年第 9 期。

李颖:《数据时代档案服务实现的动力原理研究》,《档案学通讯》2018 年第 5 期。

[美]弗朗西斯·布劳因:《档案工作者、中介和社会记忆的创建》,晓牧、李音译,《中国档案》2001 年第 9 期。

胡明贵:《全国首届叙事学学术研讨会综述》,《文艺理论与批评》2005 年第 5 期。

傅修延:《论叙事传统》,《中国比较文学》2018 年第 2 期。

杨伯溆:《大叙事与碎片化:全球化进程中互联网传播及其意义》,《现代传播(中国传媒大学学报)》2019 年第 11 期。

肖文明:《宏大叙事的探寻与中国中心观的再思考》,《学术研究》2016 年第 5 期。

王昌凤:《作为叙事问题和问题叙事的"微叙事"》,《科教导刊(下旬)》2018 年第 12 期。

朱祥、张云秋:《近年来知识融合研究进展与趋势》,《图书情报工作》2019 年第 16 期。

祝振媛、李广建:《"数据—信息—知识"整体视角下的知识融合初探——数据融合、信息融合、知识融合的关联与比较》,《情报理论与实践》2017 年第 2 期。

罗倩、项敏刚:《VR 技术在档案展览中的应用》,《北京档案》2020 年第 2 期。

刘磊、程洁、田梦:《信息可视化的传播学意义及应用》,《当代传播》2017 年第 1 期。

许世虎、宋方：《基于视觉思维的信息可视化设计》，《包装工程》2011 年第 16 期。

曾婷、杨帆、王恒：《国土规划数字档案资源的数据挖掘与可视化》，《兰台世界》2019 年第 S1 期。

赵屹、汪艳：《档案利用服务的移动化形式与泛在化趋势》，《档案与建设》2015 年第 10 期。

周毅：《公共信息服务的供给侧结构改革研究》，《情报理论与实践》2017 年第 5 期。

董思琦、李颖：《数据时代档案编研工作发展策略研究》，《山西档案》2020 年第 1 期。

石中英：《重塑教育知识中"人的形象"》，《教育研究》2002 年第 6 期。

喻国明、杨颖兮：《参与、沉浸、反馈：盈余时代有效传播三要素——关于游戏范式作为未来传播主流范式的理论探讨》，《中国出版》2018 年第 8 期。

谭天、张子俊：《我国社交媒体的现状、发展与趋势》，《编辑之友》2017 年第 1 期。

赖炜：《中外社交媒体发展历史之比较研究》，《青年记者》2019 年第 32 期。

李颖：《档案公共服务与社交媒体的深度融合研究》，《山西档案》2017 年第 2 期。

夏天、张宁、王大众、何俊花、沈瑶、黄晓瑞：《Web 3.0 时代的档案网站评价指标体系构建》，《档案学通讯》2019 年第 6 期。

王肃之、翟军平：《美、英国家图书馆读者个人信息保护政策的启示》，《图书馆》2019 年第 2 期。

《民法典：〈社会生活百科全书〉》，《人民日报》2020 年 5 月 28 日。

兰旭凌、范逢春：《政府全面质量治理：新时代公共服务质量建设之道》，《求实》2019 年第 4 期。

唐果、林聪、阎永哲、贺翔：《我国公共服务质量改进研究的现状、评价与展望》，《经营与管理》2018 年第 8 期。

沈亚平、陈建：《虚化与重塑：公共服务质量评价的价值理性研究》，《长白学刊》2017 年第 2 期。

李宗富、张瑞瑞：《新时期国家综合档案馆公共服务能力评估的价值取向与理论框架构建》，《档案管理》2020 年第 2 期。

吴加琪、周林兴：《论我国国家档案馆评价主体体系的构建——基于公共受托责任视角》，《档案》2012 年第 2 期。

陈爱妮：《社会治理视域下公共服务质量评价问题研究》，《产业创新研究》2019 年第 10 期。

金波、晏秦:《从档案管理走向档案治理》,《档案学研究》2019 年第 1 期。

李海啸:《对政府购买档案公共服务问题的研究》,《浙江档案》2014 年第 7 期。

浙江省档案局业务指导处:《省档案局与贵州省档案局签订合作开展民生档案"异地查档、跨馆服务"工作协议》,《浙江档案》2017 年第 12 期。

杨宝章:《河南山西签署民生档案跨馆异地利用服务协议》,《中国档案报》2019 年12 月 5 日。

黄丽华:《中国档案数字化的策略与实施及电子档案管理情况》,《中国档案报》2020 年 2 月 6 日。

（三）其他

国家档案局技术部信息化推进处:《2018 年度我国副省级市及以上档案网站建设评估报告》,2019 年。

中国互联网络信息中心:《第 45 次〈中国互联网络发展状况统计报告〉》,2020 年。

国家档案局:《杨冬权在全国民生档案工作经验交流会上的讲话》,2012 年 10 月 8日,见 http://www.saac.gov.cn/daj/yaow/201210/d28506b72c264fd487d48a480c5d0bee.shtml。

中国档案资讯网:《把档案意识植入孩子们的心田——四川省遂宁市档案局馆探索创建学生成长档案工作见闻》,2014 年 4 月 10 日,见 http://www.zgdazxw.com.cn/news/2014-04/10/content_39869.htm。

中国档案资讯网:《江苏张家港市档案馆评"查档之星"群众满意度持续保持100%》,2014 年 4 月 10 日,见 http://www.zgdazxw.com.cn/news/2014-04/11/content_40443.htm。

中国档案资讯网:《档案公共服务能力建设学术研讨会在杭州召开》,2017 年 5 月9 日,见 http://www.zgdazxw.com.cn/news/2017-05/09/content_185404.htm。

李明华:《在全国档案局长馆长会议上的工作报告》,2018 年 1 月 24 日,见 http://www.zgdazxw.com.cn/news/2018-01/24/content_219267.htm。

中华人民共和国国家档案局:《2018 年度全国档案行政管理部门和档案馆基本情况摘要(一)》,2019 年 9 月 26 日,见 http://www.saac.gov.cn/daj/zhdt/201909/2a5d923-fbf064858bb93f3bd95982523.shtml。

李明华:《群贤毕至 星耀兰台——聚焦第十八届国际档案大会》,2016 年 9 月 19日,见 http://www.zgdazxw.com.cn/news/2016-09/19/content_158000.htm。

[美]马修·兰迪斯·亚戴尔:《档案工作需要有温度的数字世界》,2017 年 2 月 17

日,见 http://www.zgdazxw.com.cn/news/2017-02/17/content_175802.htm。

中华人民共和国中央人民政府:《中共中央关于全面深化改革若干重大问题的决定》,2013 年 11 月 15 日,见 http://www.gov.cn/jrzg/2013-11/15/content_2528179.htm。

国家档案局:《李明华局长在全国档案工作暨表彰先进会议上的讲话》,2020 年 1 月 15 日,见 http://www.bjroit.com/news/306-cn.html。

习近平:《在第十三届全国人民代表大会第一次会议上的讲话》,2018 年 3 月 20 日,见 http://www.xinhuanet.com/politics/2018-03/20/c_1122566452.htm。

新华网:《习近平主持召开中央全面深化改革领导小组第十次会议》,2015 年 2 月 27 日,见 http://www.xinhuanet.com/politics/2015-02/27/c_1114457952.htm。

国家档案局办公室:《充分发挥档案资源优势 积极营造良好舆论氛围——中央档案馆国家档案局开展多项活动庆祝新中国成立 70 周年》,2019 年 10 月 10 日,见 http://www.zgdazxw.com.cn/news/2019-10/10/content_296837.htm。

中国青年报:《故宫直播"云进宫"线上文博精品不断 》,2020 年 4 月 7 日,见 https://baijiahao.baidu.com/s? id = 1663316009905555941&wfr = spider&for = pc。

黄丹彤、谭静宇:《广州国家档案馆新馆二期开放》,2018 年 6 月 22 日,见 http://www.zgdazxw.com.cn/news/2018-06/22/content_239081.htm。

黄惠珍、孙静、孙晓霞、陈波:《力推档案共享 同绘协作蓝图——江苏省张家港市民生档案共享服务工作纪实》,2019 年 10 月 29 日,见 http://www.zgdazxw.com.cn/news/2019-10/29/content_297784.htm。

国家档案局:《国家档案局第 14 号令〈国家档案局关于修改《电子公文归档管理暂行办法》的决定〉发布》,2019 年 1 月 11 日,见 http://www. saac. gov. cn/daj/tzgg/201901/6e8c79c08ff449bcb24fc285c6442d70.shtml。

中国政府网:《中华人民共和国国务院令第 716 号》,2019 年 4 月 30 日,见 http://www.gov.cn/zhengce/content/2019-04/30/content_5387879.htm? _zbs_baidu_bk。

中国统计局:《档案统计数据》,2019 年 6 月 30 日,见 http://data.stats.gov.cn/easyquery.htm? cn=C01&zb=A0Q0Y&sj=2018。

国家档案局:《杨冬权在全国数字档案馆(室)建设推进会上的讲话》,2013 年 10 月 21 日,见 http://www.saac.gov.cn/daj/yaow/201310/3c6c792f028b4042a52b0b507fc77407.shtml。

中国人大网:《中华人民共和国档案法》,2020 年 6 月 20 日,见 http://www.npc.gov.cn/npc/c30834/202006/14a5f4f6452a420a97ccf2d3217f6292.shtml。

习近平:《在第十三届全国人民代表大会第一次会议上的讲话》,2018 年 3 月 20 日,见 http://www.xinhuanet.com/politics/2018-03/20/c_1122566452.htm。

新华网:《习近平主持召开中央全面深化改革领导小组第十次会议》,2015 年 2 月
27 日,见 http://www.xinhuanet.com/politics/2015-02/27/c_1114457952.htm。

国家档案局:《2018 年度全国档案行政管理部门和档案馆基本情况摘要(三)》,
2019 年 9 月 23 日,见 http://www.saac.gov.cn/daj/zhdt/201909/768be44569544f30ad6-
421c391e4d514.shtml。

《成都档案"云观展"受网友好评》,2020 年 3 月 20 日,见 http://cdarchive.chengdu.
gov.cn/cdarchive/c138104/2020-03/20/content_218a79b475bf4a0fba125f7f50af9c86.sht-
ml。

国家档案局:《全国档案事业发展"十三五"规划纲要》,2017 年 12 月 5 日,见 ht-
tp://www.saacedu.org.cn/war/xiangxi.html? id=94。

英国国家档案馆,2020 年 6 月 20 日,见 https://www.nationalarchives.gov.uk/educa-
tion/sessions-and-resources/? resource-type=games。

中国档案资讯网:《河北唐山打造新时代档案服务"四最"品牌》,2018 见 5 月 2
日,见 http://www.zgdazxw.com.cn/news/2018-05/02/content_233843.htm。

国家档案局:《中共中央办公厅国务院办公厅印发〈关于加强和改进新形势下档案
工作的意见〉》,2014 年 5 月 4 日,见 http://www.saac.gov.cn/daj/yaow/201405/
9a74ac4774cd4f25976328ab6aca3ed6.shtml。

浙江省档案局:《浙江档案服务纳入全省政务服务"好差评"体系》,2020 年 1 月 17
日,见 http://www.zjda.gov.cn/art/2020/1/17/art_1378485_41743500.html。

中国志愿服务网:《志愿服务条例》,2017 年 9 月 6 日,见 https://www.
chinavolunteer.cn/show/1038608.html。

中国政府网:《全国一体化政务服务平台框架初步形成 全面推进"一网通办"进
入加速期》,2020 年 5 月 26 日,见 http://www.gov.cn/xinwen/2020-05/26/content_
5515135.htm。

中国网信网:《在线政务普及率近六成,服务水平持续向好》,2019 年 8 月 30 日,见
http://www.cac.gov.cn/2019-08/30/c_1124939723.htm。

李明华:《在全国档案局长馆长会议上的工作报告》,2019 年 4 月 18 日,见 ht-
tp://www.saac.gov.cn/daj/yaow/201904/2d342fff80f845709782fd023b925536.shtml。

李明华:《在全国档案工作暨表彰先进会议上的讲话》,2019 年 12 月 23 日,见 ht-
tp://www.saac.gov.cn/daj/yaow/202001/afbf92881b5c4f36a311316d1e3690da.shtml。

二、英　文

Luciana Duranti, *Encyclopedia of Archival Science*, Rowman & Littlefield Publishers, 2015.

Yong Kim, Hye Kyung Kang, Ee-gyeong Kim, Geon Kim, "Information Services Based on Social Networking Services in a Mobile Environment: A Case Study of South Korea", *Library Hi Tech*, Vol. 32(2014).

Cheng, et al, "The Building of Digital Archives Personalized Service Website based on Web 2. 0", *Physics Procedia*, Vol. 25, No. 1(2012).

Mukw Ev Ho, J., M. Ngoepe, "Taking Archives to the People: The Use of Social Media as a Tool to Promote Public Archives in South Africa", *Library Hi Tech*, Vol. 37, No. 1 (2019).

Katie Elson Anderson, "Libraries and Tumblr: a Auantitative Analysis", *Reference Services Review*, Vol. 43, No. 2(2015).

Ji-Hyun, and Kim, "A Study on Interactions between Archives and Users by Using Social Media-Based on the Cases of National Archives of the U.S. and the U.K. ", *Journal of Korean Library and Information Science Society*, Vol. 46, No. 3(2015).

Kocak, E., V. A. Nasir, H. B. Turker, "What Drives Instagram Usage? User Motives and Personality Traits", *Online Information Review*, ahead-of-print(2020).

Waheed, Mehwish, J. E. Klobas, N. U. Ain, "Unveiling Knowledge Quality, Researcher Satisfaction, Learning, and Loyalty: A Model of Academic Social Media Success", *Information Technology & People*, ahead-of-print(2020).

Liew, C. L., G. Oliver, M. Watkins, "Insight From Social Media Use by Memory Institutions in New Zealand: Participatory vs Curatorial Culture", *Online Information Review*, No. 42 (2017).

Lois Evans, et al, "Voices in the Cloud: Social Media and Trust in Canadian and US Local Governments", *Records Management Journal*, Vol. 28, No. 1(2018).

Malawani, A. D., et al, "Social Media in Aid of Post Disaster Management", *Transforming Government People Process and Policy*, ahead-of-print(2020).

Tedd, L. A., S. Horton, "Social Capital, Government Policy and Public Value: Implications for Archive Service Delivery", *Aslib Proceedings*, Vol. 58, No. 6(2006).

Maureen Henninger, Paul Scifleet, "How are the New Documents of Social Networks Shaping Our Cultural Memory", *Journal of Documentation*, Vol. 72, No. 2(2016).

Yong Kim, Hye Kyung Kang, Ee-gyeong Kim, Geon Kim, "Archival Information Services Based on Social Networking Services in a Mobile Environment: A Case Study of South Korea", *Library Hi Tech*, Vol. 32, No. 1(2014).

Caroline Hood, Peter Reid, "Social Media as a Vehicle for User Engagement with Local History: A Case Study in the North East of Scotland ", *Journal of Documentation*, Vol. 74, No. 4(2018).

Alun Preece, et al, "Kraft: An Agent Architecture For Knowledge Fusion", *International Journal of Cooperative Information Systems*, Vol. 10, No. 1(2001).

后　记

　　收笔之际,却有意犹未尽的感觉。档案公共服务是我国档案事业发展的重要组成部分,始终是档案工作的重要内容,也是档案学理论研究的重点和难点。时代的变迁、社会的进步,深刻影响着其实践探索和理论研究,使之成为一个常做常新、值得持续关注的课题。当档案公共服务"遇到"新媒体环境时,其较之以往面临着更多的机遇和更大的挑战;其可突破创新的发展空间不断拓展,亟待关注解决的问题也不断增多。

　　本书的写作过程远比预期艰难和复杂。文献研究中发现我国关于档案公共服务的理论研究成果相对较少,对档案公共服务实现规律性问题研究关注较为欠缺;调查研究中发现新媒体环境日新月异的发展使档案公共服务现象复杂多变;历史梳理中发现档案公共服务自身的发展历程积淀了成果,也形成了自我桎梏;面向现实分析中发现当前档案公共服务内外部环境极为"活跃",中国特色社会主义进入新时代,社会主要矛盾已经转化为人民日益增长的美好生活需要和不平衡不充分的发展之间的矛盾,新时代对档案公共服务也提出了新要求;新一轮党和国家机构改革从酝酿到完成,档案部门也随之发生了一系列变化,深刻影响着档案公共服务的实现。2020年突如其来的新冠肺炎疫情,更加凸显了新媒体环境对档案公共服务的影响,从服务内容到服务方式,从主体到客体,从理念到行动,值得思考和探讨的问题很多,也为本书的写作提供了新的素材;2020 年 6 月 20 日,《中华人民共和国档案法》由第十三届全国人民代表大会常务委员会第十九次会议修订通过并公布,新修订的《档案法》的实施,也对档案公共服务研究提出新命题。但由于时间关系和笔者能力所限,本书的写作不免留有"未完待续"的遗憾,但也恰是这些遗憾,让今后对档案公共服务的进一步深入持续研究充满了期待,也更有前行的目标和动力。

　　最后,感谢在研究过程中给予大力帮助的所有专家学者,感谢在调研过程中给予大力支持的各个机构和部门,感谢人民出版社为本书出版的种种付出!

李　颖

2021 年 3 月